CHRONIQUES

LORRAINES

DU TEMPS DE CHARLES IV

I. FRÈRE EUSTACHE

II. LA DAME DE NEUVILLE

Par M. Antoine-Achille HENRIOT

Chevalier de la Légion d'honneur
Officier d'Académie, Juge de paix à Bar-le-Duc

BAR-LE-DUC
CONTANT-LAGUERRE, ÉDITEUR
1876

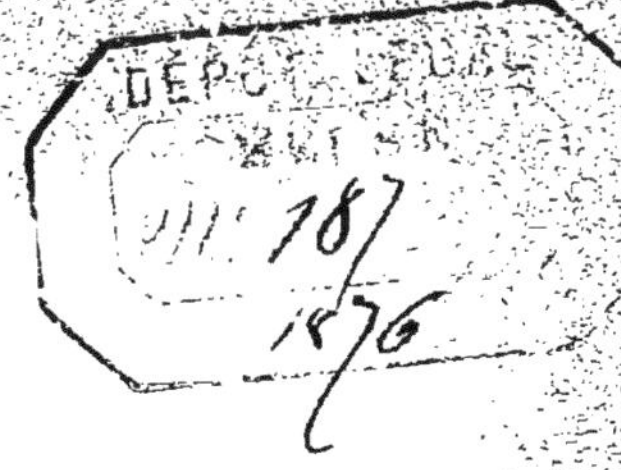

CHRONIQUES LORRAINES

DU TEMPS DE CHARLES IV

I. FRÈRE EUSTACHE

II. LA DAME DE NEUVILLE

On sait que M. Achille Henriot, malgré les nombreuses et difficiles fonctions dont il conserva la charge jusqu'à la dernière heure, sut encore trouver des loisirs suffisants pour composer des œuvres remarquables qui lui valurent de précieux éloges de la part des juges les plus compétents et qui, rapidement enlevées dès leur apparition, sont devenues à peu près introuvables.

Ses amis ont pensé ne pouvoir plus dignement honorer sa mémoire, qu'en publiant une nouvelle édition des principales de ces œuvres, pour en faire hommage à sa famille.

Les chroniques suivantes : — *Le Besme, Frère Eustache, la Dame de Neuville,* — sont tirées de l'histoire de Lorraine et de Bar, si riche en glorieux souvenirs. Les deux premières se rattachent aux siéges mémorables de la forteresse de La Mothe dont elles rappellent les souffrances et l'héroïsme ; — la troisième est relative à l'attaque par les troupes Suédoises du château de Neuville-en-Verdunois, que défendit avec une admirable intrépidité Madame de Saint-Balmont, dame de Neuville. Elles représentent, sous une forme des plus attrayantes et des plus dramatiques, en conservant la vérité des faits et la couleur locale, de très-curieux épisodes de nos guerres.

On y rencontre ce rare ensemble de qualités qui faisait de M. Achille Henriot une figure réellement originale : — une imagination brillante et féconde sans écarts ; une fine érudition, exempte de toute pédanterie ; — un style clair, élégant, pittoresque ; un esprit vif, enjoué, étincelant avec une légère pointe d'ironie, vraiment français en un mot.

La lecture en sera agréable et instructive pour tous, et ceux qui ont eu la bonne fortune de jouir de l'intimité de notre si regretté compatriote, croiront retrouver comme un écho de l'aimable et spirituel conteur qui les a si souvent charmés.

CHRONIQUES

LORRAINES

DU TEMPS DE CHARLES IV

I. FRÈRE EUSTACHE

II. LA DAME DE NEUVILLE

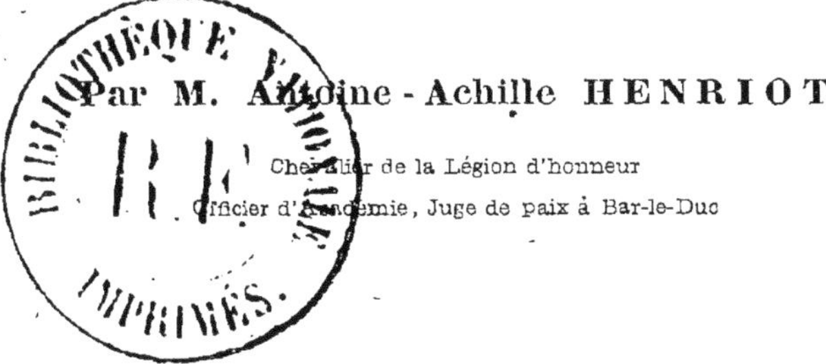

Par M. Antoine-Achille HENRIOT

Chevalier de la Légion d'honneur

Officier d'Académie, Juge de paix à Bar-le-Duc

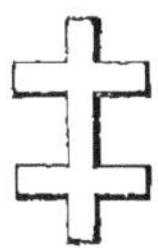

BAR-LE-DUC

CONTANT-LAGUERRE, ÉDITEUR

1876

BAR-LE-DUC

IMPRIMERIE CONTANT-LAGUERRE

CHRONIQUES LORRAINES.

I.

FRÈRE EUSTACHE.

1634.

I.

Lui-même le premier, pour honorer la troupe,
D'un vin pur et vermeil il fait remplir sa coupe;
Il l'avale d'un trait, et, chacun l'imitant,
La cruche au large ventre est vide en un instant.
(BOILEAU. *Le Lutrin*, ch. I.)

LA chronique que l'on va lire fait allusion, dans certains endroits, à quelques faits particuliers de l'histoire du temps qu'il est nécessaire de connaître pour l'intelligence du récit et que mes lecteurs me pardonneront de leur retracer, en peu de lignes, par forme d'exposition. J'ose dire que beaucoup d'entre eux connaissent mieux les circonstances de la guerre dans laquelle la dynastie des Iven a été renversée du trône de la Chine par la dynastie Ming, et les conquêtes de Tait-Song sur Hoait-Sang, que les événements dont notre pays était le théâtre à la même époque, c'est-à-dire dans la première moitié du XVIIe siècle

Le duc Charles III, le plus grand et le meilleur de nos princes, avait laissé plusieurs enfants dont l'aîné, Henry, lui succéda en 1608. Celui-ci n'eut de son mariage avec Marguerite de Gonzague que deux filles, Nicole et Claude-Françoise. François, comte de Vaudémont, frère de Henry et troisième fils de Charles III, eut de son union avec Christine de Salm deux filles et trois fils. Le second de ceux-ci, Charles, épousa, pendant la vie du duc Henry, sa cousine-germaine Nicole, à la condition qu'il tiendrait d'elle la souveraineté des deux duchés de Lorraine et de Bar. En effet, à la mort de Henry, Charles IV et Nicole régnèrent ensemble; mais, bientôt le comte de Vaudémont réclama le trône de son frère en vertu du testament de René II, qui établissait la loi salique en Lorraine; les Etats, assemblés à Nancy, accueillirent ses prétentions, Charles et Nicole lui cédèrent la couronne. Sous le nom de François II, il régna un seul jour, paya toutes ses dettes, et le lendemain, 26 décembre 1625, rentrant dans la vie privée, rendit la couronne à son fils Charles IV, qui cessa ainsi de la tenir du chef de sa femme.

Les commencements d'un règne qui devait être si funeste aux deux provinces furent assez paisibles; mais le mariage clandestin de Marguerite, sœur de Charles, avec Gaston d'Orléans, frère de Louis XIII, attira sur ce malheureux pays tout l'effort des armes de la France, des Suédois et de la ligue protestante. A la fin du printemps de 1634, les deux duchés, ruinés par la famine, la peste et la guerre, étaient au pouvoir des Français, à l'exception des seules forteresses de La Mothe et de Bitche. Le duc Charles, pour sauver ses Etats des mains du roi, déterminé par les conseils de Richelieu à les réunir à la couronne, comme ancien fief du comté de Champagne, avait abdiqué en faveur de son frère le cardinal François, et, suivi de sa fidèle noblesse et d'un corps de cavalerie, s'était retiré en Alsace, observé et tenu en échec par le rheingrave Othon qui commandait une armée suédoise supérieure en nombre. Le cardinal François informé à temps des projets de Richelieu qui voulait faire enlever la princesse Claude, seconde fille du duc Henry, la marier à un prince français, et ensuite revendiquer ses droits au duché de Lorraine, si Nicole, femme de Charles, mourait sans enfants, prit un parti aussi singulier que décisif. En sa qualité d'évêque de Toul, il se donna lui-même les dispenses nécessaires et épousa, deux heures après, sa cousine-germaine Claude. Arrêté aussitôt et conduit de Lunéville à Nancy, par les ordres du maréchal de la Force, il donna *le poisson d'avril* à la garnison française en s'échappant avec sa femme en habits de paysans, et s'enfuit à Bruxelles et de là à Milan. Sa sœur, la princesse de Phalsbourg, s'évada aussi de Nancy, quelques jours après, cachée sous un coussin dans le carosse de son écuyer. Enfin la duchesse Nicole, moitié de gré, moitié de force, fut emmenée à Paris et tenue dans une magnifique captivité à la cour de France. Ainsi, toute cette illustre maison de Lorraine était fugitive et dispersée, et les Français, maîtres de tout le pays, l'accablaient d'impôts et d'exactions de toute espèce, tandis que les parlements de Paris et de Metz confisquaient à l'envi, au profit de la couronne, les domaines particuliers du duc et les terres des gentilshommes qui ne l'avaient pas abandonné.

Bar-le-Duc n'a guère conservé de la physionomie qu'il présentait à cette époque, que la boue qui s'est perpétuée dans ses rues depuis sa fondation. La ville-haute, le château et le Bourg étaient entourés d'une épaisse muraille, défendue par un large fossé, flanquée de dix-sept grosses tours et percée de huit portes. Entre le rempart et la rive gauche de l'Ornain étaient les faubourgs d'Entre-deux-Ponts et la Neuve-Ville, et de l'autre côté de la rivière le vieux quartier de Bar-la-Ville, ouverts et sans autre défense qu'une palissade. Les belles rues de la Rochelle et des Clouères n'existaient pas, et au milieu de la campagne, vis-à-vis le pont Saint-François, s'élevaient le cloître et la petite église du couvent des Capucins fondé en 1597, et qu'une bonne muraille protégeait contre les incursions des maraudeurs et des vagabonds.

Par une belle soirée du mois de juin de cette année 1634, quand déjà la grosse cloche du beffroi du château et les tambours du régiment de Navarre, en garnison dans la ville, avaient annoncé l'heure de la retraite aux paisibles bourgeois, que les portes étaient fermées et les postes extérieurs rentrés dans la place à l'exception du corps-de-garde du faubourg de Couchot, les révérends disciples de Saint-François se préparaient à un joyeux repas dans leur réfectoire. La misère générale semblait avoir épargné les bons pères; les aumônes des fidèles étaient presqu'aussi abondantes que par le passé, et les provisions de choix entassées, de longue main, dans leurs caves et leurs greniers n'avaient point encore été entamées. Le frère cuisinier avait su accommoder, avec un merveilleux talent, les volailles, les légumes et le jambon que les quêteurs du jour avaient tirés de leur besace, et toute la communauté, après avoir dit de bon cœur

Amen au *Benedicite* prononcé d'une voix nasillarde par le gardien, commençait une rude attaque aux premiers mets offerts à son appétit. Ce réfectoire présentait un tableau digne du burin de notre immortel Callot ou des pinceaux de Granet. Une lampe suspendue à la voûte projetait sa lumière incertaine sur les pilastres déliés qui soutenaient la salle, et dessinait en silhouette, sur les blanches murailles, les figures bizarres des convives. Au bout de la table en chêne, proprement cirée, se tenait, dans un fauteuil de bois sculpté, le père gardien, vieillard d'une soixantaine d'années, à la tête chauve, à la barbe blanche, au teint rouge et animé, aux yeux bleus clairs et brillants, à la mine ouverte et riante. Un gobelet, une écuelle et une assiette d'étain étaient placés devant lui, tandis que ses compagnons buvaient et mangeaient dans des vases de bois. Sur les côtés étaient des capucins d'âge et de physionomies différentes, faisant tous également honneur au repas, et à la large cruche pleine de vin, riant en chœur à la moindre plaisanterie que faisait l'un d'eux, ou se récriant d'admiration à chaque parole que laissait échapper leur supérieur. En face de celui-ci, au bas bout de la table, était assis un jeune homme qui, quoique vêtu de la robe et du capuchon de bure de l'ordre, formait un contraste frappant avec le reste des religieux. Il paraissait jeune, mais le chagrin et les austérités avaient jauni son teint, creusé ses joues et miné sa constitution. Le sentiment d'une humilité profonde et sincère faisait constamment baisser ses grands yeux noirs et se peignait sur ses traits nobles et réguliers. Une longue barbe noire tenue avec une propreté parfaite, mais sans aucune recherche, faisait encore ressortir la pâleur et la maigreur de son visage. Quoiqu'il ne partageât ni la gaîté ni l'appétit de ses compagnons, aucun signe d'orgueil ou de mépris ne paraissait dans sa contenance ou ses manières à leur égard.

Le jambon et les légumes avaient déjà disparu et le gardien s'apprêtait à découper artistement un énorme chapon rôti dont le fumet embaumait le cénacle, quand la cloche de la porte d'entrée fut sonnée avec violence.

— Quels sont ces importuns? s'écria avec aigreur le dignitaire, interrompu dans une occupation aussi importante.

— Qu'ils passent leur chemin! dit le père Théophile, on ne vient pas ainsi troubler de pauvres cénobites dans leur collation.

— Ce sont sans doute des Egyptiens ou des vagabonds, murmura le père Pancrace.

La cloche sonnée avec plus de force encore que la première fois, arrêta leurs conjectures.

— Ce sont des soldats! s'écria le portier qui entrait tout tremblant; j'ai vu reluire leurs mousquets à travers le trou de la serrure. Ouvrirai-je, mon révérend père?

— Il le faut bien, répondit en soupirant le gardien; si ce sont des soldats du roi, amenez-les ici et ayez pour eux les plus grands égards.

A l'instant, tous les moines, à l'exception de leur supérieur et du jeune homme dont nous avons déjà parlé, sortirent sur les pas du portier, tandis que la cloche retentissait de nouveau et que la porte semblait près de s'enfoncer sous les coups redoublés que l'on y frappait.

— Nous vivons dans un triste temps, frère Eustache, dit le gardien d'un ton mélancolique.

— Bien triste, répondit d'une voix douce son interlocuteur sans lever les yeux.

— Oui, reprit le vieillard, l'imprudence de Son Altesse

nous a livrés à la merci d'une soldatesque sans pitié. Quand je vois des gens de guerre, je tremble toujours au souvenir des plaisanteries atroces que les mousquetaires de la garde du roi se sont permises dans cette maison, pendant le siége de la ville, il y a deux ans. Je vous ai raconté je crois, frère Eustache, comment ils ont brûlé la barbe à père Pancrace et mis sa robe à un bouc. En vérité, le duc de Lorraine est bien coupable.

— Il est bien malheureux! dit le jeune religieux.

— Et nous, ses sujets, ne le sommes-nous pas mille fois davantage! s'écria le gardien avec chaleur; ah! maudite guerre, maudits soldats!

Mais, dans ce moment, la porte du réfectoire s'ouvrit et donna passage à un sergent du régiment de Navarre; deux de ses soldats portaient sur un brancard un homme qui paraissait dangereusement blessé, deux autres suivaient armés de leurs mousquets, les capucins fermaient la marche.

— Mon révérend père, dit en entrant le sergent Larose, tenant d'une main sa hallebarbe et touchant légèrement du revers de l'autre son feutre à panache : voici un gaillard qui n'a pas répondu assez vite au qui vive de notre sentinelle, et à qui Lagaieté, un de mes pays, a envoyé une mousquetade au travers du corps pour lui apprendre à vivre. Quoique je l'aie fouillé et ne lui aie rien trouvé de contraire au service du roi que quelques pièces de mauvais argent de Lorraine que j'ai distribuées au poste, je persiste à le considérer comme très-suspect, et s'il ne meurt pas dans la nuit, mon intention est de le remettre à M. le gouverneur demain matin, dès que la porte du Bourg sera ouverte. En attendant, il a demandé qu'on lui cherchât un confesseur de votre couvent; mais j'ai pensé qu'il serait plus convenable de vous l'amener ici que de déranger un de vos révérends pères et de le mal recevoir dans notre corps-de-garde de Couchot, d'autant mieux que je connais votre dévoûment à Sa Majesté Louis le Juste, et que je sais que vous avez toujours quelques rafraîchissements pour ses fidèles serviteurs. Ainsi donc, pendant qu'un des révérends va entendre les péchés du bonhomme, mes camarades et moi vous aiderons à achever votre souper, qui a ma foi une odeur à faire revivre un mort.

— Vous avez sagement fait, M. le sergent, répondit le pauvre gardien dissimulant de son mieux son mécontentement, j'aime les gens de guerre, et leur société me fait toujours plaisir. Frère Eustache, allez confesser ce pauvre homme.

Le jeune religieux s'inclina en silence et se disposait à sortir pour exécuter cet ordre, quand le sergent le tira brusquement par la manche et le regarda effrontément entre les deux yeux. Une vive rougeur couvrit aussitôt le front pâle d'Eustache et il soutint, avec une fierté qu'on ne lui avait jamais vue, le regard insolent du soldat.

— Mon révérend père, dit celui-ci en appuyant sur chacune de ses paroles, vous êtes jeune et nous vivons dans un temps où la règle de Saint-François n'a pas prévu toutes les circonstances dans lesquelles vous pouvez vous trouver, retenez bien l'avis d'un vieux soldat : si le pécheur que vous allez entendre avait à se reprocher quelque trahison contre S. M. T. C., regardez-moi comme votre grand pénitencier et n'oubliez pas de m'en avertir.

Le capucin ne répondit rien, quoiqu'une émotion visible altérât ses traits ; il fit signe aux soldats de le suivre avec le brancard, entra dans sa cellule, fit déposer le blessé sur son lit, plaça un cierge sur son prie-Dieu, puis après une courte prière, referma la porte derrière les Français et s'approcha de l'étranger.

C'était un homme d'une cinquantaine d'années, grand, vigoureux, et dont les traits, brunis par le soleil et les injures de l'air, annonçaient une résolution inébranlable et le mépris du danger. Il respirait avec peine et un râlement douloureux accompagnait chacun des mouvements de sa poitrine. Le sang couvrait ses vêtements et baignait l'appareil grossier que ses meurtriers avaient mis sur sa blessure. Ses yeux étaient fermés et il paraissait privé de connaissance ; mais à peine fut-il seul avec frère Eustache qu'il le regarda fixement, s'assit sur son séant et lui prenant la main qu'il porta, avec un respect mêlé de pitié, à ses lèvres sanglantes, lui dit d'une voix émue :

— M. le chevalier ! mon cher maître, était-ce ainsi que nous devions nous revoir !

Le religieux, qui semblait avoir renoncé à tout sentiment terrestre, ne put déguiser d'abord son saisissement et son attendrissement, il pressa la main du blessé, et une larme coula sous ses paupières ; mais il réprima bientôt ces signes extérieurs et il dit d'une voix douce et ferme :

— André, je ne suis ni chevalier ni votre maître, je suis un pauvre moine de Saint-François qui n'ose... qui ne veut plus parler du monde qu'il a quitté... Non ; je ne vous demande pas pourquoi vous êtes ici ; vous êtes dangereusement blessé, réconciliez-vous avec Dieu ou plutôt laissez-moi appeler notre père gardien, il entendra votre confession.

— Monsieur ! monsieur, dit André d'un ton de reproche et de colère, ce maudit froc vous a-t-il changé à ce point? Un noble et vaillant seigneur est-il devenu un vil capucin insensible aux malheurs de sa famille et de ses serviteurs? ô mon Dieu! mon Dieu, fallait-il que je visse un pareil spectacle avant de mourir... et il joignait convulsivement ses mains, tandis que frère Eustache, par l'effort d'une vertu plus qu'humaine, dévorait ses reproches sans répondre. Non, continua l'étranger, non, je ne veux pas de votre gardien. Approchez-vous de moi, que mes paroles ne parviennent qu'à votre oreille seule; que les Français et leurs espions ne m'entendent pas. Ma poitrine se remplit de sang, mes jambes se refroidissent, je n'ai pas un instant à perdre. La forteresse de la Mothe est réduite à la dernière extrémité, l'armée du maréchal de la Force l'entoure de toutes parts, et si la garnison n'est secourue, il faut qu'elle s'ensevelisse sous les ruines des remparts. (Le capucin tomba à genoux sur son prie-Dieu et se cacha la tête dans ses mains.) M. le gouverneur m'a envoyé vers Son Altesse; je l'ai trouvée rassemblant une armée près de Longwy; hélas! pourra-t-elle s'avancer jusqu'à la Mothe? J'apporte la réponse du duc de Lorraine dans cette petite boule de cire que j'ai pu dérober à mes assassins. Je me suis détourné de mon chemin; je suis venu exprès à Bar par l'ordre de M. d'Ische, il veut vous voir, il veut, m'a-t-il dit, vous embrasser avant de mourir, car il est résolu de périr en faisant son devoir. Je bénis le ciel qui a permis que le coup qui me tue m'ait laissé encore la force de parler et de demander un confesseur... voulez-vous aller à La Mothe?

— Seigneur, dit en sanglotant le religieux, ayez pitié de moi, donnez-moi le courage de résister à cette épreuve. Je ne puis, André, je ne puis.

— Vous ne pouvez, répéta le mourant en s'animant, est-ce le courage qui vous manque? Quoi! les filles de la

Mothe se battent contre les soldats français, et vous, un gentilhomme de votre nom, vous avez peur?

A ces mots, frère Eustache se leva vivement, ses sourcils noirs se froncèrent, ses yeux brillèrent d'un éclair de fierté tandis qu'il répétait d'une voix sourde : peur! moi, peur! mais il reprit soudainement l'air d'humilité qui lui était devenu habituel, il se frappa la poitrine en disant à demi-voix ;

— Seigneur, pardonnez-moi ; soutenez-moi contre le démon de l'orgueil.

— Vous êtes un saint ou un lâche, dit André d'une voix un peu radoucie. Voici le billet de Son Altesse, le porterez-vous à M. d'Ische?

— J'irai, dit le capucin.

— Mon maître, mon cher maître, reprit d'une voix de plus en plus faible le fidèle serviteur, à présent je meurs content. Ecoutez, vous trouverez mon cheval dans le cabaret de la *Pomme-d'Or*, derrière l'enclos des Minimes, l'hôte est sûr et dévoué... arrachez ces boutons de mon pourpoint, ils contiennent chacun un ducat ; prenez-les tous, vous dis-je, vous en aurez besoin... ah! je vois tourner tous les objets de cette chambre, mes oreilles bourdonnent, ma langue se glace... Vive le duc Charles!... ah! ma pauvre femme, mes pauvres enfants! recommandez-les à M. le gouverneur. Donnez-moi votre absolution. *Jésus! Maria!* et il expira.

II.

Je ne veux point de ces doucets chevaux,
Tant que pourray endurer les travaux.
. . . .
Je ne veux point de blanche haquenée.
. . . .
Que veux-je donc? Un courtaud furieux,
Un courtaud brave, un courtaud glorieux
Qui ait en l'air ruade furieuse,
Glorieux trot, la bride glorieuse.
(CLÉMENT MAROT. *Epistre à Madame de Lorraine.*)

LE jeune religieux resta plusieurs minutes immobile, les bras croisés, l'œil sec et morne, devant le cadavre sanglant d'André. Il s'agenouilla ensuite et fit une courte et fervente prière pour le repos de l'âme de ce martyr d'une cause désespérée, et pour le succès de l'entreprise à laquelle il venait lui-même de dévouer sa vie. Depuis deux ans, il avait renoncé au monde aussi complètement que les plus ascétiques solitaires de la Thébaïde; rempli d'une foi profonde et sincère, il avait rejeté, comme des illusions du démon, tout ce qui avait autrefois enchanté sa jeunesse; et, il venait de s'engager à rentrer, momentanément il est vrai, dans ce monde qui lui était devenu odieux, et à revoir les personnes dont il avait voulu se séparer par l'abîme du cloître. Les périls matériels qui le menaçaient n'étaient pas capables de le faire hésiter un instant, c'était dans son cœur qu'était le plus dangereux ennemi de son bonheur et de son salut dans l'autre vie. Il se crut le courage de tout braver, et la force de pouvoir reprendre ensuite sans regrets, quand il aurait accompli sa mission, la chaîne qu'il allait secouer pour quelques jours. Une fois cette résolution arrêtée, il devint tout à coup un homme nouveau, et fit ses préparatifs pour cacher et assurer son départ avec autant d'activité que de prudence. Sa porte, bien fermée intérieurement, avait cependant une petite ouverture à travers laquelle le père gardien surveillait, quand il le voulait, ses moines dans leurs cellules. Il disposa une vieille robe sur une chaise de bois inclinée sur son prie-Dieu, de manière à lui donner l'apparence grossière d'un capucin à genoux ; il plaça le cierge de sorte qu'il n'éclairât qu'imparfaitement et projetât toute sa lumière sur le cadavre sanglant d'André, étendu sur le lit. Il cacha, dans la double semelle de ses sandales, l'or des boutons du mort, serra sa ceinture autour de ses reins, puis, soulevant doucement le châssis plombé de sa fenêtre, sauta dans le jardin. Il s'approcha avec précaution des croisées du réfectoire, le repas ou plutôt la débauche des capucins et des soldats continuait. Le sergent Larose unissait sa basse taille au fausset nasillard du père Pancrace, pour chanter une sorte de complainte que les éclats de rire des autres convives interrompaient à chaque couplet. Frère Eustache reconnut qu'il lui était impossible de parler en secret à son supérieur, comme il en avait le projet. Il s'éloigna avec dégoût de cette scandaleuse orgie, prit dans la loge vide du frère portier une besace et un bâton ferré, puis, appliquant une longue échelle au mur du jardin s'élança de son sommet dans la campagne. Là, il se mit encore une fois à genoux et demanda à Dieu de lui pardonner, en faveur du saint motif qui le faisait agir, sa désobéissance à la règle de son ordre. Le ciel pur et sans nuages était parsemé de brillantes étoiles, un vent tiède soufflant faiblement du midi, répandait dans l'atmosphère les parfums des lilas et des aubépines, tandis que les rossignols se répondant de vergers en vergers luttaient entre eux d'harmonie. Le calme de cette belle nuit d'été avait rafraîchi les sens de frère Eustache, en même temps que la prière avait raffermi son âme. Il se releva plein de force et de courage; il suivit le chemin couvert entre les fossés et les remparts du Bourg et les palissades du faubourg d'Entre-deux-Ponts, sans rencontrer personne, sans entendre d'autre bruit dans l'intérieur de la ville que le qui vive lointain des sentinelles au passage des patrouilles. Arrivé au cabaret indiqué par André, il aperçut de la lumière à la fenêtre et frappa avec mystère à la porte. L'hôte ouvrit sur-le-champ et sortit dans la rue, mais avant qu'il eût tiré la porte derrière lui, le religieux avait pu apercevoir des soldats autour d'une table.

— Je viens, dit-il à voix basse, chercher un cheval qu'un de mes amis à laissé ce soir chez vous,

— Je le sais, je le sais, mon révérend père; mon cousin André m'a prévenu qu'il vous ramènerait avec lui. Allons à l'écurie, je ne veux pas vous faire passer par la salle commune. On m'a envoyé ce soir un renfort de gens de guerre pour logement, ce sont des cavaliers de Bussy qui vont à La Mothe, je ne voudrais pas qu'ils vous aperçussent.

— Holà! cabaretier du diable, cria une grosse voix de l'intérieur, à qui parles-tu si longtemps dans la rue, ta cassine est pleine et personne n'y logera plus; à boire et vivement!

— J'y vais, j'y vais, dit l'hôte, et il rentra après avoir recommandé à frère Eustache de l'attendre un instant.

Il ressortit bientôt et le conduisit dans une petite écurie; quand ils furent entrés, il tira de dessous son sarrau une petite lanterne sourde et se mit à brider le cheval.

— Mon révérend père, dit-il en s'acquittant de cette besogne, je ne m'attendais pas que mon cousin André resterait à Bar.

— Il y restera maintenant jusqu'au jugement dernier, répondit tristement Eustache; il est mort, les Français l'ont tué!

L'hôte poussa un douloureux gémissement; les scélérats! ils ont assassiné mon pauvre cousin! ah! quoiqu'il n'ait jamais voulu me dire le motif de son voyage, je me doutais bien qu'il y avait du danger. Et vous, mon père, vous vous mettez bien tard en route?

— C'est un voyage où il y va de vie ou de mort, répondit Eustache, il faut que je parte sur-le-champ.

— Et où prétendez-vous aller ainsi? excusez-moi si je vous fais cette question; ce n'est pas par curiosité, mais je pourrai peut-être vous dire si la route que vous voulez prendre est sûre.

— J'irai, répondit Eustache en hésitant un peu, jusqu'à Gondrecourt ou Neufchâteau.

— Vous ne pourrez entrer à Ligny cette nuit, les portes seront fermées, et d'ailleurs il y a des gens de guerre. Il y a bien un sentier détourné au-dessus des vignes...

— Je le connais, je le connais, mon bon hôte.

— Hé bien, mon révérend père, si vous vouliez aller plus loin que Neufchâteau (ici il baissa encore plus la voix), à La Mothe, par exemple, il y a mon frère, Jean-Baptiste Lallement, qui demeure à Neufchâteau, dans une petite chaumière de ce côté de la rivière, vis-à-vis le couvent des Capucins; il vous servira de guide à travers les bois, il saura où sont les postes des Français.

— Lallement, dites-vous?

— Oui, Lallement; nous sommes trois frères originaires de La Mothe; notre père était fauconnier au service du brave gouverneur, M. Choiseul d'Ische, mon autre frère, Nicolas, est canonnier dans la garnison.

— Vous êtes une race brave et fidèle, répondit Eustache en lui serrant la main avec émotion, je verrai votre frère; et il voulut lui glisser une pièce d'or.

— Non, mon révérend père, dit l'hôte en repoussant son présent, vous ne me devez rien, dites seulement quelques prières pour le repos de l'âme d'André et consolez sa veuve et ses pauvres enfants.

En parlant ainsi il conduisit le cheval dans la rue. C'était un noble et vigoureux coursier, et le capucin examina avec attention le harnachement, mit les étriers à la longueur convenable et resserra lui-même les sangles.

— Que Dieu conduise et protége votre révérence, dit Lallement, mais voici un cheval qui me paraît bien vif pour vous qui n'êtes pas sans doute habitué à d'aussi fringantes montures, menez-le doucement et n'approchez pas vos talons de ses flancs.

Mais le capucin s'élança en selle avec une aisance et une légèreté qui prouvaient que ce n'était pas la première fois qu'il montait un cheval de bataille; il recommanda le secret à son hôte, lui prit affectueusement la main, et traversant le canal de dérivation de l'Ornain sur un petit pont de bois, vis-à-vis la porte Saint-Jean, prit au grand trot le chemin des vignes.

L'excellent coursier, comme s'il eût compris qu'il portait le message d'un prince au dernier boulevart de ses Etats, continuait son allure régulière et rapide malgré les pierres et les obstacles du terrain, et déjà il avait tourné Ligny bien avant que le jour commençât à poindre. Tout à coup, dans un endroit où le chemin creux était resserré dans un ravin, il s'arrêta brusquement et résista à tous les efforts de son cavalier pour le faire avancer. Il tremblait et reniflait fortement et semblait sous l'impression d'une profonde terreur. Frère Eustache en découvrit bientôt la cause. Au milieu du chemin, à quelques pas devant lui, deux grands yeux ardents brillaient dans l'obscurité, et il reconnut un loup d'une taille énorme assis sur son derrière et tout disposé à lui fermer le passage. A cette misérable époque c'était là une rencontre qui, quoiqu'assez ordinaire, n'avait rien de rassurant; habitués à se nourrir de cadavres, ces animaux, si poltrons de nos jours, attaquaient audacieusement les hommes et voyageaient en troupes nombreuses. Frère Eustache essaya d'abord de lui faire quitter la place en poussant de grands cris, mais le loup y répondit par un long hurlement qui fit cabrer le cheval, et que répétèrent d'autres loups dans la forêt. Alors sans balancer, il prit un pistolet dans les custodes de la selle et envoya sa balle dans la tête de l'animal qui poussa un cri de mort et expira en se débattant. Allons, se dit-il avec un sentiment de vanité mondaine qu'il se reprocha un instant après, allons, ma main n'a pas tout à fait perdu son ancienne adresse; et, rendant la bride à son cheval, tandis qu'il le talonnait, il le fit sauter au-dessus du loup, et partit avec une nouvelle vitesse. Arrivé à Demange-aux-Eaux vers le jour, il sentit la nécessité de faire reposer et rafraîchir un instant son coursier. Il s'arrêta dans un cabaret pour lui faire manger une mesure d'avoine; là, il se vit bientôt à son grand regret l'objet de l'attention des paysans. La cabaretière, avec cette intrépide curiosité qui est l'apanage de sa profession, l'accabla de questions sur le but de son voyage, et parut fort mécontente de ses réponses évasives. Mais ce qui l'inquiéta davantage, ce fut l'examen attentif dont son cheval fut honoré par un gaillard de mauvaise mine, qu'à ses longues moustaches descendant jusque sur sa fraise à l'espagnole, son immense rapière au côté, son justaucorps et son haut-de-chausse rouge tailladé de bleu, on pouvait prendre pour un brigand aussi bien que pour un soldat.

— Par la mort-Dieu, dit-il en prenant un air de matamore, voilà un superbe animal, et il est plus digne de porter un prince qu'un sale frocard. Si vous voulez, révérend, nous allons faire un échange; j'ai là-bas un vieux mulet d'une allure douce, je vais vous le donner et je prendrai votre cheval.

— Il n'est pas à échanger, répondit froidement frère Eustache.

— Ah diable! peut-être est-il à vendre?

— Ni l'un ni l'autre.

— Allons, je vois cela, vous voulez m'en faire présent.

— Trève de plaisanteries, Monsieur, mon cheval m'appartient, et vous ferez bien de ne pas l'approcher de si près.

L'aventurier répondit par un grand éclat de rire, et disparut. Aussitôt que le cheval eut achevé sa provende, frère Eustache s'empressa de payer son écot et de partir. L'auberge formait la dernière maison du village, et en la quittant le chemin était bordé de haies; à peine y avait-il fait cent pas, que dans un endroit où il faisait un coude, il aperçut, sous un gros sureau touffu, l'uniforme rouge de sa nouvelle connaissance, et il vit le large canon d'une escopette dirigé contre lui. En même temps une voix forte lui cria d'arrêter. Il n'était qu'à une douzaine de pas du brigand qui, appuyant à l'épaule son arme soutenue sur sa fourchette, lui demanda avec un rire diabolique :

— Veux-tu me donner ton cheval?

— Non, répondit-il avec fermeté.

A l'instant le coup partit et la balle lui effleura l'oreille.

— Ah! scélérat, s'écria l'intrépide religieux en saisissant le bâton ferré qu'une lanière suspendait à son bras et, se levant sur ses étriers en faisant faire une volte à son cheval, il en déchargea un coup terrible sur la tête de l'assassin, qui tomba baigné dans son sang avant d'avoir pu seulement sortir son épée du fourreau. Hélas! disait intérieurement le capucin en fuyant, de toute la vitesse de son cheval, les cris des paysans que l'explosion de l'escopette avait attirés; hélas! j'ai donc encore une fois, malgré mon vœu, trempé mes mains dans le sang de mon semblable... Mais n'était-ce pas pour ma propre défense?...

Après avoir échappé à ce danger, il arriva à Neufchâteau dans le milieu de la journée, sans avoir fait d'autres fâcheuses rencontres. Son cheval était harassé de fatigue et de besoin, et un repos de quelques heures lui aurait été bien nécessaire, mais il jugea que le plus prudent était de l'abandonner aux bons soins de ses confrères, dont le couvent était hors de la ville. Il sonna et le remit aux mains du portier, puis sans vouloir entrer dans le cloître, afin d'éviter les explications que les disciples de Saint-François n'auraient pas manqué de lui demander, il se rendit à la chaumière de Lallement. Celui-ci, fort heureusement, était chez lui; il n'eut pas plus tôt appris qu'un religieux venant de la part de son cousin André et de son frère voulait pénétrer dans La Mothe, qu'il s'offrit de lui servir de guide.

— Ah! mon révérend père, disait-il, pendant que

frère Eustache mangeait à la hâte deux œufs frais et un morceau de pain d'avoine humectés par une cruche de piquette de fruits sauvages, je crains bien de ne pouvoir vous faire réussir. Le maréchal de la Force a pris Bitche il y a seulement quelques jours, et il est revenu presser le siége de notre pauvre ville avec toute son armée. Ame vivante ne peut y entrer ni en sortir. Mon frère a la garde du bastion de Sainte-Barbe, qui domine un petit vallon écarté où jusqu'à présent les Français n'ont point placé de poste ni établi de lignes de circonvallation : je vous mènerai à travers les bois jusqu'au pied du rempart, et si Lallement aperçoit une fois mon mouchoir rouge, il saura bien qu'il faut que nous lui parlions; le bon Dieu et saint Nicolas, patron de la Lorraine, feront le reste.

Il y avait encore quatre grandes lieues de chemin; ils se mirent en marche par un sentier qui leur permettait d'éviter les convois de munitions et de blessés qui encombraient la grande route; ils traversèrent la petite rivière du Mouzon à un gué que Lallement connaissait, et se détournant soigneusement des villages, ils suivirent les bois qui couronnent la vallée qu'arrose cette rivière. Vers cinq heures de l'après-midi, le canon qu'ils avaient entendu depuis longtemps, mais qui tonnait alors avec plus de force, les avertit qu'ils arrivaient près de la forteresse.

— Nous sommes dans le bois de la Roche, dit le guide; il n'y a plus qu'à descendre.

La pente était extrêmement rapide; ils étaient obligés de se retenir pour ne pas tomber, aux branches du taillis; arrivés à la lisière du bois, ils se trouvèrent au bord d'un petit vallon étroit, de l'autre côté duquel s'élevait la menaçante forteresse. Mais à peine frère Eustache avait-il fait un pas dans la plaine qu'une sentinelle française le saisit au collet en criant : A moi, caporal, j'ai un prisonnier. Lallement poussa un grand cri en agitant son mouchoir rouge, un soldat tira sur lui au hasard sans l'atteindre, et il disparut dans la forêt.

Le capucin, entouré de soldats, ne tenta pas une inutile résistance, il se laissa fouiller sans proférer le moindre murmure; la boule de cire qui renfermait la lettre du duc de Lorraine était cachée de manière à échapper à toutes les recherches. L'officier qui commandait le poste d'infanterie qui venait de l'arrêter lui demanda brusquement où il allait et ce qu'il cherchait.

— Je voudrais parler à M. le maréchal, répondit Eustache, indiquez-moi le chemin de son quartier.

— Oh! oh! dit l'officier, vous êtes un hardi compagnon! Vous ne savez donc pas, mon révérend père, que M. le maréchal est un zélé calviniste qui se souvient encore de la manière dont les ligueurs Lorrains ont accommodé son père et sa famille dans la nuit de la Saint-Barthélemy? il vous ferait pendre sans rémission, sauf à vous faire juger ensuite par le grand-prévôt. D'ailleurs, je vais prendre les ordres de mon colonel. Vous aurez affaire à un noble et généreux seigneur, M. le comte de Nettancourt-Vaubecourt. Nous autres gens du Barrois mouvant, nous ne sommes pas si diables que le régiment de Turenne ou les Écossais d'Ébron.

— Et où est donc votre colonel, M. l'officier?

— A deux pas d'ici, révérend père : voyez-vous sur l'herbe cette joyeuse réunion d'officiers, c'est M. le chevalier de Senneterre qui régale aujourd'hui ses amis voilà M. de Vaubecourt qui a l'air si grave au milieu de ses jeunes frères d'armes.

— J'aurais voulu, dit le religieux, que vous pussiez

vous dispenser de me faire parler à M. de Vaubecourt.

— Eh! ne craignez rien, mon colonel est aussi humain que brave, et tout en combattant les Lorrains, il adoucit pour eux, autant que son devoir le lui permet, les maux de la guerre.

En parlant ainsi, il laissa Eustache au milieu de ses soldats, et s'avança vers le joyeux groupe.

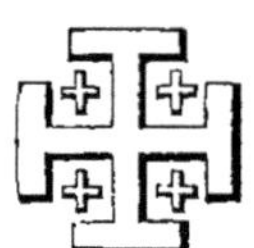

III.

Puisque de vous je n'ai autre visage
Je m'en vais, rendu hermite, en un désert,
Pour prier Dieu......
(CLÉMENT MAROT. *Elégie.*)

L'ÉTROIT vallon entouré de vignes, à l'entrée duquel frère Eustache avait été si inopinément arrêté, était arrosé d'un petit ruisseau serpentant dans une prairie déjà couverte de scabieuses et de marguerites, à travers des saules qui avaient jusqu'alors échappé aux dévastations du bivouac. Au bord de la source même était dressée une table couverte d'un splendide repas que fêtaient, avec les transports d'une bruyante gaîté, plusieurs jeunes officiers appartenant à différentes armes. Malgré les charmes de ce site champêtre, il y avait une sorte de folie à l'avoir choisi dans ce moment pour leur salle de festin. Devant eux s'élevait, comme un géant formidable, la forteresse de La Mothe, et le religieux ne put s'empêcher d'admirer l'insouciance téméraire avec laquelle ils s'étaient placés sous le canon du bastion. Tandis que l'officier qui l'avait arrêté parlait à son colonel, frère Eustache examinait avec une profonde émotion ces lieux qu'il avait cru ne revoir jamais et qui renfermaient tout ce qu'il aimait sur la terre. Sur un rocher inaccessible de tous les côtés, dont le sommet offrait une esplanade de peu d'étendue et dominait trois autres montagnes, était bâtie la ville formant un ovale, dont le grand diamètre avait quatre cents toises d'étendue, et le petit deux cents. Elle ne contenait qu'une église et deux petits monastères, les maisons étaient groupées des deux côtés d'une seule rue; on y arrivait par une seule porte. Les fortifications anciennes, bâties sous le règne de Réné, déjà réparées par le célèbre ingénieur Érard, de Bar, consistaient en huit bastions auxquels on avait ajouté depuis peu des dehors qui ceignaient les fossés remparés de pointes de Hollande, et de quelques ravelins avec des demi-lunes. Un morne silence semblait y régner du côté du vallon, seulement de temps en temps la tête d'un homme se montrait par une embrasure au-dessus des longs canons qui débordaient le parapet, tandis que sur le point opposé, que l'on ne pouvait découvrir, on entendait les détonations de l'artillerie des bastions de Saint-Nicolas et de Saint-Antoine qui répondaient aux batteries du maréchal. De temps à autre une longue traînée de feu sillonnait les airs, et une bombe, invention fatale dont on faisait alors usage pour la première fois, éclatait sur la ville, et souvent la fumée et la flamme d'un incendie s'élevaient de quelque maison. Le cœur de frère Eustache se serrait d'une angoisse inexprimable; mais tandis qu'il s'abandonnait à l'amertume de ses réflexions, son introducteur le rappela et l'amena près de la table, où son arrivée excita les rires insolents des valets et les railleries des convives. L'amphytrion, le chevalier de Senneterre, jeune étourdi de vingt ans, était assis entre deux officiers supérieurs, M. de Vaubecourt, qui cherchait en vain à modérer sa gaîté, et le colonel Ébron, commandant des

Écossais, qui enchérissait sur les grossières plaisanteries des jeunes officiers. En apercevant le religieux, M. de Vaubecourt parut aussi surpris qu'embarrassé, tandis qu'Eustache, sans se déconcerter, lui dit d'un ton ferme et poli : Monsieur, vous êtes Lorrain et gentilhomme, et quoique vous serviez la France, je viens avec confiance réclamer votre secours et votre protection. Je suis un pauvre religieux de l'ordre de Saint-François, veuillez me soustraire aux insultes de vos soldats, et me fournir les moyens de continuer mon voyage.

— La proposition est singulière, répondit M. de Vaubecourt, et cette barbe, et cette robe ?...

— Sont de ma profession, reprit vivement Eustache ; vous ne pouvez pas, et il appuya fortement sur ce mot, vous ne pouvez pas connaître celui qui les porte. Je vous suis tout à fait étranger.

— Et où prétendez-vous aller ainsi, imprudent ?

— A La Mothe, monsieur, dans notre couvent où m'appelle un vœu sacré.

— A La Mothe, s'écrièrent en chœur tous les convives en éclatant de rire.

— A La Mothe ! répéta M. de Senneterre, l'idée est vraiment bouffonne ; mais, cher capucin de mon cœur, vous ignorez donc que la place est bloquée, et que l'on ne peut y entrer que sous la forme d'une bombe ou d'un boulet.

— Hé bien ! dit Ebron, il faut mettre le révérend père dans une pièce de canon, par-dessus une bonne charge de poudre, et l'envoyer l'à-haut par le plus court chemin.

— Mon colonel, dit Senneterre, nous allons retenir le bon père prisonnier ; mais pour adoucir sa captivité, il va se mettre à table avec nous et boire joyeusement.

Holà un verre au révérend, qu'on l'emplisse à pleins bords et qu'il porte à genoux la santé du roi.

— Jamais! s'écria frère Eustache.

— Comment jamais! tu blasphêmes, malheureux frocard; tu boiras, quand même je devrais te faire tenir par quatre laquais!

En vain M. de Vaubecourt voulut interposer son autorité et faire sentir au jeune chevalier l'odieux et le ridicule de sa conduite; celui-ci, déjà échauffé par de copieuses libations, saisit le capucin par la barbe et approcha de ses lèvres le grand verre à anse qu'un domestique venait d'apporter. Tout le monde s'était levé, les jeunes officiers riaient aux éclats, M. de Vaubecourt indigné, s'était retiré à l'écart et parlait avec feu au colonel Ebron. Eustache avait d'abord porté la main à son côté comme s'il eût cherché une épée, puis calme et résigné il avait levé les yeux au ciel, et avait ramené vers la forteresse un regard mélancolique. Le bastion en face paraissait désert et cependant la bouche menaçante d'un canon avait semblé s'incliner un peu. Allons, messieurs, s'écria Senneterre d'une voix éclatante, écoutez la santé que je porte, remplissez vos verres et vous allez voir comment je vais faire avaler une rasade à ce rebelle mangeur de lard : A la prise de La Mothe, à la confusion de Charles IV et du cardinal François, à la santé du véritable souverain de la Lorraine, de Sa Majesté le roi Louis XIII! Il n'avait pas achevé de proférer ces paroles, qu'une vive flamme avait jailli de la bouche d'un canon de la place, un sifflement sinistre avait fendu les airs, et un boulet, suivi d'une détonation répétée par les échos du vallon, avait renversé la table et le service, fracassé les deux jambes au chevalier et tué deux des convives. Un homme se montra un instant dans l'embrasure, observant avidement les ravages du projectile, puis s'écria d'une voix mâle, que déjà les assiégeants avaient assez entendue dans les combats précédents pour y reconnaître celle du vaillant gouverneur : Bien pointé, Lallement, envoie encore une autre prune à ces Messieurs pour leur dessert, et aussitôt un second coup parti de la pièce voisine, emporta plusieurs autres officiers. Rien ne saurait peindre la rage et le désespoir des survivants, la terreur des valets, la confusion de cette scène de carnage. Eustache, ému de pitié, regardait avec compassion le malheureux jeune homme qui l'avait si grossièrement insulté, étendu à terre, baigné dans son sang et se tordant dans d'atroces douleurs. M. de Vaubecourt seul, froid et impassible, donnait ses ordres pour qu'on secourût le blessé; et quand on l'eut emporté et confié aux chirurgiens, il fit signe au capucin de le suivre pendant qu'Ebron, avec les plus affreux blasphêmes, jurait de venger son ami.

M. de Nettancourt traversa en silence l'espace qui séparait le vallon de son quartier, mais les officiers et les domestiques qui l'accompagnaient s'entretenaient vivement de la scène tragique qui venait de se passer. Arrivé devant sa tente, il prit congé de son cortége, renvoya ses laquais et fit entrer son hôte. Quand il se fut bien assuré que tout le monde était retiré et qu'on ne pouvait ni le voir ni l'entendre, il regarda un instant frère Eustache avec attendrissement, puis se jeta dans ses bras et l'y serrant avec effusion, lui dit à demi-voix :

— Henry de Choiseul, mon cher cousin, est-ce bien toi? Au milieu de quels dangers rentres-tu dans ce monde qui te croyait mort?

— Mon parent! mon meilleur ami, répondit frère Eustache en lui rendant ses embrassements, oui je me croyais aussi mort aux affections de ce monde, mais depuis la nuit dernière j'ai trop bien appris que ma force n'était que faiblesse, et c'est en te revoyant que je retrouve dans mon cœur tous les sentiments de ma jeunesse.

— Assieds-toi sur ce lit de camp, nous avons bien des choses à nous dire, depuis tant d'années que nous sommes séparés. Cet habit religieux m'apprend tout. Quand tu disparus tout à coup, qu'une lettre de toi m'apporta des adieux si tristes et si solennels, que j'appris ensuite le mariage de ton frère aîné avec Marie..., je vis bien que tu t'étais sacrifié à son bonheur; mais aurais-je pu penser que toi, le brillant cavalier de la cour de Charles IV, tu avais choisi pour retraite l'ordre le plus humble et le plus méprisé ?

Le religieux cacha sa tête dans ses mains, et de pénibles sanglots soulevèrent sa poitrine. Oh ! dit-il d'une voix entrecoupée : je pleure ! moi, je pleure ! je suis devenu un faible et misérable pécheur ! Trois années de mortifications, de luttes, de veilles, de prières n'ont pu me dépouiller du vieil homme ! Cher Vaubecourt, seul confident de ce fatal amour, pourquoi me le rappeler ? Depuis que j'ai revêtu ce cilice, jamais son nom n'a frappé mes oreilles, jamais il ne s'est échappé de mes lèvres ; et aujourd'hui ce souvenir m'oppresse, il m'étouffe ; il faut que je t'en parle. O mon Dieu, pardonnez-moi le bonheur coupable que je trouve à me retracer ce temps d'égarement ; je l'expierai par une pénitence sans fin.

Il abaissa son capuchon sur ses yeux, et se tut quelques instants, puis domptant son émotion avec la puissance de volonté qui l'avait soutenu dans tant d'épreuves, il reprit ainsi d'un ton plus calme qui s'anima graduellement avec son récit :

Tu as été témoin de ma première entrevue avec mademoiselle d'Haraucourt. Déjà au service du roi de France, tu étais venu passer l'hiver à Nancy, et tu te trouvais à ce bal magnifique que Son Altesse donnait dans la galerie des Cerfs, quand nous vîmes paraître dans tout l'éclat de la parure et de la beauté cette ravissante créature. Oh! je n'ai pu te le cacher, ses traits si réguliers et si purs, ses yeux bleus qui exprimaient si bien l'esprit et la bonté, ce sourire si doux, si candide et si tendre, sa taille souple et gracieuse, le charme voluptueux et chaste de ses moindres mouvements m'avaient dejà subjugué avant que le son harmonieux de sa voix, la magie de ses paroles n'eussent achevé de m'enivrer. Je l'aimai de tout l'amour dont j'étais capable, avec toute l'ardeur, mais aussi avec toute l'innocence de mon âge. La voir, l'admirer en silence suffisait à mes désirs. Mon frère était lié avec sa famille et m'y présenta ; bientôt admis dans l'intimité de cette noble maison, j'y passai mes soirées, je prenais part à ces jeux que permet la bonhomie de notre Lorraine, et quand, au milieu de la folâtre jeunesse qui s'y réunissait, j'avais touché la main de Marie en passant, j'avais dérobé une fleur détachée de sa chevelure, j'emportais un trésor de bonheur. Mais cet amour qui faisait ma vie, qui dévorait mon être, je le cachai à tout ce qui m'entourait; il me semblait qu'il y aurait eu une profanation à le laisser seulement soupçonner au monde. Tu étais parti, et toi seul avais mon secret. Quelquefois mon frère, à qui quinze ans de plus et son rang de chef de notre maison, donnaient sur moi tous les droits d'un père, comme il m'en témoignait la tendresse, quelquefois M. d'Ische cherchait à m'interroger sur ma préoccupation et ma tristesse, je répondais d'une manière évasive, et ses soupçons ne s'arrêtèrent jamais sur la cause véritable de la mélancolie qui l'inquiétait. Souvent abîmé dans la contemplation de cet être angélique, je redescendais en moi-même, et en comparant mon infériorité à tant de perfections je me livrais au désespoir.

Un jour enfin, un jour que je n'oublierai jamais, qui a fait la destinée du reste de ma vie, j'entrai dans l'hôtel d'Haraucourt sans rencontrer un domestique pour m'annoncer. Son père était sorti, sa mère était allée à un office de l'église Saint-Epvre, ses femmes étaient occupées à des soins de ménage. Je soulevai la portière d'une petite salle où la famille se rassemblait ordinairement, elle y était seule, elle me tournait le dos et paraissait absorbée dans la lecture d'un papier qu'elle tenait à la main. Le tapis qui couvrait le parquet avait amorti le bruit de mes pas, et j'étais près d'elle avant qu'elle m'eût entendu. J'étais honteux et embarrassé de la surprendre ainsi... mais c'était la première fois que je me trouvais seul avec elle... Oserais-je profiter de ce bonheur si imprévu pour lui déclarer ces sentiments si longtemps cachés? J'hésitais, mon cœur palpitait jusqu'à me donner des vertiges, et je ne pouvais m'arracher au plaisir de contempler, dans cette pose gracieuse, son cou si blanc, légèrement penché sur son épaule. Quelquefois elle interrompait sa lecture, et posait le papier sur ses genoux, puis des soupirs soulevaient sa poitrine. Et moi, en proie à tous les tourments de la jalousie, me demandant, dans une horrible anxiété, qui avait osé lui écrire, qui pouvait ainsi l'émouvoir et l'agiter, je ne voulais pas jeter sur ce papier un coup d'œil qui m'en aurait appris le mystère. Enfin elle le reprit, elle le relut encore un instant, puis le porta à ses lèvres et le pressa contre son cœur. La passion l'emporta alors sur toutes les convenances, j'avançai la tête, je dévorai des yeux l'écrit fatal et ... conçois-tu ce que j'éprouvai en reconnaissant mon écriture? C'étaient des vers que la duchesse Nicole m'avait prié de lui traduire de l'espagnol et dans lesquels un amant se plaignait de n'oser déclarer son amour à sa maîtresse. Ils peignaient si bien mes sentiments, que j'avais mis à en rendre le sens tout ce que j'avais d'âme et de chaleur, et ma traduction avait eu un grand succès à la cour.... Je me jetai aux genoux de Marie, et elle, confuse, interdite, pencha sa tête, ses cheveux effleurèrent ma joue. Elle m'aimait! Oui, cher Vaubecourt, elle, la belle, la brillante Marie d'Haraucourt, elle m'aimait, elle me le disait!... O premier aveu d'un premier amour! souvenir qui me poursuit dans le sommeil de mes nuits, et dans la ferveur de mes prières, que la raison, l'amitié, la religion n'ont pu arracher de mon cœur! Je me suis demandé si Dieu pouvait réserver aux bienheureux une félicité égale à celle que tu m'as fait éprouver. Mon Dieu! pardonnez-moi ce blasphême.

De ce moment une existence nouvelle s'ouvrit pour moi; je voulus me rendre digne de cet amour dont j'étais si fier, je voulus me faire un nom avant d'aspirer à sa main. Nous cachâmes notre tendresse avec un soin jaloux. J'étais orphelin avec une médiocre fortune, et en voyant mon frère, le seigneur d'Ische, renommé comme un des plus sages et des plus vaillants capitaines de la Lorraine, déjà revêtu de l'important gouvernement de la Mothe, je sentis que je devais aussi donner au nom de Choiseul un nouvel éclat. J'obtins un emploi dans l'armée que Son Altesse venait de lever pour secourir l'Empire attaqué par les Suédois. Le marquis d'Haraucourt y avait un commandement, et je devais servir sous ses ordres. Le soir qui précéda notre départ, Marie, à qui j'écrivais chaque jour, se trouva seule avec moi dans un jardin, et là, pour la dernière fois, assis au pied d'un pin solitaire, nous nous jurâmes un éternel amour, elle m'en donna pour gage une boucle de ses cheveux châtains et accepta en échange une petite bague qu'elle promit de ne quitter qu'à la mort. Un long baiser, le premier, le seul que j'aie obtenu d'elle, scella nos adieux, et sûr de sa constance, je partis le cœur rempli de regrets et d'espoir. Tu sais comment l'irrésolution des généraux de l'Empereur fit échouer tous les projets de Charles IV. La prise des deux places de Vitzem et de Rothenbourg fut tout le résultat de nos conquêtes. J'eus le bonheur de me distinguer dans ces deux actions, et quand Son Altesse renvoya son armée en Lorraine sous la conduite de M. d'Haraucourt, elle daigna m'attacher à sa personne et je l'accompagnai à Munich où elle allait presser l'Electeur de se déclarer contre Gustave-Adolphe. Notre séjour y fut bien long, et cependant je ne recevais aucune nouvelle de Nancy; mais le père de Marie avait été témoin du peu de gloire que j'avais acquise, j'avais été blessé en lui sauvant la vie qu'il allait perdre sous les coups de trois trabans suédois, j'espérais qu'il parlerait de moi à sa fille. Je fus envoyé par le duc de Lorraine en mission dans différentes cours d'Allemagne, et ce fut moi qu'il chargea de porter au roi Gustave-Adolphe la lettre fameuse dans laquelle il défiait le vainqueur de Leipsick. Quand je revins à Munich tout avait bien changé, le roi de France, à la tête d'une armée formidable, avait envahi les Etats de Charles qui était reparti en toute hâte pour les défendre, et je ne trouvai plus une seule personne de sa suite au palais de l'Electeur. Mais André, un vieux serviteur de notre maison, y était arrivé de La Mothe et m'attendait depuis quinze jours. En le voyant, je soupçonnai sur-le-champ quelqu'affreux malheur; il me remit d'abord une lettre de mon frère, il m'annonçait qu'il se mariait, et c'était mademoiselle d'Haraucourt qu'il épousait. Un nuage passa devant mes yeux, je me crus un instant en proie à un horrible cauchemar; je relus la lettre et je revis ce nom qui se détachait sur le papier en caractères de feu. Je résistai à cette torture de l'enfer, je parlai à André avec sang-froid, oui j'eus ce courage. Il me confirma la fatale nouvelle avec les plus minutieux détails; ensuite, sans se douter de l'effet qu'avait produit sur moi son récit, il tira de son sein en souriant une petite boîte qu'une inconnue lui avait remise pour moi. Je l'ouvris, c'était la bague que j'avais donnée à Marie; ce coup m'acheva. Je m'enfuis comme un insensé dans ma chambre, et je me livrai à la plus extravagante douleur; j'enfantai mille projets de vengeance et de désespoir. Mais son époux, c'était mon frère, c'était le plus noble et le meilleur des hommes, jamais je ne lui avais rien confié. Il n'était pas coupable envers moi, et pourquoi irais-je détruire son bonheur en la démasquant? Je résolus de mourir avec mon secret. Je fis en un instant mes préparatifs de départ; je partis pour Nancy, et après un voyage périlleux je rendis compte au duc Charles de ma mission; puis, sans voir personne, je remontai à cheval suivi de mon fidèle André, et je me jetai dans Moyenvic assiégé par les Français. Le brave baron de Mercy, qui y commandait, me reçut avec distinction. A la tête de quelques volontaires j'attaquai les ouvrages des assiégeants et je tombai bientôt percé de coups. Hélas! la mort que je cherchais m'avait épargné; blessé dangereusement, je fus relevé sans connaissance par mes camarades, et quand je revins à moi, au bout de plusieurs jours, je me trouvai dans une cellule du couvent des Capucins, soigné par un de ces religieux et mon fidèle André.

Alors, cher Vaubecourt, commença en moi un changement que favorisa d'abord l'épuisement où la perte de mon sang m'avait réduit. Mon cœur s'ouvrit aux paroles pieuses de mon hôte, je compris que Dieu était mon refuge quand les hommes m'abandonnaient, et qu'un cloître pouvait m'offrir, contre le monde et mes souvenirs, un asile aussi sûr que la mort que je n'avais pu trouver dans les combats. Oui, je suis entré dans le plus pauvre et le plus humble des ordres monastiques ; je me suis soumis à la règle de Saint-François, et le chevalier de Choiseul n'est plus aujourd'hui que le frère Eustache.

M. de Nettancourt serra son parent dans ses bras en admirant tant de malheurs et de vertus. Il lui apprit à son tour les événements de la guerre actuelle, et les prodiges de valeur que M. d'Ische avait faits depuis le commencement du siége. Mais, ajouta-t-il, toute résistance est inutile : depuis la prise de Bitche, l'armée du maréchal dispose d'un matériel immense et de toutes les forces du pays ; la forteresse sera emportée d'assaut et rien ne pourra alors contenir la fureur du soldat. Quant à y pénétrer, c'est une entreprise insensée, et si le maréchal se doutait seulement de ton projet, tu ne serais pas en vie dans deux heures.

Les deux amis, heureux de se revoir, passèrent une partie de la nuit à parler des souvenirs de leur jeunesse. Le religieux accepta quelques aliments plus substantiels que le mauvais repas qu'il avait fait à Neufchâteau ; ils se jetèrent ensuite sur le lit de camp et commençaient à s'endormir, quand un officier entra et prévint M. de Vaubecourt que le maréchal de la Force lui donnait ordre d'envoyer sur-le-champ le capucin au quartier du colonel Ebron qui était de tranchée cette nuit avec ses Ecossais.

IV.

Il me fait peur de le voir, plein de sang,
Souillé, poudreux, qui court de rang en rang;
Le plomb volant siffle autour sans l'atteindre,
Le fer, le feu, rien ne l'oblige à craindre.
(LA FONTAINE. *Epître à Turenne.*)

— SAVEZ-VOUS, M. le lieutenant, demanda M. de Nettancourt, pourquoi M. le maréchal a donné cet ordre?

— Non, mon colonel, répondit le jeune officier; mais je le soupçonne. Il est arrivé cette nuit, au camp, un sergent du régiment de Navarre, à moitié ivre, qui a apporté à Monseigneur une lettre du gouverneur de Bar-le-Duc. L'ordre a été donné aussitôt de chercher partout si un capucin n'avait pas paru dans les environs; un des convives du souper du pauvre chevalier de Senneterre a raconté l'arrivée de ce religieux, et les circonstances de la mort de nos camarades; en rapprochant ce récit de ce qu'a dit le sergent, et sans doute de la lettre du gouverneur de Bar, M. de la Force en a conclu que l'homme que voilà était un espion. Il a voulu interroger lui-même le colonel Ebron qui était du festin, et comme cet officier ne pouvait pas quitter son poste, M. le maréchal s'est rendu en personne avec le sergent dans la tranchée. C'est là que j'ai l'ordre de conduire ce moine sans délai.

— Je vous suis, Monsieur, dit frère Eustache. Adieu, M. de Vaubecourt, sans doute pour toujours. J'espère encore convaincre votre général que je ne suis pas un espion, mais s'il veut ma mort, que la volonté de Dieu soit faite. Je vous demanderai seulement d'obtenir de lui que mon corps soit remis au couvent des capucins de La Mothe pour y être enseveli.

— Mon frère, répondit M. de Nettancourt qui comprimait son émotion, afin de ne pas trahir le secret de son parent et aggraver ainsi ses dangers, je vais vous accompagner, je ne souffrirai pas que M. le maréchal...

— Vous vous perdrez sans me sauver, répondit Eustache à voix basse. J'ai échappé à de plus grands périls et je me tirerai encore de celui-ci. Restez, je vous l'ordonne au nom de l'amitié, et il sortit de la tente avec l'officier.

Le jour commençait à poindre ; le bruit continuel du canon qu'ils avaient entendu toute la nuit diminuait de moment en moment, mais un grand mouvement régnait dans tout le camp, les charrettes de munitions, les détachements de troupes et de travailleurs, les blessés que l'on emportait se croisaient au milieu des imprécations et du tumulte. Ils entrèrent dans la galerie que l'on avait ouverte dans la nuit et passèrent au-dessus d'un bon nombre de cadavres qui témoignaient de la résistance désespérée des assiégés. Cependant le colonel Ebron avait avancé ses travaux avec une audace et une persévérance infatigables jusque sous la contrescarpe, et s'était logé dans le fossé du bastion de Danemarck avec quatre-vingts de ses Ecossais. C'est là que le maréchal venait d'arriver, de son côté, avec son état-major ; on ne distinguait qu'imparfaitement les objets, et la lueur lointaine de l'artillerie n'éclairait cet endroit qu'à peine, parce que c'était sur un autre point que les Français avaient fait une fausse attaque pour y appeler tous les efforts de la garnison.

— C'est là l'espion? demanda d'une voix brève le maréchal.

— Oui, Monseigneur, répondit l'officier.

— C'est bien. Faites préparer une corde, M. le grand-prévôt, et où allez-vous l'accrocher?

— Il y a un poirier sauvage à deux cents pas, répliqua le terrible dignitaire.

— Non, je veux qu'il soit pendu ici même ; que ces mangeurs de lard le voient avec le jour dans leur fossé.

— Hé bien! Monseigneur, je vais envoyer deux de mes archers chercher un madrier à la plate-forme de la batterie Cardinale; ils seront de retour dans dix minutes.

— C'est bien, dépêchez; et toi sergent, en attendant leur retour, achève ton histoire.

— Je vous disais, Monseigneur, reprit une autre voix que frère Eustache reconnut être celle de notre vieille connaissance Larose, que ces scélérats de capucins nous firent boire à mort : il y en eut même un qui eut la perfidie de chanter avec moi une petite chanson fort gaie, et quand je m'aperçus que la décence et le service me rappelaient au poste, je demandai à voir mon prisonnier. Alors ils me firent monter insensiblement jusqu'à la cellule où on l'avait déposé et je vis, par le vasistas, que le pauvre diable était trépassé, et un coquin de capucin à genoux auprès de lui. Moi qui sais vivre, je dis à mon escouade : ne troublons pas ces deux particuliers dans leurs fonctions respectives, par le flanc droit et par file à gauche, marche; et nous sommes rentrés au corps-de-garde de Couchot. Le matin, quand l'officier a fait son rapport au commandant, M. le gouverneur a voulu se faire représenter les pièces d'argent que j'avais prises au défunt, et quand il a vu qu'il y avait dessus, au lieu de la figure du roi ou de tout autre prince chrétien, deux C croisés, avec une ligne de leur patois lorrain qui chante, je crois, *aut pereundum aut vincendum* (ce qu'un honnête homme ne comprend pas plus que l'*Heli lamma sabactani* de la Passion), il a tout de suite reconnu que c'était de la monnaie d'argent mêlé d'étain que le gouverneur de La Mothe avait fait frapper pour payer sa garnison aux abois. Il a fait cerner le couvent par un peloton d'infanterie, et j'ai par son ordre enfoncé la porte de la cellule. Le maudit capucin était toujours à genoux, mais en le tirant par sa robe, je n'ai trouvé qu'une chaise de bois. L'oiseau était déniché. Le gardien et les moines ont juré qu'ils étaient innocents de toute cette trahison ; pour s'en assurer, on leur a mis une quinzaine d'hommes à discrétion dans leur capucinière, et j'ai été envoyé ici avec un cheval que le maire de Bar a été obligé de me fournir.

— Et tu reconnais, demanda le maréchal, ce capucin pour celui qui est allé confesser l'espion que tu avais amené au couvent?

— Sans aucun doute, Monseigneur, il fait un peu noir, je ne l'ai vu qu'un instant, mais c'est bien lui.

— Et de quel droit, M. le maréchal, dit enfin frère Eustache, prétendez-vous condamner un religieux à une mort ignominieuse sur le rapport d'un soldat ivre ?

— Du droit de la guerre, révérend père, répondit froidement le maréchal. Colonel Ebron, et vous, M. le grand-prévôt, vous m'avez entendu : dès que la potence sera dressée, faites-y attacher cet homme. Qu'on le fouille d'abord, et s'il fait quelques aveux, vous m'en instruirez après l'exécution. Je vais visiter la tranchée du vicomte de Turenne.

En disant ces mots, le maréchal se retira avec sa suite.

Cependant les deux archers étaient de retour et s'occupaient à dresser le madrier qu'ils avaient apporté. Ebron s'approcha d'Eustache avec un air de triomphe infernal :

— Le canon de ces chiens de Lorrains t'a sauvé hier d'une belle rasade et m'a coûté mon meilleur ami, dit-il d'une voix concentrée; nous allons voir si un nouveau miracle te sauvera de la potence. Holà! vous autres, qu'on le dépouille.

— Ce sera moi, s'il vous plaît, qui lui servirai de valet de chambre, dit Larose en portant la main sur la ceinture du religieux.

— Soit, répondit le colonel, déshabille-le comme l'enfant qui vient de naître....

Le sergent allait obéir avec empressement, quand une sentinelle cria, à deux pas de lui, Qui vive! d'un ton brusque et étonné. Tout le monde écouta un instant, la sentinelle répéta son cri, une voix sonore répondit, dans les fossés : Lorraine, et une fusillade à bout portant abattit des files entières d'Ecossais. Avant que ceux-ci étonnés eussent pu riposter, un guerrier d'une taille élevée revêtu d'une cuirasse et l'épée à la main avait sauté dans la tranchée. A sa voix, à ses coups dont chacun portait la mort, les assiégeants avaient reconnu le gouverneur de La Mothe. A moi, à moi Germainvilliers, s'écria-t-il en continuant de frapper, pendant que ses soldats tiraient sans relâche sur les Français et les travailleurs. Eustache, à l'arrivée de ce secours imprévu, avait renversé le sergent et lui avait arraché son épée. Il se précipita au-devant d'Ebron qui s'apprêtait à combattre M. d'Ische, pendant que deux Ecossais l'attaquaient avec fureur et d'un coup de revers lui fit sauter son arme de la main.

Le capitaine Germainvilliers avait suivi de près son commandant, il renversa mort à ses pieds l'un de ses adversaires, les autres furent blessés dangereusement. Alors aux cris de Vive Lorraine! point de quartier! les assiégés lançant des grenades au milieu des travailleurs en désordre achevèrent à l'arme blanche tout ce qui résistait, et avec autant de promptitude que de sang-froid rejetèrent la terre dans les travaux et comblèrent la tranchée déjà encombrée de cadavres. Après ce brillant exploit, ils firent leur retraite en bon ordre, emmenant frère Eustache en triomphe sans que les coups de mousquets tirés au hasard par les détachements accourus au secours d'Ebron, pussent les arrêter ni leur faire essuyer une perte sensible.

Dans la chaleur du combat les deux frères s'étaient seulement serré la main sans échanger une parole; mais, quand la garnison fut rentrée par la poterne et que le pont-levis se fut relevé derrière elle, tous deux donnèrent un libre cours à leur tendresse. M. d'Ische avec l'affection inquiète d'une mère, s'assura d'abord qu'Eustache était sans blessure; il entra avec lui dans le corps-de-garde, le pressa contre son cœur, l'éloigna ensuite doucement pour le considérer plus à l'aise : et en voyant sa figure maigrie, sa longue barbe, son habit religieux, une larme roula sous ces yeux stoïques qui avaient tant de fois regardé la mort en face sans sourciller.

— Henry! mon cher Henry! s'écria-t-il, pourquoi m'as-tu quitté?

— Allons, allons, mon commandant, dit le rude capitaine Germainvilliers qui se sentait attendrir malgré lui et devenait aussi honteux de la faiblesse de M. d'Ische que de la sienne, n'allons pas pleurer comme des femmes, quand nous venons de nous battre comme des hommes. Puisque M. le chevalier est retrouvé, la garnison compte un brave soldat de plus.

— Vous avez raison, capitaine, répondit le gouverneur; nous n'avons pas même le temps ni le droit de céder à nos affections privées; le salut de la ville et le service de Son Altesse doivent passer avant tout. Mon cher Henry, je te présenterai tout à l'heure à madame d'Ische; auparavant parlons d'affaires. As-tu vu André?

— Je l'ai vu, mon frère, il est mort à Bar, percé d'une balle par les Français.

M. d'Ische se mordit les lèvres et joignit les mains en silence.

— Diable! dit Germainvilliers, les messagers que nous envoyons au duc de Lorraine jouent de malheur. Le premier est tombé entre les mains d'Ebron qui l'a fait pendre, le deuxième n'est jamais revenu, et le pauvre André, pour le troisième, a été fusillé!

— J'ai la dépêche de Son Altesse que le fidèle serviteur vous rapportait, reprit le religieux.

— Dieu soit loué! dit le gouverneur; nous allons enfin savoir ce que nous pouvons encore espérer. Allons, Messieurs, rendons-nous à la salle du conseil; M. le lieutenant-général du bailliage s'y trouve déjà; que l'on fasse prévenir le capitaine de la milice bourgeoise et les échevins.

Ces ordres furent promptement exécutés; peu de minutes après, la grosse cloche que l'on sonnait dans de semblables occasions, rassembla à l'hôtel du gouvernement les chanoines de la collégiale, les supérieurs des communautés religieuses, les officiers municipaux et les principaux chefs de la milice et de la garnison. En traversant la rue qui y conduisait de la poterne, frère Eustache fut douloureusement frappé de l'aspect de désolation que présentait cette ville qu'il avait connue naguère si florissante. Les pavés avaient été arrachés pour diminuer les ravages de la bombe; un grand nombre de maisons avaient été incendiées, mais les habitants montraient un visage plein de courage et de fierté. Les femmes avaient perdu la timidité de leur sexe et paraissaient partager l'exaltation guerrière de leurs frères et de leurs époux. Au son prolongé du beffroi, toute une multitude se rendait avec empressement sur la place d'armes. Chacun se demandait pour quel motif on avait convoqué le conseil de défense, et le beau fait d'armes du matin était l'objet de toutes les conversations. Le gouverneur en traversant les groupes recevait avec affabilité les témoignages d'affection de toute la population, et son frère était salué de mille cris de joie comme un envoyé du prince. Eustache franchit enfin le seuil de cet hôtel que Marie habitait; ses genoux fléchirent sous lui quand il pensa qu'il respirait le même air qu'elle, que dans un instant il allait la voir, lui parler.... Mais son frère en lui serrant involontairement la main lui rendit toute sa fermeté, et la vue de ces citoyens attendant avec anxiété la réponse qu'il apportait lui rappela qu'il n'était sorti de son cloître que pour rendre un dernier service à son pays. La salle où se tenait le conseil était vaste et sombre. Une grande table couverte d'un tapis avec quelques fauteuils alentour était disposée dans le milieu. Une tapisserie de haute lice représentant la mort de Charles le Téméraire en garnissait les murailles. Elle était encore ornée de portraits des ducs de Lorraine. Autour étaient des banquettes couvertes de tapisserie qui servaient de siége aux personnages d'un rang inférieur. Les notables et les officiers supérieurs s'assirent avec un cérémonial grave autour de la table, en observant scrupuleusement l'ordre de préséance. L'histoire a conservé bien des noms obscurs et ceux des généreux défenseurs de La Mothe sont presque ignorés du pays qu'ils ont illustré, nous les rappellerons dans ces feuilles légères en regrettant que l'oubli qui attend cette chronique doive s'étendre aux héros qui en font le sujet. A la place d'honneur, sur un fauteuil élevé, au-dessous d'un dais que surmontait l'écusson de Lorraine avec la couronne ducale, était le gouverneur, Antoine de Choiseul, seigneur d'Ische, dans la force et la maturité de la vie. Il était d'une taille avantageuse ; sa belle figure, calme, mâle, franche et spirituelle, annonçait autant d'intrépidité que de loyauté et d'intelligence. Encore couvert de sa riche armure, il portait sur sa cuirasse un surtout de velours rouge brodé en or, et son épée était suspendue à une écharpe de soie jaune. Il ôta d'un air gracieux son large chapeau ombragé de plumes noires et jaunes, et s'inclina vers l'assemblée qui lui rendit respectueusement son salut. A sa droite vint se placer le lieutenant-général du bailliage, Du Boy de Riocour, conseiller d'État, qui donna pendant tout le siége des preuves de courage et d'un dévouement absolu à son maître ; il était revêtu d'une robe rouge doublée d'hermine. A gauche était le doyen des chanoines ; puis autour de la table, Jean-Baptiste Sarrasin, seigneur de Germainvilliers, son fils, les capitaines Saint-Ouen, Roncourt, Montarbi, La Bretonnière, Watteville, Stainville ; les échevins Desloyers, Guillot, Colin ; Dubuisson, porte-drapeau. Dans le reste de la salle et sur les banquettes étaient des ecclésiastiques, des soldats, des bourgeois, tous armés. M. d'Ische se leva, et un profond silence s'établit.

— Messieurs, dit-il, j'ai voulu que cette assemblée fût publique pour y donner lecture de la réponse que Son Altesse Royale m'envoie à la lettre qne je lui ai écrite pour solliciter du secours. Ici nous n'avons point de secrets à garder ; La Mothe ne renferme que de fidèles sujets de Charles ; nous n'avons qu'une âme et qu'une volonté, et nous ne craignons pas qu'un espion aille rapporter à l'ennemi nos résolutions ; nous avons juré de mourir en défendant notre ville, secourue ou non, nous tiendrons notre serment.

— Nous le jurons ! s'écria toute l'assemblée.

— Voici, reprit M. d'Ische en ouvrant un registre qui se trouvait devant lui, la copie de la lettre en chiffres que le pauvre André s'était chargé de porter à Son Altesse.

Et il lut la pièce suivante, que nous transcrivons textuellement.

« Monseigneur,

» Si le nombre des soldats qui sont en cette place était
» aussi grand que notre courage, nous ne presserions
» pas V. A. du secours qu'elle nous a promis ; mais
» après avoir opposé toutes nos forces aux efforts de l'en-
» nemi sans avoir pu empêcher qu'il se logeât dans notre
» fossé à dessein de nous saper, rien ne nous reste que
» le dessein de mourir courageusement, ou de seconder
» par une bonne défense le secours que nous attendons
» à cette heure ou jamais de Votre Attesse. »

André, continua-t-il, a trouvé la mort à Bar, en revenant de sa mission ; ainsi nous ne connaîtrons jamais ce que Son Altesse l'avait chargé de nous dire ; cependant il a pu, avant d'expirer, confier sa réponse écrite à un Lorrain fidèle et devoué. Le voici, Messieurs ; c'est mon frère, le chevalier Henry de Choiseul, qui, par un sentiment de piété profonde que je regrette, sans le blâmer, est entré dans l'ordre de Saint-François. Il a quitté sa retraite et a bravé mille périls pour parvenir jusqu'ici.

Hier, le sang-froid et l'adresse merveilleuse de notre bon canonnier Lallement l'ont délivré des insultes des Français ; ce matin votre valeur, mes braves camarades, l'a sauvé d'une mort ignominieuse. Vous allez connaître la dépêche dont il est porteur.

Eustache tira alors de son sein la petite boule de cire qu'André lui avait confiée et la remit au gouverneur. Celui-ci en sortit un petit billet écrit en chiffres : il le traduisit à l'instant, il était ainsi conçu :

« Mon cher gouverneur de La Mothe,

» Vous pouvez compter que mon armée vous délivrera » dans quinze jours ; j'ai le pied à l'étrier pour aller moi-» même au-devant du secours que je vous ai promis. An-» noncez aux bourgeois que les ruines de leurs maisons » seront rebâties. Remerciez la garnison et les habitants » de leur fidélité, et assurez-les que je les récompenserai » d'une manière digne d'eux et de moi.

» Votre affectionné,

» CHARLES. »

Après la lecture de cette lettre, la salle retentit des cris de Vive Charles IV, vive la Lorraine ! l'heureuse nouvelle circula bien vîte dans la foule assemblée dans la rue et une joie générale éclata dans la ville ; chacun s'embrassait, se félicitait, et le porteur du message était lui-même l'objet de l'intérêt universel. Quand cette première effervescence fut un peu calmée, M. d'Ische congédia l'assemblée et resta seul avec son frère.

— Maintenant, dit-il, Henry, nous pouvons donner quelques instants à nos sentiments de famille ; mais, avant de te présenter à madame d'Ische, il faut que j'aie avec toi un entretien sur elle-même, et j'ai besoin de recueillir tout mon courage pour aborder avec toi un pareil sujet; viens dans mon cabinet. Et il entraîna son frère qui, dans une inexprimable anxiété, attendait qu'il s'expliquât plus clairement.

V.

Je ne suis pas jaloux... si je l'étais jamais !!..
(VOLTAIRE. *Zaïre.*)

M. D'ISCHE introduisit son frère dans un cabinet situé dans la partie la plus retirée de l'hôtel. Il était pratiqué dans une tourelle ronde à l'angle du bâtiment, et l'on y montait par un étroit escalier en spirale. Des armes offensives et défensives étaient suspendues aux murailles, et des vitraux coloriés n'y laissaient pénétrer qu'un demi-jour douteux. Les deux frères s'assirent dans un mutuel embarras, et gardèrent quelques instants le silence; le gouverneur le rompit le premier.

— Henry, dit-il, depuis ton départ pour l'armée avec le marquis d'Haraucourt, nous ne nous sommes pas revus; que d'événements depuis ce moment!

— Oui, répondit le religieux, tout a changé pour nous, excepté notre affection mutuelle. Je ne suis plus Henry, je ne suis plus que le pauvre frère Eustache. J'ai quitté mon couvent, malgré mon vœu d'obéissance, pour vous apporter ce message, et aussi parce qu'André m'a dit que vous vouliez me voir encore. Parlez, mon frère, dites-moi ce que je puis faire pour vous et ma tâche sera finie, je retournerai dans mon cloître.

— Non, reprit M. d'Ische avec vivacité, non... Eustache, puisque c'est là ton nom, ta tâche n'est pas finie. Mais, d'abord, parlons de toi-même. Combien j'ai pleuré ta fin prématurée! je te croyais, avec toute la Lorraine, mort de tes blessures au siége de Moyenvic; ma femme elle-même, qui te connaissait à peine, a partagé ma douleur, et c'est seulement au moment où André s'offrit pour passer à travers le camp ennemi, il y a quelques jours, qu'il me confia le secret de ton existence. Mais, mon ami, le monde ne t'avait rien fait qui dût te forcer à le fuir. Tu étais si jeune, si heureux, la vie s'ouvrait seulement devant toi riante et glorieuse! Si tu avais eu des chagrins, je les aurais connus. L'amour n'était pour rien dans une telle détermination, car quelle femme alors t'aurait rejeté! quelle famille n'aurait été fière de s'allier à toi!

— Dieu m'a éclairé, répondit Eustache d'une voix à peine articulée.

— Que son saint nom soit béni! reprit M. d'Ische, si c'est sa voix seule qui t'a parlé. Si quelque peine secrète qui m'est inconnue, et que j'aurais pu t'éviter, t'avait fait entrer en religion, je ne me le pardonnerais jamais. Ainsi... Eustache, continua-t-il en lui prenant les mains et en le regardant avec tendresse, tu es heureux dans ton nouvel état?

— Y a-t-il un vrai bonheur sur terre? dit tristement le capucin.

— Hélas! toi aussi tu es désabusé de cette chimère! tu n'es pas heureux!

— Je le suis de votre amitié et surtout de votre bonheur. Vous l'avez trouvé dans un... mariage avec une personne qui vous aime, que l'on dit accomplie... Vous vous êtes couvert de gloire en défendant cette forteresse, il ne vous manque rien de ce que peut donner le monde. Je n'ai donc rien à désirer.

— Mon pauvre ami, s'écria d'Ische avec amertume, si tu mets ta félicité dans la mienne, tu es le plus infortuné des hommes..... Ecoute-moi, et que la confidence que je vais te faire te console, si jamais dans ta solitude tu étais tenté de regretter le gouffre de misères et de déceptions que tu as volontairement quitté. Te souviens-tu de Marie d'Haraucourt?

— Comment!... pourquoi? sans doute... balbutia Eustache tremblant.

— Tu es aussi timide qu une jeune vierge, dit en souriant le gouverneur; allons, allons, je ne suis pas le père gardien de ton couvent, et tu peux sans rougir entendre prononcer un nom de femme. Oui, tu as vu Mademoiselle d'Haraucourt chez son père; je t'y ai moi-même présenté, et morbleu tu n'étais pas alors assez dévot pour n'avoir pas regardé sa figure. Comment la trouvais-tu alors?

— Elle était... belle, elle paraissait douce et aimable.

— O saint homme! avec quelle froideur tu en parles! On voit bien, et c'est fort heureux pour moi, que tu ne l'as jamais aimée. Hé bien! mon cher Eustache, moi qui ai quinze années de plus que toi, moi qui déjà veuf d'une femme qui me rendait si heureux aurais dû bien moins que toi devenir sensible à la beauté et aux grâces de Marie, je n'ai pu la voir sans l'aimer. Tu soupires, c'est de pitié de la faiblesse de ton frère, écoute-moi jusqu'au bout.

Quand le duc de Lorraine renvoya son armée dans ses États, sous la conduite du marquis d'Haraucourt, et te garda près de sa personne en Allemagne, la retraite de nos troupes se fit au milieu de dangers de toute espèce.

La ville impériale de Strasbourg avait refusé de leur ouvrir ses portes, et elles furent obligées de passer le Rhin à Haguenau sur un pont de bateaux. Attaquées à Biscoffen, elles perdirent un grand nombre de prisonniers, et sans l'arrivée du corps que je commandais la déroute était complète; j'accourus sur le champ de bataille dont les Suédois étaient déjà maîtres, et je sauvai, je puis le dire, la vie et l'honneur du marquis. Sa reconnaissance fut sans bornes, il alla jusqu'à m'offrir la main de sa fille. Il se plaisait à dire qu'à Rothenbourg tu lui avais déjà sauvé la vie, et qu'il n'avait que ce moyen de s'acquitter envers notre maison. Cette proposition m'éblouit. J'avais vu sa fille, je l'aimais sans avoir manifesté à personne une passion que la différence de nos âges aurait peut-être rendue ridicule, mais je n'étais pas homme à me prévaloir de l'autorité de son père pour devenir son époux. Quand j'eus fait rentrer dans leurs quartiers les garnisons que j'avais rassemblées pour marcher en Alsace, et ramené en personne celle de La Mothe, je remis le commandement de la place à mon vieux lieutenant Germainvilliers et j'accourus à Nancy. J'y trouvai une sorte d'aventurier écossais au service de France, menant un grand train, jouant gros jeu et faisant grande figure à la cour et à la ville; c'était une de tes vieilles connaissances, que tu as retrouvée la nuit dernière, le colonel Ébron...

— Quoi! s'écria frère Eustache, Ébron, ce fanfaron, ce soldat mercenaire sans âme et sans pitié, était revenu à Nancy?

— Ah! ah! ce nom te ranime un peu, révérend père, j'en suis bien aise. Oui, Henry... Eustache, devais-je dire, ce colonel Ébron qui déjà s'était montré à la cour de Son Altesse avant la guerre, qui avait eu avec toi un duel pour un motif si frivole, à propos d'un coup au jeu de paume, que tu avais légèrement blessé au bras, était revenu sous je ne sais quel prétexte, mais en réalité comme agent du cardinal de Richelieu. Il affichait partout un amour déclaré pour Mademoiselle d'Haraucourt, et quand je me présentai chez le marquis, je trouvai cet étranger en visite

— L'insolent ! interrompit le religieux hors de lui... Quoi! rien n'avait pu le corriger... je veux dire que ce malheureux duel !... mais Marie, Marie le recevait, et vous l'avez souffert ! ah ! si j'avais été là !

— Diable ! révérend père, comme vous vous échauffez. Oui, mon bon ami, je pense que si tu avais été là, toi qui l'avais appelé en duel pour un mot de travers, tu n'aurais pas manqué de l'y appeler de nouveau quand il s'agissait de la fiancée de ton frère. Mais il fallait auparavant connaître les sentiments de Marie sur l'union que projetait son père. Elle me sembla d'abord triste et dévorée de quelque peine secrète, mais au bout de quelques jours elle avait repris sa gaîté. J'eus avec elle un long entretien où elle m'ouvrit son cœur sans réserve. Ici d'Ische s'arrêta et soupira profondément.

— Et que vous dit-elle? demanda Eustache avec effort.

— Elle me dit qu'elle serait heureuse de s'unir à moi... que jamais un autre n'avait été aimé par elle. Elle m'avoua pourtant que cet Ébron, qui l'obsédait sans cesse, avait fait un instant impression sur son imagination.

— Ah ! dit le malheureux Eustache, c'était Ébron ! ah ! misérable dont la vie était ce matin en mon pouvoir !... mais, Seigneur, qu'ai-je dit ? pardonnez-moi ces idées de vengeance ; et il se frappa la poitrine et rabaissa son capuchon sur ses yeux.

— Excellent frère, reprit d'Ische, qu'une amitié si

vive et si parfaite me console de tout! oui, Marie avait distingué cet Écossais, mais elle m'aimait, elle consentait à devenir ma femme, et son père se chargea lui-même d'éconduire l'aventurier. Mon devoir me rappelait à La Mothe. J'y passai quelques jours, et à mon retour à Nancy il y était encore. J'étais bien sûr du cœur de ma fiancée, mais j'étais jaloux, jaloux jusqu'à la rage de cet homme. J'avais le droit de l'être... Je sus qu'il s'était encore permis quelques propos insolents sur mon compte, et un jour que j'étais allé faire ma cour à la duchesse Nicole, je le trouvai dans la salle des gardes et lui demandai raison de son langage et de sa conduite. Le résultat de cet entretien fut un rendez-vous pour le lendemain dans les fossés de la citadelle. Son épée se brisa sur ma poitrine en m'effleurant une côte, la mienne l'atteignit un peu plus gravement à la cuisse. Nos seconds furent aussi blessés tous deux, et à la suite de cette affaire, qui fit quelque bruit, il retourna à Metz.

Mademoiselle d'Haraucourt, depuis cet événement, me témoigna plus d'attention encore, et je fus persuadé que la légère préférence qu'elle avait eue pour mon rival n'avait rien de sérieux. Notre mariage eut enfin lieu; je ramenai Madame d'Ische à La Mothe où l'invasion des Français dans la Lorraine allemande rendait ma présence indispensable. Là, une affreuse nouvelle vint empoisonner le bonheur que je commençais à goûter. Nous apprîmes le dévouement héroïque qui t'avait fait courir à Moyenvic, sans même voir ta famille, et t'avait fait trouver la mort dans la tranchée. Marie partagea si vivement mon désespoir que je l'en aimai davantage s'il était possible. Les événements de la guerre, sans affaiblir mes regrets, ne me laissaient pas le temps de m'y livrer. Après la défaite de Levoncourt, près de Saint-Mihiel, un parti français vint faire une reconnaissance jusqu'auprès de notre forteresse. J'appris qu'il était commandé par Ébron. A ce nom, ma fureur ne connut plus de bornes; je partis, dans la nuit, pour l'enlever au village de Médonville où il s'était logé, mais il avait décampé avant mon arrivée. En rentrant dans la place, Germainvilliers m'apprit qu'il avait fait arrêter un espion. Cet homme m'avoua sa mission; il n'était porteur d'aucun papier, mais il me confessa qu'il avait remis, de la part de son chef, une lettre à Catherine, une femme de chambre de ma femme, mariée depuis peu à Lallement, frère d'un de mes canonniers et fils de mon vieux fauconnier. Alors un doute affreux me saisit : Marie m'aurait-elle trahi?... L'espion fut pendu sur-le-champ sans avoir communiqué avec personne, je me chargeai d'interroger moi-même la femme de chambre sans témoins. Je l'amenai ici, dans ce cabinet, je lui promis la vie, un pardon absolu si elle était sincère, et je jurai de lui enfoncer ma dague dans le cœur, à l'instant même, si elle essayait de mentir. Elle se traîna à mes genoux et fit les plus terribles serments qu'elle allait me dire la vérité. Ah! quel enfer dans mon sein pendant que j'attendais sa réponse. Non, mon ami, non, si tu n'as pas aimé, si tu n'as pas éprouvé le supplice de la jalousie, tu ne pourras me comprendre. Elle me dit que gagnée, séduite par Ébron, elle avait inutilement cherché à rendre sa maîtresse sensible à sa passion, que jamais Marie n'avait aimé cet homme. Alors elle me remit le billet que l'espion lui avait rendu. Le voici; et d'Ische, ouvrant une petite cassette en fer placée dans une armoire secrète, y prit un papier..., lis-le mon frère et juge de ce que j'ai ressenti.

— Je ne puis, je ne puis, répondit Eustache en étouffant ses sanglots.

D'Ische, tout entier à son récit, ne s'aperçut pas du trouble de son malheureux frère.

— Cet appartement est sombre, dit-il, et quand je voulus le lire la première fois, l'obscurité et mon émotion ne me permirent pas non plus de le déchiffrer. J'ouvris cette fenêtre, et il leva en effet le châssis d'une croisée de la tourelle, je vais te le lire :

« Malgré votre infidélité, mes sentiments n'ont pas » changé, je vous aime et n'aimerai jamais que vous. Es- » pérons tout du temps ; la guerre me servira mieux que » ne l'a fait jusqu'ici mon étoile, et je me vengerai de l'o- » dieux tyran qui m'a ravi mon bonheur. »

Ce billet me remplit de trouble et d'incertitude ; était-ce le langage d'un amant aimé, était-ce celui d'un fat présomptueux ? Catherine en vain me soutenait que sa maîtresse ne l'avait jamais lu, que jamais elle n'avait encouragé l'audace de l'Écossais, je ne pouvais la croire. Tu mens, lui dis-je, et je levai le bras. Alors la frayeur la fit délirer. En ouvrant la croisée le jour était tombé en plein, comme dans ce moment, sur ton portrait que voilà suspendu au mur, et cette malheureuse t'invoquait, te demandait pardon. J'eus pitié d'une terreur qui devenait de la folie ; tu vas partir, lui dis-je, je te chasse, tu ne parleras plus à ta maîtresse, tu diras à tout le monde que cet espion t'avait parlé pour chercher à te gagner, et que je t'ai renvoyée pour ce seul motif ; on connaît ma sévérité pour ce qui regarde les devoirs de ma charge et on le croira facilement. Je fis venir son mari, je lui donnai quelqu'argent, et tous deux partirent le même jour pour Bar-le-Duc, où ils tiennent un petit cabaret. De ce moment, je n'ai plus eu de repos. La résignation de Marie, ses soins, son affection n'ont pu me rassurer. Je l'ai étudiée, j'ai scruté sa pensée dans les plus secrets replis de son âme, et j'en ai la triste certitude, un autre a occupé son cœur avant moi.

— Et qu'a-t-elle dit quand vous lui avez fait part de vos soupçons? demanda Eustache.

— Jamais je ne les lui ai manifestés, répondit le gouverneur, jamais un mot de doute ou de reproche ne m'est échappé. Et personne, personne à qui je puisse ouvrir mon cœur! Oh! Eustache, que j'avais besoin de te revoir!

— Cet Ébron, dit le religieux, a-t-il fait quelques nouvelles démarches pour la voir?

— Au moment de l'investissement de la place, au mois de mars dernier, j'appris bientôt sa présence à l'armée des assiégeants. Le maréchal de la Force m'avait fait porter une sommation par un trompette, je fis fouiller cet homme avant de l'entendre; il avait sur lui un billet sans adresse, mais toujours de la même écriture, il ne contenait que ces deux mots : *espérance* et *constance*. Le soldat prétendit n'avoir mission de le remettre à personne; son caractère de parlementaire ne me permettait pas de le faire arrêter et mettre à la question, ainsi je n'ai pu en savoir davantage. Mais Ébron est là au pied de mes murailles : toujours le premier à la tranchée, il sera le premier à l'assaut, et quand je serai tué sur la brèche, Marie deviendra sa proie!...

— Oh! dit Eustache, vous me faites frissonner. Innocente ou coupable, il ne faut pas qu'elle tombe entre ses mains! J'ai ménagé sa vie, mais je l'ai vu à terre blessé d'un coup que Germainvilliers lui a porté sur la tête. Prenez courage, rassurez-vous mon frère, s'il survit à sa blessure, l'armée du duc Charles va faire lever le siége et vous délivrer de lui.

— L'armée du duc Charles! reprit d'Ische avec un sourire forcé. Crois-tu que je m'abuse d'un pareil espoir? as-tu vécu si longtemps avec ce prince pour le connaître si peu? Charles, le plus léger et le plus inconsidéré de tous les hommes, n'a de résolution et de vigueur que l'épée à la main et sur un champ de bataille. Ne s'est-il pas livré pieds et poings liés au roi de France? n'a-t-il pas abandonné Nancy, la plus forte place de l'Europe, quand Beauvau le suppliait de s'y jeter et de la défendre? n'a-t-il pas laissé envahir tous ses Etats sans combattre? Non, il m'abandonnera à mon malheureux sort, il me laissera avec une garnison de quatre cents hommes, défendre la dernière et la plus importante forteresse de ses Etats, contre une armée de vingt mille hommes.

— Mon frère! mon frère, quelles étranges paroles dans la bouche de son plus fidèle sujet!

— Oui, Eustache, continua le gouverneur, tu as entendu des paroles que le désespoir où je suis réduit a seul pu arracher de mon cœur. C'est une vérité cruelle que toi seul entendras jamais. Pour mes braves soldats, pour les habitants, je feins une confiance sans bornes dans le secours, mais il n'arrivera pas. Et pourtant, dit-il en se levant et en redressant fièrement sa taille majestueuse, je ferai mon devoir, Antoine de Choiseul ne rendra jamais la place confiée à son honneur. Je prolongerai la résistance tant que j'aurai un homme et une charge de poudre, mais il faudra bien succomber; les Français y entreront, mais ce sera par la brêche et sur mon cadavre. Il se promena quelques instants en silence et s'arrêta ensuite devant le portrait en pied de son frère, couvert de son armure qu'éclairait une vive lumière à travers la croisée qu'il avait ouverte. Henry, reprit-il, cette toile muette était ma consolation dans mes peines; reconnais-tu cette épée suspendue au-dessous du cadre, c'est celle qui est tombée, à Moyenvic, de ta main glacée. André me l'a rapportée, je l'ai conservée comme une relique; quand il m'avoua que tu existais encore, je lui ai donné ordre de te ramener près de moi, parce que je veux mourir dans tes bras, mais je veux aussi que tu sois le dépositaire de mes dernières volontés. Me promets-tu de les remplir?

— Je vous le promets, dit Eustache en le serrant dans ses bras.

— C'est un bien grand engagement que tu prends, continua M. d'Ische, il faut que tu m'en fasses un serment solennel sur ton nom, sur nos armes, sur ton honneur et sur ta part dans le paradis.

— Oh! mon frère, s'écria Eustache, qu'allez-vous donc me demander que vous puissiez douter de ma parole et me lier par de si terribles serments?

— Tu hésites, Henry! allons, tu es libre.

— Non, je n'hésite pas, dit le religieux subjugué, et il étendit la main et répéta le serment.

— A présent, reprit d'Ische, je suis tranquille. La mort peut venir pour moi quand il plaira à Dieu de me l'envoyer. Prends la clé de cette cassette, elle renferme des papiers d'État, mes plus secrètes affaires et mon testament. Tu m'as juré de l'exécuter en tous points. Tu n'ouvriras cette boîte qu'après ma mort.

— Je le jure encore, répondit Eustache, mais vous me survivrez, je l'espère, et ces dangereux secrets ne me seront jamais connus.

— Le ciel en décidera, dit le gouverneur d'un ton solennel. Maintenant, oublie toute notre conversation; je reprends mon masque ordinaire, nous allons déjeûner avec Germainvilliers et Du Boys de Riocour; nous entrerons ensuite chez Madame d'Ische.

Ils descendirent l'escalier ; Eustache suivit son frère sans lui répondre, demandant au ciel de le soutenir dans la nouvelle et cruelle épreuve qui l'attendait.

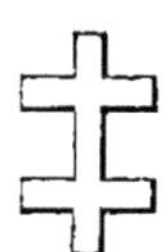

VI.

Je l'ai vu, tu voulais lire dans ma pensée ;
Mais mon front était calme et mon regard serein.
(LORD BYRON. *A Maria.*)

LES deux frères entrèrent dans une salle où Germainvilliers et Riocour les attendaient ; le déjeûner y était servi. Le repas était aussi copieux et substantiel qu'on pouvait l'espérer dans une ville assiégée, et il fut fort gai, au grand étonnement de frère Eustache qui, dans les manières pleines d'abandon, de confiance et d'uue politesse enjouée de M. d'Ische, ne pouvait reconnaître l'esclave sans espoir d'un devoir inflexible, le martyr d'une jalousie déchirante qui tout à l'heure s'était révélé à ses yeux. La conversation roula naturellement sur les événements du siége. Riocour raconta au religieux ce trait extraordinaire d'audace et de bravoure des jeunes filles de La Mothe qui, dans une sortie, avaient défait un détachement de volontaires français. Il cita aussi cette plaisanterie du gouverneur qui, voyant que les assiégeants refusaient le combat, fit marcher, devant sa troupe, un violon et un hautbois, en criant aux ennemis qu'il les invitait à danser puisqu'ils ne voulaient pas se battre.

— Ma foi ! dit Germainvilliers, le moyen a réussi, car ce fut le lendemain que le colonel Ébron s'empara près de la contre-escarpe d'un poste que nous ne pûmes lui reprendre qu'après un sanglant combat. Il faut convenir, Messieurs, que cet Ébron est un hardi soldat, sa nouvelle attaque de cette nuit en est la preuve, et je ne suis pas fâché que mon épée m'ait tourné dans la main quand je l'ai frappé au moment où le révérend père l'avait désarmé. Je l'ai vu se relever, et franchement ce serait dommage qu'un si vaillant homme eût péri. Je suis persuadé que M. le gouverneur est de mon avis.

— Parbleu ! répondit M. d'Ische sans la moindre émotion, vous oubliez sans doute, mon cher Germainvilliers, que plus nous tuerons de nos ennemis moins il en restera. D'ailleurs, les projets d'Ébron sur les miens ne doivent pas m'inspirer beaucoup de générosité à son égard. Si nous l'avions laissé faire, mon pauvre frère serait mort ignominieusement.

— Mais, dit le vieil officier, je ne puis non plus le blâmer sur ce point ; c'est l'usage en pareil cas. Il y a deux ou trois ans, vous avez fait pendre un de ses émissaires qui s'était introduit ici, et cependant il paraît que son plus grand crime était un peu trop de galanterie envers une des femmes de Madame d'Ische. Il a à son tour fait pendre le laquais que vous aviez envoyé au duc de Lorraine. Ce sont là les chances de la guerre.

— Mais, Henry, frère Eustache, interrompit le gouverneur, tu as autrefois croisé l'épée à Nancy avec Ébron, crois-tu qu'il t'ait reconnu hier?

— Je ne le pense pas. Quand je fus amené au milieu de leur repas, il ne sembla faire aucune attention à moi. Il devait me croire mort, et le changement que ma longue barbe mon costume et le temps ont produit dans mon extérieur n'a pas dû le désabuser. Vaubecourt, d'ailleurs, s'est aussitôt placé entre lui et moi. Cette nuit, quand j'ai été amené dans sa tranchée, l'obscurité ne lui permettait pas de distinguer mes traits.

— Et cependant, observa Riocour, M. de Vaubecourt vous a reconnu.

— Il connaissait Henry depuis son enfance, répondit M. d'Ische, Et ici, Messieurs, je me fais un plaisir de le déclarer, Nettancourt s'est conduit comme il convenait à notre parenté, à son haut lignage et à son noble caractère. Depuis le commencement de ce siége, il nous a témoigné tout l'intérêt qui pouvait se concilier avec son devoir.

— Son Altesse, dit Riocour, a plus d'une fois regretté que cette illustre maison ait passé au service de France.

— Ah! il y a longtemps de cela, Messieurs, s'écria Germainvilliers. Ce fut une des fautes de notre grand duc Charles III, aïeul de Son Altesse aujourd'hui régnante. C'était, attendez... ah! parbleu, c'était l'année du combat d'Arques, en 1589. Mais vous connaissez tous cette histoire.

— Je ne l'ai jamais entendue raconter, dit Eustache qui, comme un criminel implorant un sursis à son exécution, cherchait à différer de quelques instants son entrevue avec Marie.

— Allons, Germainvilliers, contez-lui cette anecdote, s'écria le gouverneur en remplissant les verres, la journée est encore longue, nous nous sommes levés de grand matin.

Le vétéran ne se fit pas prier, et avec la complaisance d'un vieillard pour les souvenirs de sa jeunesse, il commença ainsi :

— Je vous parle de loin, c'était dans le plus fort de la grande guerre civile de France. Notre duc s'était déclaré pour les Guises et la Ligue; le pays était ravagé par les catholiques et les protestants. Henry de Nettancourt vivait cantonné dans ses riches domaines qu'il maintenait en paix au milieu de la fureur générale et des dévastations des deux partis. Chéri de ses vassaux, il avait rassemblé dans ses trois bonnes forteresses de Vaubecourt, Triaucourt et Soissy un corps de troupes aguerries et fidèles qui le faisaient respecter de ses turbulents voisins. A la frontière de ses possessions, sur une des cimes de l'Argonne, se trouvait le célèbre couvent de Beaulieu que sa situation dans les défilés de la forêt qui sépare la Champagne du Barrois, la force de ses murailles et de ses tours, et surtout ses immenses richesses rendaient la position la plus importante du pays. Les moines vivaient en paix avec lui, grâce au caractère débonnaire de leur abbé Antoine de Lorraine. Mais celui-ci s'éteignait miné par une maladie incurable, et sa mort, attendue avec impatience, allait livrer l'abbaye à la Ligue et compromettre la sûreté des seigneuries de M. de Nettancourt. Ce brave gentilhomme était plein de sens et de prudenee. Il fit d'abord solliciter le duc de Lorraine d'interposer son autorité; mais Charles III, au contraire, se prononça ouvertement en faveur du candidat que portaient les Guises; il essaya encore de négocier avec les moines, mais les voyant résolus à élire le ligueur et à introduire des troupes dans leur monastère, il s'y rendit un beau soir à la tête d'une magnifique procession d'une centaine de bonnes lances, et escalada les murailles pendant que les bénédictins étaient assemblés en chapitre. Le comte Henry les traita fort humainement, et se contenta de faire jeter dans les fossés quelques soldats espagnols et brabançons que l'on trouva au réfectoire. Après cela il voulut avoir un abbé sur lequel il pût compter, et il pensa que personne ne lui convenait mieux que M. de Passavant, son fils, un beau jeune homme qui, à la vérité, n'avait jamais étudié en théologie, j'en demande bien pardon au révérend père ici présent, mais qui, en revanche, dans une passe d'armes comme dans un combat à fer émoulu, montait un cheval et maniait une épée aussi bien qu'aucun gentilhomme de son temps. On renferma les moines dans la grande salle du chapitre que l'on fit garder par les gens d'armes venus de Vaubecourt, et ils élurent M. de Passavant très-librement et très-volontiers. Le comte Henry laissa une bonne garnison au nouvel abbé et, montant à cheval en toute diligence avec quelques fidèles compagnons, il se rendit au camp du roi de France. Il y arriva la veille du combat d'Arques; après l'affaire, où il se comporta à merveille, il demanda à Henry IV, de qui ses fiefs relevaient, puisqu'il était du Barrois mouvant, la confirmation de M. de Passavant dans sa nouvelle dignité. Le bon Béarnais rit beaucoup et l'accorda sur-le-champ. Mais le duc Charles III ne prit pas si bien la plaisanterie; il fit marcher des troupes contre Beaulieu, l'abbé s'y défendit vaillamment, et ce fut de sa main que je reçus ma première blessure, j'étais alors page de Son Altesse. Mais enfin le couvent fut emporté à la Toussaint de l'année suivante. Voilà comment la maison de Nettancourt s'est détachée du service de Lorraine, et à vrai dire le duc Charles a perdu un des plus fermes appuis de ses États.

Le déjeuner, qu'avaient prolongé les disgressions de Germainvilliers, était fini; et M. d'Ische, après le départ des convives, conduisit son frère dans une petite pièce voûtée qu'habitait sa femme, au-dessous de son propre cabinet. Il lui avait choisi cette retraite depuis que les bombes lancées sans interruption par les Français avaient tué plusieurs personnes dans les maisons, et incendié un quartier de la ville. Elle y était renfermée avec Madame de Stainville, fille du premier lit du gouverneur, qui aimait sa belle-mère comme une sœur. Toutes deux étaient à peu près du même âge; la communauté de leurs périls et de ceux que couraient leurs époux (car M. de Stainville était l'un des plus braves officiers de la garnison), avait resserré encore leur attachement mutuel. Il était difficile cependant de voir un contraste plus frappant de beauté et de caractère que celui qui distinguait ces deux jeunes femmes. La figure régulière, le regard languissant, la taille grande et élancée de Madame d'Ische étaient en harmonie parfaite avec sa mélancolie douce et tendre. La physionomie piquante, les yeux noirs et pétillants, la taille petite et svelte de Madame de Stainville répondaient à merveille à la vivacité de son esprit et à son caractère prompt, ouvert et passionné.

Elles étaient occupées à faire de la charpie pour les blessés quand la porte s'ouvrit. Elles avaient déjà appris depuis plusieurs jours l'espèce de résurrection du chevalier de Choiseul et son apparition les émut sans les surprendre. Madame de Stainville s'élança au cou de son oncle, et malgré sa demi-résistance, l'embrassant avec effusion, témoigna par mille folies sa joie de le retrouver. Marie s'était levée, une pâleur mortelle avait d'abord couvert ses traits, puis une rougeur écarlate avait coloré sa figure. Le ciel seul sait ce qui se passait dans son cœur, en revoyant tout à coup maigre, hâve et flétri dans la fleur de la jeunesse et de la vie le premier objet de ses affections, celui que son mariage, elle ne pouvait en douter, avait conduit à la mort et ensuite dans un cloître.

Mais, maîtresse de son émotion, avec ce courage de femme, cet empire sur soi-même que les plus grands héros pourraient quelquefois envier à la plus faible de ce sexe inexplicable, elle s'avança vers Eustache, et de sa voix douce, calme et mélodieuse, dont le timbre pur résonnait dans l'âme de son amant comme une harmonie d'un autre monde, elle lui dit avec simplicité :

— Mon frère, que M. d'Ische et moi sommes heureux de vous revoir !

Eustache s'était dégagé des bras de sa nièce, il osa enfin lever les yeux sur Marie. C'était toujours cette beauté sans égale, cette enchanteresse dont le temps ni son infidélité n'avaient pu diminuer le prestige. Fasciné par sa présence, il la regardait dans une muette extase, mais M. d'Ische le prenant par la main :

— Allons, Eustache, dit-il d'un ton enjoué, il faut que tu embrasses ta belle-sœur, tu lui dois au moins cette marque d'amitié pour les pleurs qu'elle a donnés à ta mort, et le plaisir qu'elle a senti en te sachant vivant.

Madame d'Ische s'approcha encore, et sa joue brûlante se posa sur celle du religieux. Oh ! pour lui quelle amère dérision dans cette caresse fraternelle, quand malgré les efforts de sa vertu chancelante, ses souvenirs trop fidèles lui montraient cette même Marie lui donnant, dans le jardin de son père, sans témoins, dans tout l'abandon de son amour et de sa douleur, le baiser d'adieu ! Tout son sang reflua vers son cœur, une fièvre brûlante fit vibrer ses artères, sa poitrine oppressée se serra, ses genoux fléchirent, un nuage passa sur ses yeux...

— Madame, dit-il enfin en balbutiant, je vous remercie de l'intérêt que vous avez bien voulu prendre à mon sort.

— Quel ton cérémonieux ! s'écria avec impatience Madame de Stainville. En vérité, cher oncle, si vous saviez combien notre excellente Marie vous aime, vous lui montreriez un peu plus de tendresse. Est-ce que votre règle vous défend d'aimer vos parentes?

— Non, répondit Eustache, non, ma bonne Claire; si Dieu et notre salut doivent nous occuper avant tout, nous ne pouvons pas fermer entièrement notre cœur aux sentiments que la religion permet à tous les hommes.

— Vous nous y garderez donc une place à Madame d'Ische et à moi?

— Sans doute... ma chère fille, ma nièce et ma... sœur ont bien droit à mon attachement.

— Oui, frère Eustache, dit à son tour Marie, je vous demande moi aussi l'amitié que l'on accorde à une sœur. Vous avez renoncé au monde et sans doute oublié ce qui vous y a jamais attaché; ce sera pour vous et pour moi un sentiment tout nouveau.

— Madame, répliqua-t-il, vous pouvez compter sur l'affection que je dois à la femme de mon frère.

Un silence assez long suivit ces paroles. M. d'Ische, rêveur et préoccupé, se promenait dans la chambre. La vive Claire venait de se rasseoir, glacée par la froide tristesse de son oncle. Marie avait repris son travail charitable, et semblait toute absorbée dans le soin de détacher les fils de sa charpie. Eustache, les yeux baissés, souffrait et priait intérieurement. M. d'Ische s'arrêta tout à coup :

— Mesdames, dit-il, vous savez combien peu Stainville et moi pouvons venir partager votre solitude, désormais notre frère Eustache sera votre chevalier.

— O mon père! s'écria Madame de Stainville, que vous êtes aimable de prendre ainsi compassion de vos pauvres recluses. Mon bon oncle, comptez que nous vous choyerons aussi délicatement que les dames de Remiremont ou de Sainte-Hoïlde pourraient le faire de leur directeur.

— Ma compagnie serait bien triste pour vous, dit frère Eustache, et je m'acquitterais mal d'une tâche aussi douce.

— La tâche, reprit le gouverneur, sera peut-être un jour pénible. Tu veilleras à la sûreté de ma femme et de ma fille.

— Vous me permettrez cependant de remplir les devoirs de piété que me prescrit notre sainte règle et de vous accompagner quelquefois sur les murailles.

— Sans doute, et s'il faut payer de ta personne, j'espère que tu seras encore à La Mothe le soldat de Rothenbourg.

— M. d'Ische raconta ensuite les dangers qu'avait courus Eustache depuis son départ de Bar. Quand il prononça le nom d'Ébron, les deux frères observèrent avidement Marie; mais elle ne semblait émue que des périls du religieux, et l'Ecossais paraissait n'exciter en elle que de la terreur et non de l'intérêt. L'heure de la garde montante approchait cependant et le gouverneur se retira. Il engagea vainement Eustache à rester, celui-ci insista pour sortir avec lui en prétextant qu'il avait besoin d'un peu de repos. M. d'Ische le conduisit alors dans le cabinet qui, comme nous l'avons dit, se trouvait dans la même tourelle, au-dessus de l'appartement de sa femme.

— Voici, lui dit-il, ta chambre et ton lit.

— Mais ce sont les vôtres, s'écria le religieux, et je serais désespéré si vous en changiez pour moi. Mon intention est d'aller demander une cellule et un peu de paille au couvent des Capucins de la ville.

— Eustache, reprit d'Ische, depuis longtemps je n'ai

pour lit que les planches d'un corps-de-garde ou l'affût d'un canon, tu ne me priveras donc pas de celui-ci. Quant à nous quitter, n'y pense pas, profitons du temps pendant lequel nous pourrons vivre ensemble, il ne sera sans doute pas long. Voici ton épée, voici les armes de notre excellent père, voici encore quelques livres d'histoire et de piété, tu peux disposer de tout. Dans cette armoire est la cassette dont tu as une seconde clé. Maintenant, il faut que je te fasse encore connaître une dépendance secrète de ton appartement.

Parlant ainsi, il alluma, au moyen d'un briquet, une bougie qu'il plaça dans une lanterne solide en cuivre, garnie de glaces d'une épaisseur extraordinaire et renforcée d'un grillage en laiton. Il ôta ses souliers et fit quitter à Eustache ses sandales; il leva un pan de tapisserie et ouvrit une petite porte massive au moyen d'une clé qui ne le quittait pas, en engageant son frère à le suivre. Celui-ci obéit avec étonnement. Ils descendirent un escalier extrêmement étroit, et au bas d'une longue suite de marches, ils se trouvèrent dans un petit souterrain bas creusé dans le roc. A la lueur imparfaite de la lanterne, que M. d'Ische tenait avec la plus grande précaution, on voyait à terre une couche de poussière noirâtre, et plusieurs barils qui en paraissaient remplis.

— Où sommes-nous? demanda Eustache avec une secrète terreur.

— Dans une mine, répondit M. d'Ische d'une voix sombre, dans une mine creusée secrètement par Lallement et André. Nous sommes sous la chambre de Madame d'Ische, au milieu de dix barils de poudre.

— Dieu du ciel! s'écria le religieux, et vous ne craignez pas qu'une bombe de l'ennemi fasse sauter ce magasin si imprudemment placé.

— Non, répondit tranquillement le gouverneur, tout est prévu; il n'y a aucun danger à craindre du dehors.

— C'est donc là votre dernière réserve de munitions?

— Oui, c'est là ma dernière ressource.

Et ils remontèrent l'escalier, sans que le religieux osât approfondir le sens qu'il redoutait de trouver sous ces paroles. Quand ils furent dans la chambre, le gouverneur dit en replaçant à sa ceinture la clé de la porte secrète : « Cette clé passera un jour de mes mains dans les tiennes, et tu sauras ce que tu dois faire de ce dépôt. André est mort, toi et Lallement en connaissez seul l'existence. » Et il sortit.

Le malheureux religieux put jouir enfin d'un instant de solitude pour reposer ses facultés brisées par tant d'émotions diverses. Il remercia Dieu de la protection dont sa providence l'avait environné. Il forma ensuite la ferme résolution de fuir autant qu'il le pourrait les occasions de voir Marie. Il avait trop bien senti sa faiblesse contre ce danger. Mais il osa aussi se promettre de résister à ce même danger quand il faudrait l'aborder en face... Elle ne m'aimait pas, se dit-il, elle ne m'a jamais aimé! elle aimait Ébron, elle l'aime peut-être encore! eh bien! tant mieux pour mon repos! si elle était restée la céleste créature que j'avais rêvée, je ne pourrais arracher cette passion de mon cœur; mais la haine, le mépris, la vengeance seront de plus sûrs défenseurs de ma vertu dans les tentations dont les piéges du démon m'environnent ici, que mes devoirs, que mes serments et l'amitié fraternelle. O malheureux! à quelle dégradation suis-je descendu! mais, misérable, est-ce un crime de ne pas m'aimer! étais-je digne de l'amour de cet ange! non! je lui ai tout pardonné, je veux bannir son image, mais quand elle m'apparaîtra que ce soit toujours comme celle d'un être accompli.

Ainsi flottant entre mille pensées diverses, luttant avec une foi sincère, un courage héroïque contre cet amour qui se rallumait en lui plus violent, plus indomptable que jamais, Eustache se prosterna dans la poussière et chercha dans la prière un remède à des maux dont Dieu seul connaissait l'amertume.

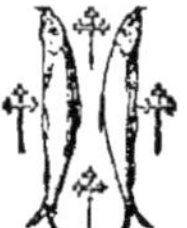

VII.

Tant qu'il a pu combattre il fut notre espérance.
(De Belloy, *Siége de Calais, acte 1er, scène 3e*.)

La Providence, en douant l'homme de la prévoyance, a pourtant, dans son immuable sagesse, tellement borné en nous cette triste faculté, que jamais l'avenir ne se réalise absolument tel que nous l'avions craint ou espéré. Eustache, en se déterminant courageusement à venir à La Mothe, s'attendait à y souffrir une torture morale de tous les instants, et, il faut bien l'avouer, il avait supposé que Marie elle-même ne pourrait le revoir sans trouble, et ajouterait ainsi à l'embarras qu'il éprouverait toutes les fois qu'ils se trouveraient ensemble. Il n'en fut pas ainsi. Le soir de son arrivée et les jours suivants, Madame d'Ische, sans paraître ni fuir, ni rechercher son entretien, fut en présence comme en l'absence de son mari, calme, naïve, naturelle. Jamais un soupir, un regard, un mot ne trahirent en elle la moindre émotion qu'une sœur ne pût avouer. Eustache, tour à tour blessé d'une indifférence aussi profonde, d'un oubli du passé aussi complet, jaloux de l'amour qu'elle témoignait au gouverneur, tourmenté du souvenir d'Ébron, s'habitua enfin peu à peu à cette sérénité apparente de sa belle-sœur, et s'abandonna lui-même sans s'en défendre au charme de sa société. Il n'en jouissait cependant que bien rarement. Les Français, irrités et humiliés du succès de la dernière sortie, avaient redoublé leurs efforts contre la place. Louis XIII, qui, dans les commencements du siége, avait dit en plein conseil, et même écrit au Maréchal, « *qu'il ne voulait point s'opiniâtrer à s'emparer* » *de La Mothe, qu'elle n'était point nécessaire pour rendre* » *complètes ses conquêtes, puisqu'elle était éloignée des* » *passages ordinaires, détachée du corps de la Lorraine et* » *du Barrois; si petite et d'un abord si difficile qu'elle* » *n'était propre ni à une retraite, ni capable de contenir* » *un grand nombre de soldats,* » maintenant indigné de sa longue résistance, enjoignait par tous les courriers au maréchal de la Force de la réduire à tout prix. Le vieux guerrier lui-même était déterminé à tout sacrifier pour s'en rendre maître. Cinq batteries faisaient pleuvoir nuit et jour une tempête de fer et de bombes sur cette malheureuse ville. Les parapets, les guérites en pierre et les tours s'écroulaient. Les batteries de la place étaient toutes démontées et les assiégés ne pouvaient plus répondre au feu de l'ennemi. Cependant telle était la confiance de la garnison et des habitants dans leur brave gouverneur, que pas un murmure ne s'élevait. L'argent était extrêmement rare, et pour le faire circuler et en augmenter la valeur, d'Ische avait eu recours à divers expédients. D'abord il avait fait fondre toute sa vaisselle, et chacun s'était empressé de suivre son exemple, c'est de cet argent, mêlé à de l'étain, qu'il avait fait frapper la monnaie obsidionale dont le sergent Larose avait saisi quelques pièces sur André. Il avait aussi haussé le cours des espèces. Le blé que renfermaient les magasins avait été vendu par lui aux boulangers à des termes successifs, et à mesure que ceux-ci le payaient il distribuait la solde aux troupes. Les vivres étaient assez abondants, mais les assiégés souffraient cruellement de la soif; les Français avaient détourné les sources qui coulaient dans les fossés, et il fallut distribuer, avec une extrême parcimonie, celles que fournissait en petite quantité un puits très-profond, placé au centre de la ville. Cependant M. d'Ische était partout, il parcourait les ouvrages au milieu du feu de l'ennemi, faisant réparer le dommage causé par l'artillerie, consolant les blessés, encourageant les combattants. Eustache le suivait partout, il animait les travailleurs par son exemple, et, au milieu de la mitraille des Français, roulait des masses énormes de pierres qui les écrasaient dans leurs tranchées. Ce nouveau moyen de défense eut un tel succès, que les habitants ne se servaient plus d'autres armes, et tous les historiens du temps s'accordent à décrire les ravages que cette grêle de cailloux et d'éclats de rochers causait parmi les assiégeants (1).

Une semaine s'était déjà écoulée depuis l'arrivée d'Eustache. Le 21 juin, après une nuit passée dans des périls et des fatigues de toute espèce, le gouverneur quitta le matin les remparts et proposa à Eustache et à Stainville de déjeûner dans l'appartement de sa femme. Marie et

(1) A travers la passion et la haine qui percent dans son récit, Dubuisson ne peut s'empêcher de rendre hommage au courage de frère Eustache. Voici comment il s'exprime : « Un certain moine, nommé Eustache, qui était frère du gouverneur, s'étant trouvé dans la place, fut un de ceux qui en jetèrent davantage, soit qu'il fût excité à une vigoureuse défense par l'intérêt de son frère, soit qu'il eût cela de commun avec les moines d'être toujours plus passionnés que les autres. » (*Vie de Turenne*, par *Dubuisson*, major au régiment de Verdelin. *Cologne*, 1687, page 63.)

Claire furent ravies de cette visite et les accueillirent avec plus d'affection que de coutume s'il était possible. M. d'Ische savourait ce bonheur du foyer domestique, de l'intimité de la famille que son devoir et ses inquiétudes secrètes lui permettaient si rarement de goûter. Contre sa coutume, car toujours il évitait ce sujet, il parla le premier du secours que le duc de Lorraine avait promis.

— Dans peu de jours, disait-il, nous saurons s'il nous a tenu parole. Oh! si les cornettes lorraines se montraient seulement dans la plaine!

— Elles ne tarderont pas, Monsieur, s'écria Stainville avec feu. Son Altesse ne nous abandonnera pas, et d'ailleurs le baron de Mercy, à la tête de sa cavalerie, peut arriver d'Alsace en quelques marches.

— Oui, répondit M. d'Ische, je compte encore sur Mercy. Mais nous ignorons tout ce qui s'est passé dans le monde depuis deux mois. Si André avait pu revenir, il nous aurait rapporté ce qu'il aurait vu lui-même, et nous ne savons rien. Il est temps que le secours arrive; nous n'avons plus de canons en état de servir, et j'attends l'assaut à chaque instant.

En ce moment on frappa à la porte, et Lallement se présenta.

— M. le gouverneur, dit-il en saluant, excusez-moi, c'est de la part de M. de Germainvilliers que je viens.

— Hé bien! qu'y a-t-il de nouveau?

— Il y a que les Français ont démasqué une nouvelle batterie qui bat le bastion de Vaudémont avec une telle furie que le revêtement est près de s'écrouler.

— Diable! dit M. d'Ische, c'est le plus faible et il n'est gardé que par nos braves chanoines, il faut y courir. Adieu, Marie, adieu, Claire, à ce soir: et il embrassa sa femme et sa fille qui, tout habituées qu'elles étaient à de pareilles alarmes, pleuraient en le quittant. Allons, allons, dit le gouverneur en les repoussant doucement, n'allez pas vous affliger sans sujet. Le canon du maréchal peut bien renverser nos murailles, mais il ne fera pas tomber nos rochers, et notre frère Eustache y a trouvé d'ailleurs une nouvelle espèce de munitions dont nous avons d'abondants magasins.

Et il sortit avec le capucin, Stainville et le canonnier. Ils gagnèrent le bastion de Danemarck où Saint-Ouën, la Bretonnière et l'échevin Guillot, à la tête d'un fort détachement, observaient les effets de la nouvelle batterie. Elle était commandée par le vicomte de Turenne, entré tout récemment avec le grade de colonel au service de France, et qui commençait à ce siége mémorable sa brillante carrière militaire. Le bastion de Vaudémont, qu'elle prenait en écharpe, était défendu par les ecclésiastiques et les francs-bourgeois de la ville sous les ordres du doyen des chanoines. Ils avaient encore trois pièces de canon qu'ils servaient avec plus de zèle et de courage que d'adresse. M. d'Ische examina un instant la position de l'ennemi.

— Lallement, dit-il vivement, il faut donner une leçon à ces coquins de Français, ces trois pièces pointées par toi peuvent abîmer leur batterie; Saint-Ouën, vos canons sont démontés, que quatre de vos hommes me suivent, et aussitôt il sauta sur le pont de bois qui communiquait à l'autre bastion. Il en avait parcouru la moitié de la longueur, quand un boulet frappa une demi-tour voisine, s'y brisa en morceaux, et un de ses éclats, en ricochant, atteignit le gouverneur au défaut des reins, lui fracassa le bras gauche et lui arracha une partie des entrailles. Eustache, qui marchait immédiatement derrière lui, le reçut dans ses bras, et d'Ische, tournant vers lui ses yeux mourants, eut encore la force de prononcer ces paroles : « Retenez-moi, je tombe... ne rendez jamais La Mothe... la cassette... Marie... *Jésus*..., » et ses yeux se fermèrent pour jamais.

Je n'entreprendrai point de décrire la consternation et le désespoir des témoins de cette terrible catastrophe. Des deux bastions on avait vu tomber d'Ische, et chacun avait quitté son poste pour accourir auprès de lui. C'était un concert de cris, de pleurs, de gémissements qui s'élevaient au-dessus du bruit de l'artillerie. Eustache étreignait convulsivement le cadavre de son frère dont le sang avait rejailli sur sa robe : mais pas une larme ne s'échappait de ses paupières; une pâleur plus profonde encore s'était répandue sur ses traits fixes et comme pétrifiés, et une douleur qu'aucune langue ne saurait peindre se lisait dans ses grands yeux immobiles. « Tout est fini pour lui dans ce monde, dit-il tout à coup d'une voix ferme et impérieuse qui étonna tous les assistants. Vous venez d'entendre ses dernières paroles; non, nous ne rendrons jamais La Mothe. Lallement, à vos pièces; soldats, bourgeois, à votre poste, que personne, sous peine de la vie, ne pousse un cri qui apprenne à l'ennemi la perte que nous venons de faire. Stainville, Saint-Ouën, la Bretonnière, hâtez-vous de faire donner cet ordre dans tous les quartiers. » Et aussitôt, avec l'obéissance sans réserve qu'ils eussent montrée pour le gouverneur lui-même, tous se retirèrent et exécutèrent les commandements du religieux.

Il emporta dans ses bras le cadavre du gouverneur, et rentra dans la ville. Partout, sur son passage, les habitants qui n'étaient pas sur les remparts, les femmes, les enfants accouraient, baisaient ce front glacé et se disputaient à qui aiderait Eustache à transporter son douloureux fardeau. « Priez, priez pour lui, leur répondait-il, mais ne le pleurez pas, » et il s'avançait vers l'hôtel. Il y entra, parvint à la salle du conseil et le déposa sur une table. Alors l'abandonnant aux soins de ceux qui le suivaient, il arracha la clé ensanglantée qui était attachée au ceinturon de son épée et la cacha dans son sein; puis, avant que personne eût pu le prévenir, il courut à l'appartement de Marie. Les cris qu'on poussait dans l'hôtel étaient parvenus jusqu'à ses oreilles, et elle ouvrait sa porte pour en demander la cause, quand Eustache tout sanglant s'y présenta.

— Mon mari! mon père! s'écrièrent à la fois les deux femmes.

— Mort! répondit Eustache.

Madame d'Ische poussa un cri affreux et allait se jeter dans les bras de son beau-frère; mais il étendit les mains, et, à la vue de cette figure blanche comme celle d'un spectre et de sa robe tachée de sang, elle recula avec horreur et tomba dans un fauteuil, sans connaissance. Claire avait saisi la main de son oncle.

— Mon mari! mon mari! criait-elle avec violence.

— Il est vivant, il n'est pas blessé, il va venir, répondit-il brusquement.

— Je veux voir mon père; où est-il? venez, venez, Madame, venez Marie, disait-elle en embrassant Madame d'Ische et pouvant à peine parler au milieu des sanglots qui la suffoquaient.

Marie se releva, elle prit le bras de Claire, et le capucin marcha devant elles en silence. Quand ils entrèrent dans la salle, les cris et les lamentations du peuple redoublèrent, mais chacun ouvrit respectueusement passage à la famille éplorée. Le corps était étendu sur la grande table autour de laquelle s'assemblait ordinairement le conseil; sa femme et sa fille l'embrassèrent avec désespoir. Eustache se mit à genoux, il baisa sa main déjà refroidie, pria quelques instants, et sortant de la salle d'un pas lent et solennel, monta dans son cabinet. Il alla droit à l'armoire, en tira la cassette de fer, et la posa sur un guéridon, sa main tremblait en y introduisant la clé, il l'ouvrit et prit les papiers qu'elle contenait. Le premier qui lui tomba sous la main était le billet d'Ébron. Il frissonna comme s'il eût touché un serpent; il retira ensuite un parchemin muni du sceau de l'État, c'était un ordre de Charles IV de ne rendre la place pour quelque mandement que ce pût être, s'il n'était apporté par les sieurs de Montarbi, Salice ou la Bretonnière. Il était daté du 11e de janvier 1634. Il y trouva encore la clé des chiffres de la correspondance secrète, et enfin au bord un petit paquet cacheté de noir, sur lequel était écrit : *Ceci est mon testament.* Il en déchira l'enveloppe et en lut le contenu.

Cet acte était écrit en entier de la main de M. d'Ische; il contenait des dispositions qui assuraient un revenu honorable à sa veuve, et le reste de sa fortune à sa fille; à la réserve de quelques fondations pieuses et de pensions à ses serviteurs. Ce testament avait une date déjà ancienne; mais à la suite étaient deux articles tout récents Le premier était du 13e de juin 1634; il était ainsi conçu: « Ayant appris par André la résurrection miraculeuse de » mon frère bien-aimé Henry de Choiseul, et en étant as- » suré puisque je l'ai aperçu aujourd'hui même dans le » camp des Français, c'est à lui que je recommande le » soin de sauver l'honneur de ma femme des outrages de » l'ennemi, s'il s'empare de la ville. Je ne veux pas que » Marie d'Haraucourt tombe vivante entre les mains des

» Français et surtout du colonel Ébron. Si la place est » prise d'assaut, j'enjoins à Henry, ainsi que Lallement et » André m'ont déjà juré de le faire, de renfermer ma- » dame d'Ische dans son appartement, au-dessous de ce » cabinet, et de mettre le feu à la mèche qui se trouve » dans l'escalier de la mine que je lui montrerai. »

Le dernier codicille était seulement de la veille. Antoine de Choiseul prescrivait de nouveau à son frère de faire sauter la mine, ou, s'il n'en avait pas le temps, de poignarder Marie plutôt que de la laisser exposée au déshonneur. Il y répétait que Lallement exécuterait cet ordre si Eustache balançait. Il demandait pardon à Dieu d'en venir à cette horrible extrémité. Il désignait pour lui succéder dans le commandement de la place Germainvilliers, et, après lui, le capitaine Watteville, et priait que son corps fût enterré dans l'église de La Mothe.

Une sueur froide avait glacé Eustache pendant cette lecture. Égaré par sa douleur, lié par son serment, il frissonnait d'horreur et un désespoir frénétique lui ôtait l'usage de la raison. Il se demanda s'il devait obéir à une dernière volonté aussi barbare, qu'il ne connaissait pas quand il s'était engagé à l'exécuter, que la nature et la religion condamnaient. Ensuite il se persuada qu'il y avait pour lui un dévouement sublime à arracher Marie à l'infamie par la mort, à se livrer lui-même aux flammes éternelles pour la préserver d'une souillure. Et dans ce moment d'exaltation, sa main, couverte du sang de son frère, rencontra le billet d'Ébron. Alors sa tête s'égara. Il se leva, il étendit la main et répéta le fatal serment que sept jours auparavant il avait déjà prêté. « Oui, dit-il, sur le nom que je porte, sur nos armes, sur mon honneur dans ce monde, sur ma part du paradis dans l'autre, je le jure, j'exécuterai tes dernières volontés. » Le son de sa propre voix l'épouvanta, il regarda autour de lui, les portraits suspendus à la tapisserie lui semblaient s'agiter et s'animer; des visions fantastiques de démons tourbillonnaient dans la chambre, et il tomba à la renverse sans mouvement sur le plancher.

Cependant le bruit de la mort du gouverneur s'était rapidement répandu de poste en poste; mais les ordres sévères donnés si à propos par Eustache y étaient parvenus en même temps et avaient forcé les citoyens et les soldats à comprimer l'expression de leur douleur. Enfin la cloche du guet sonna et rassembla le conseil de défense. Le cadavre de M. d'Ische avait été transporté dans une pièce voisine et placé sur un lit de parade autour duquel brûlaient un grand nombre de cierges : des ecclésiastiques en surplis récitaient les prières de l'Église, et la foule venait incessamment jeter de l'eau bénite sur ses restes mortels. Madame d'Ische et Claire avaient été arrachées à ce douloureux spectacle et s'abandonnaient à leur chagrin dans leur appartement. Chacun des officiers et des notables vint à son tour rendre son dernier hommage au héros, et le conseil se réunit ensuite dans la salle ordinaire, pour choisir celui qui devait lui succéder. La discussion, d'abord calme et digne, ne tarda pas à s'animer et à devenir orageuse et passionnée. Les militaires désignaient presque tous Germainvilliers; mais les bourgeois et le clergé, tout en rendant hommage à sa bravoure, doutaient de ses talents; beaucoup d'entre eux votaient pour Watteville, officier d'une grande distinction, mais que son origine suisse rendait peu agréable à la garnison. La Bretonnière avait aussi plusieurs partisans, et les trois opinions étaient soutenues avec aigreur. Malgré les efforts de Du Boys de Riocour, des personnalités on avait passé aux menaces, quand une porte s'ouvrit et Eustache entra.

Il avait à la main son épée qu'il venait de détacher du cadre auquel depuis trois ans elle était suspendue. Une résolution guerrière brillait sur sa figure jusqu'alors si humble et si pieuse ; sa démarche était fière et hautaine ; il salua l'assemblée étonnée du changement qui s'était subitement opéré dans son extérieur, et alla se placer au bout inférieur de la table.

Aussitôt qu'il parut, « Voilà, s'écria avec véhémence Riocour, le digne frère du gouverneur ; c'est à lui qu'il appartient de le remplacer. »

— Oui, oui, s'écrièrent aussitôt tous les assistants, c'est le ciel qui nous l'envoie ; vive le chevalier de Choiseul, vive notre nouveau gouverneur.

— Arrêtez, messieurs, dit d'une voix éclatante le religieux ; un tel honneur est incompatible avec la robe que je porte. Êtes-vous un ramas de rebelles, pour que vous choisissiez pour vous commander un moine obscur qui n'a aucune commission de votre souverain ? Que diraient les Français ? Que penserait Son Altesse elle-même ? J'ai repris cette épée pour défendre comme simple volontaire, cette place jusqu'à la dernière goutte de mon sang ; mais je suis le premier à me ranger sous l'obéissance de celui que mon frère a désigné pour son successeur. C'est son digne lieutenant, c'est un soldat éprouvé par toute une vie de combats. Et il s'avança vers Germainvilliers, et, pliant le genou, lui dit : M. de Germainvilliers, en votre qualité de gouverneur de La Mothe, de représentant du duc de Lorraine, je vous jure obéissance et fidélité.

Alors tout le conseil, avec cet entraînement soudain que la parole d'un homme supérieur exerce quelquefois sur les assemblées délibérantes, choisit unanimement Jean-Baptiste Sarrazin, seigneur de Germainvilliers.

— Messieurs, dit le vieillard, j'accepte parce que je

me sens le courage et la résolution que demande une si haute charge, mais je réclamerai les conseils de vous tous, et en particulier de frère Eustache. Alors il se plaça sous le dais, entre le lieutenant-général du bailliage et Dubuisson, porte-étendard, et reçut le serment de la garnison et de la bourgeoisie. Maintenant, s'écria-t-il, aux murailles ! que chacun reprenne son poste ; ce soir même nous rendrons les honneurs funèbres à notre excellent gouverneur.

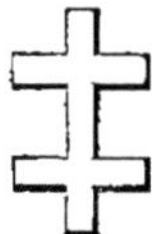

VIII.

Avec plus d'art encore et plus de barbarie,
Dans des antres profonds on a su renfermer
Des foudres souterrains tout prêts à s'enflammer.
(VOLTAIRE. *Henriade*, *ch.* VI.)

La triste cérémonie des funérailles de M. d'Ische était à peine terminée et la pierre qui fermait son caveau dans l'église Notre-Dame n'était pas encore replacée, que son successeur avait à soutenir tout le poids de la charge que son dévouement à son pays l'avait déterminé à accepter. Dans la soirée même, les Français dirigèrent une attaque générale sur tous les points de la place, avec une ardeur et une opiniâtreté sans exemple. Germainvilliers avait couru sur le bastion de Saint-Nicolas qui paraissait le plus menacé, Eustache avec quelques hommes seulement avait occupé le tour du retranchement extérieur. Tout à coup il entendit le *slogan* des Écossais de l'autre côté du fossé et Ébron déjà guéri de sa légère blessure, Ébron, le plus téméraire de cette brave armée, parut à la tête de ses soldats.

Eustache accueillit l'ennemi par une vive fusillade; armé d'un mousquet, il tira plusieurs fois sur le colonel sans l'atteindre. En vain les balles et les cailloux des assiégés faisaient tomber des rangs entiers des Écossais, leur chef les ramenait à la charge, et la mort qu'il bravait l'épargnait toujours ; enfin, après une perte énorme d'hommes, il se logea dans le fossé au pied de la tour, et s'y retrancha à l'aide de planches et de gabions, les efforts désespérés d'Eustache et de ses compagnons pour l'en chasser furent inutiles. Dans le même moment, le marquis de Tonneins attaquait le bastion de Saint-Nicolas et ses troupes, animées par l'exemple du succès que venaient d'obtenir les Écossais, s'avancèrent aussi jusqu'au bord du fossé au cri de Vive le roi! Sur le bastion, pas un canon n'était resté sur son affût, pas un soldat ne se montrait, pas un coup de feu ne partait, et les Français dédaignant toute prudence et croyant marcher à une victoire assurée, défilaient à découvert en colonne serrée, quand tout à coup Germainvilliers parut sur la muraille qui se garnit en un clin d'œil de ses hommes armés, et faisant un feu terrible, en même temps qu'une avalanche de gros quartiers de rochers écrasait les assiégeants, anéantit tout ce qui avait débouché de la parallèle. La boucherie que les balles et les cailloux venaient de faire des premières compagnies avait démoralisé les autres, et rien ne put les arrêter dans leur fuite. Cependant le gouverneur brandissant son épée au-dessus de sa tête criait aux siens : Allons, enfants! que ces marauds ne s'aperçoivent pas que vous avez changé de commandant. Les voilà qni s'enfuient à la première décharge comme une bande de canards sauvages. S'ils reviennent, laissez-les s'approcher d'avantage, visez bien à la ceinture, et qu'il n'en échappe pas un. *Preny! preny* (1)! Vive le duc

(1) C'était le cri de guerre des ducs de Lorraine, il était fort ancien comme on peut le voir par la vieille ballade du duc Ferry :

Ils cryent Priny, priny,
L'enseigne au riche duc Ferry
Marchis entre les trois royaulmes. (*V. p. 96*, Note A.)

de Lorraine! Et le cri de guerre répété par sa troupe acheva de porter la rage dans l'âme de l'ennemi.

Cependant le maréchal de la Force s'était rendu sur le lieu de l'action, et après avoir engagé de nouvelles colonnes qui furent successivement repoussées, il ordonna à son troisième fils, M. de Castel-Maron, de marcher avec son régiment. Eustache s'était replié avec son poste sur le bastion, et Germainvilliers y avait encore appelé des renforts, sans trop dégarnir les autres fortifications. Il fit coucher son monde à terre, et défendit que personne tirât, avant que l'ennemi fût dans le fossé. Castel-Maron s'avança avec la bravoure héréditaire chez les Caumont de la Force, et l'ardent désir de soutenir l'honneur des armes de son père, mais avec toutes les précautions qui pouvaient le faire réussir. Il fit porter en avant des gabions et des fascines, et encourageait ses travailleurs et ses soldats en leur représentant qu'il leur appartenait de venger l'échec du régiment de Tonneins.

— Frère Eustache, dit à voix basse Germainvilliers, qui observait tout, caché avec le religieux derrière une meurtrière, ces gaillards-là sont à une bonne portée; je vais faire commencer le feu. Visez-moi bien cet officier qui nous montre si souvent son panache blanc.

Eustache, sans répondre, appuyait son mousquet à l'épaule, quand Lallement leur frappa doucement sur le bras à tous deux.

— Pardon, mon commandant, dit-il d'un ton aussi bas, mais je viens de préparer une petite fête pour ces messieurs; voulez-vous que je leur en donne le divertissement?

Ils se retournèrent et virent un tonneau rempli d'artifices et de grenades qu'il avait roulé auprès d'eux. Le vétéran sourit sous sa moustache grise.

— L'invention me paraît bonne, dit-il; mais comment vas-tu leur envoyer cela?

— Vous allez voir, mon commandant; si sa révérence veut me donner un coup de main.

Et aussitôt, aidé du capucin, il porta le tonneau sur le débris du parapet, et tous deux avec une force et une adresse égales le lancèrent dans la tranchée après avoir mis le feu à la mèche. La machine incendiaire fit un effet épouvantable. Les grenades et les pétards éclatèrent au milieu de la masse serrée des soldats, tuèrent et brûlèrent tous ceux qu'ils atteignirent, et mirent le feu aux gabions et aux fascines. Au milieu de ce désordre et des hurlements de douleur que la mitraille et les flammes arrachaient aux survivants, les assiégés firent une décharge générale de leur mousqueterie, et roulèrent sur eux une grêle de pierres. Une terreur panique s'empara des assiégeants et Eustache s'élançant par la fausse braye dans le fossé à la tête d'une trentaine d'hommes, égorgea tout ce qui n'avait pas fui. Castel-Maron resté seul tomba la cuisse percée d'un coup de mousquet, et Lallement allait l'achever avec sa pesante hallebarde, quand un grand coup de l'épée du religieux détourna l'arme fatale.

— Si c'était un autre que vous, je lui passerais ma lame au travers du corps, dit le canonnier d'un ton bourru. Laissez-moi assommer ce huguenot.

— Il est blessé, répondit Eustache, honneur au courage malheureux! Que personne n'ose mettre la main sur lui, s'il ne veut périr de la mienne.

Et prenant lui-même l'officier dans ses bras, il le retira de dessus le tas de morts sur lequel il était étendu.

— Monsieur, dit-il, tenez-vous en repos un instant. Vos gens pourront vous relever d'ici quand nous serons rentrés.

Castel-Maron serra la main de son généreux ennemi et lui témoigna vivement sa reconnaissance. Cependant les Lorrains rejetaient en diligence de la terre et des pierres dans la tranchée par-dessus les cadavres qui la remplissaient, et le régiment de Turenne qui s'avançait ne put ni les empêcher de détruire les ouvrages, ni troubler leur retraite. Les Français rentrèrent dans leurs lignes, et Germainvilliers ramena ses soldats triomphants, et leur fit faire d'abondantes distributions de vin et de vivres. Le succès qu'il venait d'obtenir avait relevé le moral de la garnison et des habitants, affectés si douloureusement de la mort de M. d'Ische, et avec cette heureuse insouciance qui est le partage des grandes réunions d'hommes exposés à une vie de périls, la victoire du soir leur fit presque oublier le deuil du matin.

Mais il y avait dans cette même ville des cœurs que rien ne pouvait consoler de cette perte cruelle. Marie et Eustache étaient épouvantés du vide immense que cette mort venait de produire pour eux; sans se voir, sans se communiquer leurs pensées, ils n'osaient descendre dans leur propre conscience et interroger sa voix secrète. Madame d'Ische était seule avec M. de Stainville et Claire, et quand ceux-ci se plaignaient de l'absence de leur oncle qui semblait les délaisser dans leur affliction, Marie le remerciait intérieurement de fuir sa présence. Il y a quelque chose de si dangereux dans une douleur commune, à l'âge où ils se trouvaient tous deux, l'amour est si près de la consolation, qu'il valait mieux pour leur vertu qu'ils s'évitassent sans cesse.

Eustache était allé prier sur la tombe de son frère et remercier Dieu de la protection dont il avait couvert les armes de la Lorraine. Il venait de rentrer dans son cabinet et d'y déposer ses armes quand on frappa un coup léger à la porte et Lallement entra. C'était un jeune homme bon et humain dans les circonstances ordinaires, mais qui une fois échauffé par le combat, ou irrité par une insulte devenait cruel et inexorable. Ses manières et son langage étaient brusques, sa force prodigieuse. Elevé par son père dans les idées d'une profonde vénération pour son seigneur, et d'une obéissance orientale à ses moindres volontés, la discipline militaire à laquelle il était soumis depuis qu'il servait dans l'artillerie avait encore exagéré en lui ces sentiments, et un mot de M. d'Ische était aussi sacré pour lui qu'un ordre du Vieux de la Montagne pour ses fanatiques sectaires. Son grade de canonnier lui donnait alors dans la garnison un rang beaucoup plus élevé que ce nom ne l'indique aujourd'hui ; il lui procurait des relations fréquentes avec ses principaux chefs, et son adresse extraordinaire, son courage, sa présence d'esprit et les ressources qu'il en tirait dans les dangers les plus imprévus lui avaient concilié la confiance de tout le monde. Ce fut cependant avec un sentiment de répugnance voisin de l'aversion que le religieux l'aperçut ; dans cette chambre mystérieuse, ce n'était plus le soldat intrépide, c'était l'aveugle instrument qui devait accomplir les dernières dispositions de son frère, si lui-même n'avait pas le courage de les exécuter.

— Révérend père, dit le canonnier, je suis fâché de vous avoir manqué de respect tout à l'heure à cause de ce mauvais huguenot de la tranchée, j'avais tort ; mais, voyez-vous, c'est un de leurs boulets qui a tué mon maître, et je l'aurais vengé même sur un blessé.

— N'en parlons plus, répondit Eustache, j'ai pardonné à la grossièreté de tes paroles à cause de la chaleur du combat. Tu es doux et généreux quand ta colère est passée.

— C'est vrai, M. le chevalier, mon père, veux-je dire; je suis comme le vieux chien de sanglier de M. le gouverneur, à qui Dieu fasse miséricorde, je ne suis méchant que quand je vois le sang couler, et que le canon ronfle. Et alors dites-moi comment ferons-nous pour faire périr cette innocente créature, vous savez..., et il indiqua d'un signe de tête et d'un clin d'œil l'endroit de la tapisserie qui couvrait la porte de la mine.

Le capucin ne put répondre.

— Vous savez bien ce que je veux dire, le testament. Ah! j'y pense sans cesse, nous avons là une rude tâche; mais que voulez-vous, c'est M. d'Ische qui l'a ordonné.

— Le moment est loin encore où il faudra songer à cette extrémité; je t'en supplie, Lallement, n'en parlons pas encore.

— Si fait, frère Eustache, si fait, il faut penser à tout, quelque peine que cela nous fasse; il faut convenir de tout; le moment ne viendra que trop tôt. Quand la brèche sera praticable et que nous verrons que la ville est prise, nous courrons tous deux ici; vous vous tiendrez dans la chambre de Madame, vous tuerez le premier qui se présentera, et pendant que vous vous battrez, moi je monterai ici, et avec un coup de pistolet dans l'escalier tout sera dit, nous sauterons avec l'ennemi et ces pauvres anges.

Eustache, pour terminer un semblable entretien, tendit la main à Lallement qui y frappa un grand coup de la sienne.

— Maintenant, dit-il, pendant que les camarades boivent et se divertissent, je vais dire un *De profundis* pour M. d'Ische; mon père et la veuve d'André m'attendent. Vous allez sans doute chez M. de Germainvilliers?

— Je vais prier avec vous, mes braves et fidèles amis, répondit Eustache, et il passa le reste de la nuit chez le vieux fauconnier aveugle avec les serviteurs de sa famille.

L'échec que le marquis de Tonneins et Castel-Maron avaient éprouvé dans l'attaque du bastion de Saint-Nicolas avait fait presque désespérer au maréchal de la Force de s'emparer de La Mothe, qu'il croyait défendue par des forces bien plus nombreuses que celles qui s'y trouvaient réellement. Ses soldats découragés n'allaient plus à la tranchée qu'avec répugnance, et plusieurs fois ils méconnurent l'autorité de leurs officiers. Germainvilliers, secondé d'Eustache dont le zèle et la robuste constitution résistait à toutes les fatigues du corps comme aux tourments de l'esprit, profita du moment de relâche que l'indécision de l'ennemi semblait lui laisser pour réparer les endroits les plus endommagés par l'artillerie, et se fortifier dans l'intérieur de la place, car il savait, par le rapport de ses mineurs, que les assiégeants travaillaient à faire sauter ses bastions. Officiers, soldats, prêtres, bourgeois, les femmes les plus délicates, s'empressaient d'élever ces nouveaux retranchements, et dans les heures de repos des concerts de flûtes, de hautbois et de violons délassaient les travailleurs, qui dansaient en rond les branles du Barrois et bravaient les Français par leur gaieté.

Les pluies abondantes qui suivirent cette année le solstice d'été firent cesser la disette d'eau dont la ville souffrait si cruellement, et en inondant les travaux de l'ennemi rendirent pendant plusieurs jours toute tentative inutile. Le comte de Noailles, qui voulut défier l'inclémence de la saison, se fit un point d'honneur de relever la tranchée. Il s'y présenta à la tête de son régiment, et fit une décharge de mousqueterie contre le bastion de Sainte-Barbe, mais cette bravade lui coûta cher. Germainvilliers faisait sa ronde de nuit avec un piquet de vingt-cinq mousquetaires, il accourut au bruit de la fusillade, et, ralliant le poste, répondit par un feu soutenu qui joncha la tranchée de cadavres. La garnison, qui depuis plusieurs nuits reposait en paix sur la foi du mauvais temps, persuadée que les Français montaient à l'escalade, arriva de toutes parts et fut réunie en un instant sur le point menacé; alors le gouverneur, qui disposait de plus de forces qu'il n'avait encore été possible d'en rassembler dans le même endroit depuis le commencement du siége, profita de sa supériorité pour écraser l'ennemi. Le comte de Noailles, sans s'effrayer du nombre des morts qui tombaient autour de lui, voulut faire un dernier effort à la tête de ses plus braves grenadiers, mais la balle d'un mousquetaire lorrain l'atteignit au cœur, et sa chute fut le signal de la fuite de son régiment.

Après ce dernier événement, la garnison respira encore pendant quelques jours. Devenue presqu'indifférente au bruit de l'artillerie, elle ne songeait plus à y répondre, et le peu de pièces qu'on avait pu réparer étaient réservées pour le retranchement intérieur; chacun attendait l'assaut avec une sorte d'impatience. Tous les soirs, Lallement, sous le prétexte d'assurer la sécurité de Madame d'Ische, l'enfermait dans sa chambre, puis, venant se placer aux côtés d'Eustache, le suivait dans tous les dangers que le religieux bravait avec une indifférence qui faisait l'admiration même de ses braves camarades. Depuis la mort de son frère, jamais il n'avait parlé seul à sa belle-sœur, et quand il jetait un regard furtif sur cette femme si belle, si jeune, condamnée à mourir de sa main, et dans son ignorance du sort qui l'attendait, le remerciant du soin avec lequel il la préservait de tout danger, alors il se prenait à maudire la fatalité qui l'avait ramené à La Mothe et la volonté tyrannique de son frère qui le ravalait au rôle d'un bourreau. Puis, l'espérance qui ne meurt jamais dans le cœur de l'homme, sa valeur chevaleresque que le cilice et la haire avaient bien pu engourdir, mais que l'odeur de la poudre et le cliquetis des armes avaient réveillée plus brillante que jamais, lui disaient que la place défendue par des soldats tels que ceux dont il partageait journellement les exploits, pouvait résister à tous les efforts du maréchal; que le vieux guerrier se lasserait d'un siége marqué par tant de défaites et de désastres pour son armée; que le duc de Lorraine arriverait; et alors, alors Marie sera sauvée! En servant mon pays j'aurai protégé l'honneur et les jours de celle que j'ai tant aimée... mais qui m'a trahi!... et ma destinée sera accomplie... Je rentrerai dans mon humble cellule, et Dieu me fera la grâce d'effacer de mon souvenir le rêve d'amour, de désespoir, de gloire et de vengeance que je suis venu faire ici!

Chaque matin le conseil de défense se réunissait et l'assemblée délibérait sur les rapports de la nuit. Depuis la mort du comte de Noailles, huit jours s'étaient passés sans rien de remarquable que des escarmouches sans importance, quand un matin Germainvilliers entra d'un air plus préoccupé qu'à l'ordinaire.

— Messieurs, dit-il, j'ai vu nos ennemis de près cette nuit.

— Comment? s'écrièrent plusieurs officiers, nous n'avons pas entendu tirer de votre côté.

— Non, morbleu, répondit le gouverneur, nous nous

sommes bien gardés de nous battre ; nous avons causé le plus amicalement du monde,

Chacun se récria à l'exception de Watteville et de Saint-Ouën.

— Je ne ris pas, messieurs, voici ce qui m'est arrivé : j'étais sur le bastion de Saint-Nicolas, et du haut du parapet par lequel Lallement et frère Eustache ont fait sauter un si beau feu d'artifice sur le régiment de Tonneins, j'aperçus un homme qui se tenait à la tête de la tranchée et semblait examiner notre pauvre bastion avec une profonde attention. Je pris l'arquebuse de la sentinelle et je voulus essayer si, avec mes yeux de soixante-quinze ans et à la clarté des étoiles je pourrais envoyer une balle à ce curieux personnage. Je soufflais sur la mèche pour approcher de la lumière, quand le Français cria :

— Holà, sentinelle lorraine, y a-t-il quelqu'officier sur le bastion?

— Oui, répondis-je, il y en a un ici tout près.

— Monsieur, continua-t-il, je suis le comte de Nanteuil, mestre-de-camp au service du roi, et la démarche que je fais m'est inspirée par la pitié que j'éprouve en voyant d'aussi braves gens que ceux qui défendent cette ville se dévouer inutilement à une mort certaine : faites savoir au gouverneur et à la garnison que nous avons des mines, prêtes à jouer, qui feront sauter vos remparts, d'ici à deux jours, si vous ne songez à faire une capitulation honorable.

— Monsieur, lui répondis-je, je vous remercie de l'avis charitable, j'en parlerai au gouverneur, mais je crois qu'il n'est pas plus disposé à en profiter que moi. Vive le duc Charles IV ! Et notre conversation en finit là.

— C'est singulier, dit Saint-Ouën, Watteville et moi avons reçu absolument le même avertissement au bastion de Sainte-Barbe, d'un gentilhomme qui nous a dit se nommer le marquis de Praslin, maréchal de camp.

— Pour moi, dit Watteville, je pense que c'est une ruse habilement imaginée pour nous effrayer.

— C'est assez mon avis, reprit le gouverneur, et je crois même que c'est la nouvelle qu'ils ont reçue de l'approche de l'armée de Son Altesse qui les porte à tout employer pour hâter la reddition de la ville avant l'arrivée du secours.

Cette dernière opinion fut partagée par la plus grande partie de l'assemblée, qui se sépara plus confiante et plus déterminée que jamais.

La nuit suivante, Germainvilliers et Eustache se trouvaient encore sur le bastion de Saint-Nicolas; le temps était clair et serein; ils aperçurent un officier qui se tenait vis-à-vis d'eux et agitait son chapeau en l'air.

— Soldats lorrains, cria-t-il, pouvez-vous me faire parler à votre gouverneur?

— C'est la voix du comte de Vaubecourt, dit tout bas Eustache, répondez-lui.

— Le gouverneur vous entend, monsieur, cria Germainvilliers.

— Si vous êtes là, M. d'Ische, reprit M. de Nettancourt, écoutez-moi au nom de notre parenté; je suis Nettancourt, comte de Vaubecourt.

— Mon frère n'est pas ici, répliqua Eustache; dis-moi, mon cher Vaubecourt, ce que tu veux lui confier?

— Henry, mon cher Henry, répondit son parent d'une voix émue, dis à ton frère qu'il y a de la folie à prolonger la défense plus longtemps. Demain, deux fourneaux oueront et renverseront vos bastions. Au nom de tout e qui t'est cher, n'expose pas La Mothe aux fureurs l'un assaut.

— Nous vous attendons, messieurs, s'écria Germainilliers ; le plus tôt sera le mieux.

Le colonel se retira et laissa les Lorrains plus inquiets qu'ils n'osaient se l'avouer.

Mais cette nouvelle conversation rapportée au conseil e lendemain n'ébranla le courage de personne. Seulement, la parole de M. de Nettancourt les assura de la éalité du danger. La journée du 25 juillet se passa en préparatifs de défense derrière les bastions. Eustache et Lallement visitèrent de nouveau la mine de la tourelle, ans oser voir Madame d'Ische. L'après-midi, la population tout entière se réunit dans l'église et fit vœu d'aller pieds nus en pèlerinage à Notre-Dame de Bon-Secours si a ville résistait au danger qui la menaçait, puis la générale battit, la cloche du guet sonna et chacun courut à son poste. Dans les lignes des Français régnait un calme sinistre tel que celui qui précède l'orage. Enfin, à sept heures, les Ecossais sortirent de leur tranchée munis d'échelles comme s'ils voulaient monter à l'escalade de la our du retranchement. Ce n'était qu'une fausse attaque pour cacher la reconnaissance que le marquis de Tonneins voulait faire de la mine pratiquée sous le bastion de Saint-Nicolas. Une vive fusillade s'engagea, et Ébron fut repoussé et perdit quelques hommes. A minuit, le marquis mpatient du retard qu'éprouvait l'explosion du fourneau, y envoya vingt-cinq hommes pour l'examiner de nouveau, et dans le moment même qu'ils s'en approchaient a poudre s'enflamma. Alors la terre trembla avec un bruit horrible, le rocher chancela sur sa base, et la mine s'ouvrant comme un volcan, lança dans les airs, au milieu des cadavres mutilés des mousquetaires, les pierres, les briques et les débris du bastion Saint-Nicolas. Tout l'espace qui se trouvait entre son sommet et la tranchée de l'ennemi fut comblé par l'éboulement et offrit un chemin par lequel la cavalerie pouvait aussi facilement que l'infanterie monter à l'assaut par une brêche immense. Elle était à peine pratiquée que Germainvilliers était au milieu avec Eustache l'épée à la main, et bordant toute la brêche avec la compagnie de Montarbi criait aux assiégeants : Allons, enfants perdus de Tonneins, aventuriers d'Ébron, montez, si vous l'osez, la route est belle. *Preny! preny!* Vive le duc Charles! Un cri de Vive le roi! *Ebron for ever!* lui répondit du bas de la brêche dans les rangs serrés des Français et des Écossais, et leurs colonnes, armées de piques et de baïonnettes, montèrent au pas de charge.

NOTE A.

Au château de Preny était une cloche que l'on sonnait quand le duc de Lorraine déclarait la guerre à ses ennemis et convoquait ses vassaux, on la nommait *Mande-guerre*.

IX.

On saisit, on reprend par un contraire effort,
Ce rempart teint de sang, théâtre de la mort.
Dans ses fatales mains, la victoire incertaine
Tient encor près des lys l'étendard de Lorraine.
(VOLTAIRE. *Henriade, chant* VI.)

Au milieu de l'épais nuage de fumée qu'avait soulevé l'explosion de la mine, et que l'humidité de la nuit tenait suspendu sur le bastion détruit, les combattants ne pouvaient s'apercevoir, ni reconnaître leur nombre; mais quand les Français et les Écossais eurent gravi la hauteur, la compagnie de Montarbi fit sur eux un feu de peloton presqu'à bout portant et leur tua une quinzaine d'hommes. La colonne hésita un instant, mais le comte de Nanteuil, qui la commandait, enleva son infanterie par son exemple, et elle aborda les Lorrains. La baïonnette, dont la plus grande partie de cette troupe était armée, était une arme encore peu usitée et qui n'en semblait que plus redoutable, mais les assiégés ne s'en effrayèrent pas plus que des piques écossaises; ils reçurent le choc avec leur longues hallebardes, pendant que leurs deux pelotons postés à droite et à gauche de la brèche tiraient sans relâche. Chacun, des deux côtés, donnait et recevait la mort avec un égal courage; les blessés étouffaient leurs gémissements, et le cri de guerre de chaque nation s'élevait au milieu du fracas des armes.

Il est certain que si les Français eussent connu tout le ravage que la mine avait causé, et le petit nombre de leurs adversaires, ils auraient lancé sur la brèche des forces plus considérables et qui auraient rendu toute résistance impossible; mais ignorant si le passage était praticable, le maréchal avait seulement voulu le faire reconnaître par les troupes régulières et les volontaires qui se trouvaient en ce moment aux prises avec les Lorrains et que leur ardeur venait d'emporter. La vive mousqueterie qui partait du rempart lui faisait croire la garnison bien plus considérable. Au son des cloches et au bruit de la générale, toute la population s'était rendue au lieu du combat. Les femmes même chargeaient les armes et portaient les munitions de rang en rang, tandis que Watteville faisait élever, avec une promptitude extraordinaire, un retranchement de gabions, de sacs à terre, de tonneaux, de palissades, et de pieux garnis de trois pointes pour arrêter la cavalerie quand elle se présenterait. On était parvenu à force de bras, à amener un fauconneau chargé à mitraille sur le haut de la brèche. Dans le moment où sa troupe était pressée le plus vivement et cédait du terrain, Germainvilliers lui fit ouvrir ses rangs, Lallement mit le feu à la pièce d'artillerie et elle vomit la mort dans les rangs ennemis. Lorraine! Lorraine! en avant! cria le vétéran; et chargeant avec une nouvelle furie les assiégeants en désordre, il les repoussa jusqu'au bas de la brèche. Eustache, qui s'était battu comme un lion, s'élança le premier à leur poursuite. Obligé jusqu'alors de garder son rang il n'avait pu joindre Ébron; mais quand les Écossais lâchèrent pied, il devança tous ses compagnons et descendant l'escarpement sur les pas des fuyards, criait d'une voix éclatante :

— A moi, colonel Ébron ! à moi, fanfaron Écossais ! je suis Henry de Choiseul. As-tu oublié le jeu de paume de Nancy, et la nuit du 14 juin ?

A ces paroles de défi, Ébron s'arrêta, il se retourna et entrevit son ennemi dans l'ombre.

— Ah ! te voilà frocard, répondit-il avec un rire insultant ; tu es ressuscité, viens que je te renvoie en enfer, et il lui porta un coup d'épée que le religieux évita en sautant de côté.

Alors tous deux, oubliant la querelle des souverains pour lesquels ils portaient les armes, se livrèrent, animés par leurs ressentiments personnels, un combat à outrance auquel vint bientôt se joindre un nouvel assaillant. C'était Lallement qui, après avoir vu l'effet de son fauconneau, avait couru sur les pas des Écossais et, reconnaissant la voix du religieux, se dirigeait de ce côté. Eustache et le colonel s'étaient déjà porté et paré plusieurs coups, quand le canonnier parut et leva sa hallebarde, Ébron détourna le manche avec son épée et la rabattant sur la tête de son nouvel adversaire, le renversa à à ses pieds ; en même temps de sa main gauche saisissant un pistolet à sa ceinture, il le tira à bout portant sur le capucin. La balle lui fracassa le bras et lui perça la poitrine. Son épée s'échappa de sa main qui se raidit tout à coup, et il tomba baigné dans le sang qui s'échappait à grands flots de sa double blessure. *Ebron for ever!* s'écria l'Écossais en cherchant à rejoindre sa troupe, pendant que Lallement se relevant avec peine, le poursuivait dans l'obscurité. Germainvilliers, qui arrivait en ce moment, défendit que personne s'avançât plus loin ; il aperçut heureusement Eustache, le fit relever par ses soldats et rentra derrière le retranchement improvisé qui fermait la brèche et auquel Watteville continuait de faire travailler sans relâche les habitants.

Mais quand à la lueur des torches on reconnut le malheureux religieux porté sur les manches des pertuisanes, il s'éleva dans la foule autant de cris et de gémissements qu'au jour de la mort de son frère. Au milieu de la douleur universelle, une femme fendit la presse, et pâle, échevelée, s'approcha du corps sanglant et ordonna à ceux qui le portaient de la suivre. C'était Marie. Sa porte était restée ouverte, et à la nouvelle de l'attaque des Français elle était venue se joindre aux femmes de la ville. Germainvilliers voulut que les volontés de la veuve de son ami fussent suivies, et les soldats déposèrent Eustache dans la chambre de sa belle-sœur. L'évanouissement causé par la perte de son sang et la gravité de ses blessures dura longtemps ; enfin, une faible étincelle de cette vie prête à s'éteindre sembla se rallumer. Le sentiment de l'existence, la sensation des objets extérieurs se réveillèrent insensiblement, d'abord d'une manière confuse, ensuite plus distincte. Il regarda autour de lui et s'aperçut qu'il était couché dans un lit moelleux dont les rideaux entr'ouverts lui laissaient reconnaître l'appartement de Marie. C'était elle-même qui, les yeux rouges, la respiration haletante, veillait près de lui et épiait avec anxiété le moment où il donnerait quelque signe de vie. A côté d'elle, Madame de Stainville examinait son oncle avec une impatiente inquiétude, et la veuve d'André priait à genoux en pleurant.

Eustache voulut se soulever, mais la douleur lui arracha un cri sourd, aussitôt étouffé, et il retomba sur sa couche.

— Mon frère, s'écria Madame d'Ische en levant ses

beaux yeux au ciel et joignant ses mains, que Dieu soit béni ! il vous a rendu à nos prières.

— Où m'avez-vous amené? dit le religieux d'une voix faible comme le souffle d'un mourant.

— Vous êtes chez nous, mon bon oncle, répondit Claire; nous vous soignerons mieux ici que dans votre chambre, et d'ailleurs l'escalier de la tourelle est si étroit qu'il était impossible de vous y faire monter.

— Oui, révérend père, reprit la veuve d'André, ces pauvres dames qui ont travaillé toute la nuit à porter de la poudre et des balles aux soldats et à charger les mousquets et les arquebuses, elles, si timides et si délicates, vous ont fait ramener dans leur propre chambre et rien n'a pu les déterminer à vous quitter. Ah ! comme nous avons prié pour vous ! Pour moi, je leur ai demandé la permission de vous veiller aussi ; vous avez recueilli le dernier soupir de mon pauvre André qui vous aimait tant, jamais sa veuve ne vous abandonnera.

— Oh ! dit Eustache, ce n'est pas ici que je dois être. Comment va le combat? Reportez-moi sur la brèche, j'y veux mourir.

— Tous vos braves compagnons y sont, répondit Marie, et M. de Stainville qui nous quitte à l'instant nous assure qu'on peut se défendre encore; mais, mon cher frère, vous ne pouvez plus songer à combattre.

Il le faut, dit Eustache avec impatience. O Dieu du ciel ! si les Français sont vainqueurs, savez-vous quel sort vous attend?

Les femmes devinrent rouges de honte et d'effroi.

— Dieu nous secourra, répondit avec noblesse Madame d'Ische.

— Oui, Marie, priez Dieu de vous sauver, priez-le, ma bonne Claire, priez-le ma pauvre Christine, car il ne faut plus rien attendre des hommes..... Mais Lallement? savez-vous où il est? Il faut qu'il vienne, il faut que je le voie.

— Lallement a disparu, répondit la veuve d'André.

— Mon Dieu! reprit douloureusement Eustache, comment donc s'accomplira le sacrifice? O ma sœur, faites-moi porter dans ma chambre.

— Cela est impossible, répondit Madame d'Ische. Que craignez-vous ici? qui pourrait nous blâmer de vous y avoir reçu? Je suis votre sœur; voilà votre nièce; voilà la femme de votre vieux serviteur : restez ici, il le faut, et laissez-nous visiter vos blessures; dès qu'elles seront pansées, nous ferons chercher Lallement.

Eustache se résigna alors à attendre encore quelques instants dans cette incertitude, et, avec l'habileté qu'un long exercice de ces soins charitables depuis le commencement de ce siége meurtrier leur avait donnée, toutes trois malgré sa résistance lavèrent le sang, rapprochèrent les os fracturés et y appliquèrent un appareil. Elles examinèrent ensuite la blessure de la poitrine; la balle y était restée, et à chaque mouvement de la respiration l'air en sortait en sifflant avec une sanie sanguinolente. Probablement un chirurgien l'aurait déclarée mortelle; mais aux yeux prévenus de celles qui la pansaient, elle laissait encore de l'espoir. Quand elles l'eurent nettoyée et couverte des médicaments alors en usage, et dont la science moderne n'entendrait les noms qu'avec un superbe dédain, le religieux éprouva un peu de soulagement et les remercia avec effusion de leurs secours.

Dans cette retraite impénétrable les bruits du dehors n'arrivaient qu'à peine, et bientôt le silence qui régnait autour de lui inquiéta Eustache.

— Ma bonne Claire, dit-il, car il évitait toujours de

s'adresser à Marie, je n'entends plus le canon ni la fusillade; l'ennemi serait-il maître de la ville? Oh! je ne puis vivre dans une pareille incertitude.

— Je vais chercher à savoir ce qui se passe, répondit la femme d'André. Ne craignez rien, Madame, je connais les passages, je serai bientôt de retour.

— Ramenez-moi Lallement, dit le religieux avec insistance.

— Me voilà, frère Eustache, répondit la voix dure du canonnier qui ouvrait la porte. Une large blessure lui partageait la figure; il était pâle comme la mort dans les endroits que le sang ne couvrait pas, et s'appuyait en chancelant sur sa hallebarde dont la lame était rouge de sang. Il parut d'abord ébloui de la lumière qui brillait dans l'appartement; il s'approcha ensuite du lit.

— Dieu soit loué! il n'est pas mort, dit-il d'une voix sourde; ô quel bonheur!

— Non, s'écria Marie, non mon brave Lallement, il n'est pas mort, nous le sauverons; mais laissez-nous panser cette horrible blessure.

— Ce n'est pas la peine, ma pauvre dame, répondit le canonnier.

— Lallement, dit le religieux en cherchant à lui prendre la main, pourquoi m'as-tu quitté?

— Ah! répondit-il, c'est que je voulais vous venger, et j'ai suivi ce diable incarné!

— L'ennemi? où est l'ennemi?

— Il a été repoussé; nos gens ont barricadé la brèche, ils se défendront; l'assaut n'aura lieu sans doute qu'au jour. Mais, soit dit sans nous vanter, ils ont perdu en nous deux de leurs meilleurs soldats, et il en est tombé bien d'autres cette nuit sur le bastion; le vieux Germainvilliers est brave comme Roland, mais que fera-t-il contre une armée?

— Il la repoussera, dit Eustache.

— J'en doute, répondit Lallement en secouant tristement la tête; ils se feront au moins tuer tous comme de braves gens : mais nous vivons encore, Dieu soit loué! Quel bonheur qu'on vous ait transporté ici. N'en sortez pas ; Mesdames, ne le quittez pas.

— Jamais! jamais, s'écria Marie.

— Quant à vous, mère André, continua le canonnier, vous êtes la veuve d'un vieux soldat et vous voudrez sans doute partager le sort de la femme et de la fille de votre maître.

— Sans doute, Lallement, répondit la veuve, mais pourquoi tous ces discours sinistres? au lieu d'effrayer ces dames, ne devriez-vous pas les rassurer?

— Taisez-vous, mère André, je sais bien ce que je veux dire, et si votre pauvre mari était ici, il me comprendrait bien aussi lui; il aurait mis la main à l'œuvre. Maintenant, frère Eustache, donnez-moi la clé qui est à votre ceinture ; attendez, je vais la détacher... oh! mes doigts brûlent en la touchant. Je vais monter là-haut, puisque nous ne pouvons plus combattre, nous ferons encore notre devoir. Allons! vous aurez une belle et sainte compagnie pour ce dernier voyage; mais, moi, je serai seul là-haut. Priez pour moi, mon père, priez pour nous tous. Quand nous verrons M. d'Ische dans l'autre monde, il saura que nous avons été fidèles.

— Que signifient tous ces discours? s'écria Madame de Stainville. Prenez-vous à tâche de nous effrayer? parlez clairement, expliquez-nous quel danger nouveau nous menace. Croyez-vous que les vainqueurs ne respectent pas de faibles femmes? O mon oncle, mon oncle, sommes-nous donc perdues sans ressource? mais mon mari reviendra, il nous protégera lui, puisque tout le monde nous abandonne. Ah! pardonnez-moi, mon bon oncle, si je parle ainsi; sans vos blessures, vous nous défendriez, mon père vous en avait si spécialement chargé!

— Je ne puis que mourir avec vous, répondit le religieux au désespoir.

— C'est vrai, c'est trop vrai, répondit Lallement, vous ne pouvez seulement tenir un pistolet à la main. Et qui me donnera le signal? ah! j'y pense, mère André, vous avez toujours été une gaillarde résolue. Il faut que je monte là-haut dans la chambre de M. le gouverneur; quand les Français entreront ici, voulez-vous prendre un des pistolets de M. d'Ische que voilà suspendus à la muraille, ils sont chargés, c'est bon, vous le tirerez dans l'escalier, et je saurai ce qu'il faut faire.

— Je le sais aussi, répondit la veuve, et soyez tranquille, je vous donnerai le signal.

— Vous le savez! s'écrièrent à la fois Eustache et le canonnier.

— Oui, je le sais, reprit-elle avec fermeté; André n'avait point de secrets pour moi. J'espère encore que Dieu nous sauvera, mais s'il nous abandonne à nos ennemis, que sa sainte volonté soit faite, celle de M. d'Ische sera accomplie. Cousin Lallement, laissez panser votre blessure, vous souffrirez moins et la douleur ôte le courage.

Le canonnier, stupéfait de la résolution de la veuve, se laissa docilement laver et accommoder sa blessure; il baisa respectueusement les mains de Marie et de Claire, serra celle de sa cousine et revint encore près du lit.

— Embrassez-moi mon noble maître, dit-il d'une voix attendrie, et il ajouta tout bas, soyez tranquille, elles ne souffriront pas; croyez-moi, la mine est bien faite, elle sautera mieux que celle de ces coquins de Français qui n'ont pu abîmer que la moitié du bastion de Saint-Nicolas. Et il embrassa le capucin, mais celui-ci, accablé par une émotion horrible, s'était évanoui.

Lallement lança sur ses jeunes maîtresses un dernier regard où se peignait, avec un chagrin profond, une inébranlable résolution; il prit un des pistolets du gouverneur, le mit dans sa ceinture sans que Madame d'Ische et Madame de Stainville comprissent rien à ses paroles ni à sa conduite, et sortit de la chambre en montrant l'autre pistolet à la veuve d'André. Celle-ci ne ferma point les verroux derrière lui, elle prit un livre de prières et se mettant à genoux elle commença à lire d'une voix lente et grave l'office des morts. Claire et Marie, en proie à une terreur profonde, imitèrent machinalement son exemple. Eustache revenu de son évanouissement unit ses prières aux leurs, et le jour qui pénétrait dans l'appartement en faisant paraître plus lugubre encore la lumière de la lampe qui brûlait au chevet du lit, les surprit dans cette pieuse occupation. Peu à peu le calme descendit dans leurs âmes, elles firent prendre au blessé une potion qui suspendit ses douleurs, et, assises autour de son lit, elles s'abandonnèrent à ce demi-sommeil que favorise le point du jour et qui suit ordinairement l'épuisement du corps et de l'esprit. Tout à coup la porte s'ouvrit, elles s'éveillèrent en sursaut; un officier supérieur portant une écharpe blanche et tenant à la main son chapeau orné d'un panache blanc se présenta, et derrière lui on vit reluire plusieurs cuirasses. Les Français! s'écria Eustache. Le comte de Vaubecourt! Claire et Marie tombèrent à genoux, et la veuve d'André, sans se déconcerter, saisit le pistolet de M. d'Ische et s'avança sur M. de Nettancourt.

X.

> C'en est fait, je viens d'entendre
> Sur ces rochers éperdus,
> Battre un signal pour se rendre :
> Le feu cesse. Ils sont rendus.
> (BOILEAU. *Ode sur la prise de Namur.*)

LES Français, repoussés dans le premier assaut qu'ils venaient de livrer, n'avaient pas d'abord renouvelé leur attaque. Ils attendaient le jour pour mieux reconnaître le terrain et agir en conséquence. Mais les assiégés avaient bien mis à profit cet intervalle de repos pour réparer autant que possible le désastre de la nuit. Un ouvrage irrégulier, mais solide, s'était élevé comme par enchantement et fermait la brèche. Derrière le bastion était encore un second retranchement préparé depuis longtemps et garni de quelques pièces d'artillerie. Le gouverneur, après avoir recommandé à Montarbi d'exercer la plus grande vigilance sur tous les mouvements de l'ennemi, fit apporter quelques aliments qu'il ordonna aux soldats et aux habitants de prendre sur le lieu même, et rassembla le conseil dans la maison la plus voisine. C'était un édifice à moitié détruit par les bombes, et dans une petite chambre dévastée les notables et les officiers se réunirent autour d'une table, debout, appuyés sur leurs épées ou leurs demi-piques, la figure noircie par la poudre, les vêtements dans le désordre d'un combat, pendant que leur chef s'asseyait sur l'unique chaise qui se trouvait dans la chambre.

— Messieurs, dit-il, je vous ai réunis pour délibérer si nous devons soutenir l'assaut sur la brèche ou derrière le retranchement du bastion. Les Français, dès que le jour va paraître, ne verront que trop bien que la montée est douce et facile, et ces beaux Messieurs vont sans doute nous arriver par milliers, mais avec l'aide de Dieu et de saint Nicolas nous les recevrons comme leurs camarades de cette nuit. Qu'en pensez-vous, M. de la Bretonnière?

— Mon commandant, répondit l'officier appelé à donner le premier son avis, je crois qu'il nous serait difficile de soutenir sur la brèche l'effort de la multitude qui va nous attaquer. L'ennemi y découvrira facilement notre petit nombre, et mon opinion est qu'il vaut mieux l'attendre derrière notre second retranchement, où nous aurons pour nous l'avantage de notre artillerie. Du reste, je suis prêt à combattre partout où vous me posterez, et je me rangerai à l'avis de la majorité.

— C'est bien, Monsieur; maintenant, je demanderai l'avis de M. Dubuisson.

— Il a été tué à la première attaque de la nuit, répondit Saint-Ouën.

— Ah! dit le gouverneur, le duc de Lorraine a perdu cette nuit plus d'un fidèle serviteur. Où est le capitaine Roncourt? c'est à son tour de parler.

— Il est mort, mon commandant, répondit une autre voix.

— Diable, dit Germainvilliers, et mon fils, où est-i ? Et sa voix s'altéra un peu.

— Il est blessé, Monsieur, répliqua M. de Stainville, mais légèrement ; il sera ici dans un instant.

— Ah ! soupira le vétéran, ah ! il est blessé. A vous, M. de Watteville.

— Je pense, Monsieur, répondit le brave étranger, qu'il faut attendre les Français sur la brèche. Si nous les laissons entrer dans le bastion sans résistance, ils auront le temps d'y entasser leurs colonnes et y pourront mettre en ligne tout leur monde à la fois. Sur la brèche, nous les combattrons à mesure qu'ils monteront, et, s'ils nous en chassent, il sera temps encore de nous mettre à couvert derrière le second retranchement.

Tous les autres officiers de la garnison et de la milice adoptèrent avec enthousiasme cette opinion, la Bretonnière lui-même s'y rangea avec empressement, et tous agitant leurs armes s'écrièrent : A la brèche ! à la brèche ! Au même moment, Du Boys de Riocour entra dans l'assemblée accompagné du père Raymond, gardien du couvent des Capucins de la ville.

Les talents remarquables du lieutenant-général du bailliage, son dévouement à Charles IV dont il donna plus tard tant de preuves à ce prince, surtout pendant sa captivité à Madrid, lui assuraient un grand ascendant dans l'assemblée où sa prépondérance avait toujours augmenté depuis la mort de M. d'Ische et n'était contrebalancée que par celle de frère Eustache.

— Vous êtes en retard, Messieurs, dit avec déférence M. de Germainvilliers, mais nous sommes bien sûrs que vous adopterez la résolution que nous venons de prendre d'attendre l'assaut sur la brèche.

— S'il fallait en venir à cette extrémité, répondit Du Boys avec quelqu'embarras, c'est sur la brèche que je voudrais combattre les Français... Mais, Messieurs, n'avons-nous pas fait tout ce que l'honneur et le service de Son Altesse réclamaient de nous? ne pouvons-nous pas tenter un dernier moyen de sauver cette malheureuse ville des suites d'une résistance devenue impossible?

Un sourd murmure accueillit ces paroles, et Watteville fronçant les sourcils et lançant un regard sombre au lieutenant-général, se plaça devant lui en croisant les bras, et lui demanda d'un ton menaçant :

— Où voulez-vous en venir avec ces insinuations, M. de Riocour? Parlez sans détour, est-ce bien une capitulation que vous osez proposer à la garnison et aux habitants de La Mothe?

— Oui, Monsieur, répondit avec fermeté Riocour, et pour le faire j'ai besoin de m'armer de plus de courage que s'il fallait combattre toute l'armée ennemie.

— Oh! M. de Riocour, s'écria douloureusement Germainvilliers, vous, conseiller d'État de Son Altesse, vous que j'ai vu vous battre aussi hardiment que le meilleur soldat de La Mothe, pouvez-vous nous conseiller une pareille lâcheté?

— Monsieur, apprenez que jamais rien de ce qui ressemblera à une lâcheté ne sera conseillé ou fait par Du Boys de Riocour. Mais ne nous aigrissons pas par des paroles inutiles : le temps presse et quand les Français nous attaqueront il n'y aura plus à délibérer. Considérons de sang-froid notre position. Depuis quatre mois, avec une poignée d'hommes, nous tenons tête à une armée formidable. Le gouverneur, la moitié de nos officiers et de nos soldats, le canonnier, les mineurs sont tués, notre artillerie est démontée, nos munitions presque épuisées, nos fortifications détruites, nos maisons ruinées ou incendiées. Le secours sur lequel nous comptions ne paraît point; l'époque pour laquelle Son Altesse nous l'avait promis est passée depuis trop longtemps pour qu'il puisse nous rester aucun espoir de ce côté. Le combat de cette nuit nous a coûté nos plus vaillants compagnons ; frère Eustache, et ici sa voix s'émut et une larme s'échappa sous ses paupières, Eustache, le plus ferme appui de cette ville, expire en ce moment!... Nos fortifications vont achever de s'écrouler sous l'explosion des fourneaux et des mines, nous périrons tous sans sauver la place et nous abandonnerons nos femmes à la brutalité d'un vainqueur furieux!

— Nous aurons fait notre devoir, répondit Watteville, tandis que les membres du conseil, ébranlés par le discours de Du Boys, se regardaient avec incertitude. Nous avons juré de défendre la place que Son Altesse nous a confiée, je ne connais que mon serment.

— Je ne vous propose rien qui ne soit conforme aux vrais intérêts de notre souverain. Pour prendre La Mothe, l'ennemi fera sauter le reste de ses fortifications, et la place sera détruite pour toujours. Cette petite troupe d'élite, glorieux débris de tant de combats, si précieuse pour Charles, quand il n'a plus d'armée, sera sacrifiée. Et enfin, puisque l'ardeur de votre courage et la générosité de votre dévouement vous rendent insensibles à vos dangers, songez que votre premier devoir est de sauver les archives de l'État et le trésor des chartes des deux duchés que Son Altesse a fait transporter ici comme dans un asile impénétrable. Si la ville est emportée de vive force, tout tombera au pouvoir des Français.

Ce dernier argument accompagné de l'exhibition d'un parchemin scellé du sceau de l'État, contenant un ordre de Charles IV à son conseiller Du Boys de Riocour de sauver à tout prix les coffres de fer qu'il avait fait transporter de Nancy à La Mothe, changea les dispositions du conseil. M. de Stainville déclara que la conservation de ce précieux dépôt lui semblait devoir l'emporter sur toute autre considération; et cette opinion du gendre de M. d'Ische, dont le courage était aussi connu que la loyauté, détermina ceux qui balançaient encore. Watteville seul persista à vouloir se défendre jusqu'à la mort, et il ne céda qu'avec peine aux vives exhortations du père Raymond, qui se joignit à Riocour et appuya avec force son avis par de nouvelles raisons.

— Pour moi, dit Germainvilliers, jamais je n'enverrai en mon nom un parlementaire à l'ennemi. Si les intérêts du duc de Lorraine exigent que nous capitulions, qu'on dresse un procès-verbal de cette résolution : notre vieux gouverneur n'entend rien à ces sortes de négociations. L'acte fut écrit à l'instant par le lieutenant-général et signé par tout le monde, et sur la proposition de M. de Stainville on se décida à s'adresser à M. de Vaubecourt pour entrer en communication avec le maréchal de la Force.

Alors tous ces braves guerriers tombèrent dans une morne stupeur, les uns versaient des larmes de rage, d'autres s'embrassaient, quelques-uns brisèrent leurs épées. Germainvilliers ordonna que le conseil resterait réuni jusqu'à ce que la réponse du général français fût connue; il chargea Watteville de visiter les postes et de tout préparer pour le combat si les conditions de l'ennemi n'étaient pas de nature à être acceptées. Il envoya un tambour sur le bastion Saint-Georges; celui-ci battit la chamade et demanda à parler à M. de Vaubecourt de la part du gouverneur. Le colonel parut aussitôt, il fit cesser le feu et les travaux qui recommençaient, et s'avança jusqu'au pied du rempart. M. de Stainville lui demanda, au nom de sa parenté avec M. d'Ische, de le conduire auprès du maréchal pour traiter de la reddition de la place. M. de Nettancourt s'empressa de lui répondre qu'il serait heureux de contribuer à épargner le sang de tant de braves gens, et aussitôt Stainville descendant dans le fossé avec Saint-Ouën et Prinsay s'approcha du colonel qui les conduisit au quartier du maréchal. Il respecta la position des trois Lorrains et, après les civilités d'usage, marcha devant eux sans leur adresser la parole.

Le vieux guerrier venait d'ordonner ses dernières dispositions pour l'assaut. Les troupes impatientes de combattre, n'attendaient que le signal. Un nombreux état-major entourait le maréchal et aux premiers rayons du soleil examinait la brèche par laquelle l'armée allait s'élancer. Quand M. de Nettancourt parut avec les officiers lorrains.

— Quelle nouvelle nous apportez-vous si matin, M. le comte? demanda le maréchal.

— La capitulation de La Mothe, Monseigneur, répondit le colonel.

— Il n'est pas possible, s'écria la Force! ce serait le plus beau jour de ma vie que celui où je réduirais cette place sous l'obéissance du roi mon maître, sans verser davantage le sang de mes soldats et de ses braves défenseurs. Parlez, Messieurs, êtes-vous chargés de traiter de la reddition de la ville?

— Oui, Monseigneur, répondit Saint-Ouën, nous venons de la part de M. le gouverneur vous proposer d'envoyer à La Mothe un officier supérieur pour s'entendre avec lui sur les conditions.

— Monseigneur, s'écria le vicomte d'Arpajon, un des généraux français, vous ne souffrirez pas que l'occasion de venger la mort de tant de nos braves camarades nous échappe. Ma mine est prête à jouer, et le repentir de ces Lorrains vient un peu trop tard. Je me fais fort de vous rendre une seconde brèche praticable dans une heure, et d'enlever la place avec mes deux régiments.

— Nous allons vous y attendre, Monsieur, répondit fièrement Stainville et l'accueil que nous vous ferons à la clarté du soleil sera aussi chaud que celui que avons fait cette nuit à vos camarades.

— Paix, Messieurs, dit la Force d'un ton d'autorité, plus nous sommes sûrs du succès, plus il y a de générosité à nous montrer cléments et miséricordieux envers les vaincus.

— Nous ne le sommes pas, Monseigneur, des raisons d'Etat et d'humanité peuvent nous décider à traiter avec vous, mais si vous supposiez que la crainte!...

— Loin de là, Messieurs, je vous rends pleine justice; vous resterez ici jusqu'au retour de M. de Vaubecourt que je vais envoyer près de son parent. M. le comte, dites bien à M. d'Ische que je lui accorderai tout ce que le bien du service de Sa Majesté me permet de faire pour un des hommes que j'estime le plus au monde. Je pense faire une chose agréable à lui et à sa vaillante garnison en vous chargeant de cette mission.

— Nous vous en remercions pour la garnison et les habitants, répondit Saint-Ouën; quant à M. d'Ische, il y a plus d'un mois qu'il a trouvé sur nos remparts la mort glorieuse qu'il avait tant de fois affrontée.

— Que dites-vous? Monsieur, s'écria le maréchal, pendant que tous ceux qui l'entouraient semblaient partager sa pénible surprise, M. d'Ische est mort. Ah! je donnerais la moitié du peu de jours qui me restent pour le rendre à la vie. M. de Nettancourt, vous témoignerez à sa veuve, à sa famille et surtout à cet intrépide religieux qui nous a fait tant de mal, toute la part que je prends à leur deuil.

— Son gendre, répondit M. de Stainville, vous témoigne toute leur reconnaissance, Monseigneur, mais le malheureux frère Eustache est sans doute mort en ce moment.

— Henry! mon cher Henry! s'écria douloureusement M. de Nettancourt, que je puisse au moins t'embrasser encore, et prenant congé du maréchal, il se hâta de suivre le tambour qui le conduisit vers la ville.

Germainvilliers, qui l'attendait dans le fossé, l'accueillit avec la plus grande courtoisie, mais lui fit cependant bander les yeux selon l'usage. Cette précaution était bien nécessaire pour lui cacher l'état de dévastation de la place et le triste état de la garnison. Introduit dans la salle du conseil, il écouta les propositions qui lui furent faites; il pria Riocour de les rédiger par écrit, un officier lorrain fut chargé de les porter au camp français, et en attendant la réponse du maréchal il demanda qu'il lui fût permis de voir frère Eustache. On replaça le mouchoir de soie sur ses yeux, et Germainvilliers et Watteville lui offrirent chacun leur bras, et le conduisirent à l'hôtel du gouvernement. A la vue d'un Français, que faisait reconnaître de loin son écharpe et son panache blanc, la foule s'assemblait sur son passage et l'accompagnait en murmurant. Arrivés dans le vestibule, ses conducteurs lui rendirent l'usage de la vue et le conduisirent à l'appartement de Madame d'Ische. Un coup léger frappé à la porte ne fut pas entendu; et quand il l'ouvrit sa présence occasionna la scène de terreur que nous avons décrite à la fin du chapitre précédent.

La veuve d'André venait d'armer son pistolet et le dirigeait vers la poitrine de M. de Nettancourt, quand Germainvilliers s'écria brusquement :

— Holà ! mère André, êtes-vous folle avec ces cris et ces armes, voulez-vous tuer vos amis ?

— M. le gouverneur, dit l'amazone stupéfaite, la ville n'est donc pas prise, car vous ne seriez plus en vie ! pourquoi ce Français avec vous ?

— C'est bon, c'est bon, la mère, répondit Germainvilliers, à bas les armes, et laissez M. de Nettancourt embrasser son ami.

Alors, après avoir fait à Madame d'Ische et à Madame de Stainville ses excuses de la frayeur qu'il leur avait causée, M. de Vaubecourt s'approcha du lit et embrassa Eustache étonné qui attendait avec impatience l'explication de son apparition dans La Mothe.

— Mon pauvre ami, dit Germainvilliers, d'un air fort embarrassé, si vos blessures ne vous avaient pas mis hors d'état de nous aider de votre tête et de votre bras, votre parent ne serait pas ici.

— Quoi ! dit Eustache, les Français sont-ils vainqueurs ? mais vous avez vos épées, Vaubecourt est prisonnier.

— Je suis ici en parlementaire, mon cher Henry, répondit le colonel, c'est le rôle le plus honorable pour les deux partis.

— Parlementaire ! répéta le religieux avec une profonde indignation. Vous, M. de Germainvilliers ! vous, capitaine Watteville ! vous rendez La Mothe !

— Le conseil l'a voulu, dit Watteville, et je crois que les intérêts du duc de Lorraine le commandent. Cependant, si le maréchal est trop exigeant, croyez-moi, nous sommes en état de soutenir vigoureusement l'assaut.

— Révérend père, dit tout bas la veuve d'André, il faut nous soumettre à un événement que nous ne pouvons empêcher; mais ne craignez-vous pas que Lallement n'attende pas le signal? s'il allait par un zèle aveugle...

— Hâtez-vous, Christine, répondit du même ton le religieux, hâtez-vous de monter dans le cabinet, qu'il vienne ici, que je lui parle, nous attendrons encore le résultat de cette négociation.

Christine monta l'escalier et trouva Lallement couché à terre près de la porte secrète, épuisé par la perte de son sang, luttant contre la fièvre et la douleur, mais toujours résolu à accomplir sa fatale mission. Quand il connut le projet de rendre la place, il entra dans une violente fureur, mais sa vieille amie lui représenta que M. d'Ische n'avait exigé de lui et d'André la promesse de faire sauter la mine que si les Français prenaient la ville d'assaut; que leur unique devoir était de protéger l'honneur de leur maîtresse, et que le reste regardait le gouverneur et le conseil. Il se rendit à ces raisons et consentit, puisque frère Eustache lui-même le voulait, à différer l'exécution des ordres de M. d'Ische jusqu'au moment où les conditions de la capitulation seraient connues. Il redescendit près du religieux et reçut les félicitations du gouverneur et de Watteville qui le croyaient tué sur la brèche. M. de Vaubecourt apprit alors aux assiégés un événement qui avait eu une immense importance sur le siége et qu'ils ignoraient encore. C'était la défaite de l'armée que le comte de Salm et le baron de Mercy avaient amenée d'Alsace au secours de la place. Le rheingrave Othon, à la tête de ses Suédois, avait attendu les Lorrains dans un défilé, les avait défaits complètement, grâce à la supériorité de es forces et avait fait prisonniers les deux généraux.

Enfin M. de Stainville arriva ; il rapportait la réponse lu maréchal. Il avait sans discussion déchiré les propoitions des Lorrains et remis, comme l'expression irréocable de ses volontés, l'écrit suivant au gendre de I. d'Ische :

1° Les gouverneur, officiers et soldats qui sont dans la lace en sortiront vies et bagues sauves, avec leurs rmes et bagages, tambour battant, mèche allumée, eneignes déployées, et seront conduits en toute assurance usqu'à Jonvelle, vendredi prochain 28e de juillet qu'ils ivreront la place.

2° La veuve du feu gouverneur, les capitaines, offiiers et gentilshommes qui se trouvent dans la place en ortiront avec les meubles et hardes qui leur appartienent, dont ils donneront un dénombrement de bonne oi, et chacun rentrera dans ses biens et retournera lans sa maison, sans être recherché pour ce qu'il a fait endant le siége.

3° Les habitants qui voudront demeurer dans la place e pourront en toute assurance et jouiront de leurs biens t priviléges, comme pareillement les chanoines et gens l'église de leurs bénéfices.

4° Les coffres de Son Altesse seront transportés à Nancy et remis à ses commissaires, après qu'il en aura été fait inventaire par ceux que Sa Majesté choisira à et effet.

5° On donnera vingt chariots pour transporter les neubles et le bagage avec escorte.

Fait au camp devant La Mothe, le 26e de juillet 1634.

CAUMONT DE LA FORCE.

M. de Stainville ajouta que le maréchal avait désigné M. de Vaubecourt pour commander l'escorte, malgré les vives instances du colonel Ébron qui prétendait avoir bien acheté au prix de son sang son droit à cette faveur.

— Qu'il n'approche pas à portée de ma hallebarde, s'écria Lallement.

— Doucement, Lallement, répondit le gouverneur, cet Écossais est un brave soldat, et si nous ne devions pas avoir l'honneur de la compagnie de M. de Vaubecourt, j'aurais été charmé de faire sa connaissance. M. le comte, vous me pardonnerez de vous quitter, je vais communiquer la capitulation au conseil; et il laissa M. de Nettancourt avec ses parents.

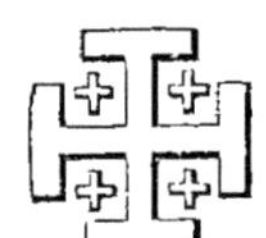

XI.

Il est question de te dire qu'une beauté me tient au cœur, et qu'entraîné par ses appas, je l'ai suivie jusqu'en cette ville.

(MOLIÈRE. *Don Juan*, *acte 1er*, *scène 3e*.)

ENVIRON quatre mois après la capitulation de La Mothe, au commencement de décembre, dans l'après-midi, par un beau temps de gelée, un cavalier enveloppé dans un vaste manteau de couleur sombre s'arrêta devant la petite auberge que Lallement, le frère du canonnier dont nous avons tant de fois parlé, tenait à Bar-le-Duc, à l'enseigne de la Pomme-d'Or, derrière l'enclos des Minimes, et appelant l'hôte, lui commanda de conduire son cheval à l'écurie. Quoique l'étranger ne fût suivi d'aucun domestique, à son ton, à ses manières et à la beauté de sa monture, l'aubergiste jugea sur-le-champ que sa nouvelle pratique méritait une attention particulière; il s'empressa d'obéir, et conduisit le coursier à l'écurie. Quand son maître l'eut vu attaché au râtelier, pourvu d'une bonne litière, et commençant à manger sa mesure d'avoine, il demanda une chambre pour lui. Lallement l'introduisit dans la cuisine, et aussitôt sa femme vint d'un air gracieux s'emparer de la valise du voyageur. Celui-ci, sans vouloir même s'approcher du feu, pria l'hôte de porter une lettre qu'il lui remit, au chevalier de Bussy, gentilhomme de la suite du gouverneur, qui logeait au château. Lallement lui offrit d'y envoyer sa servante Babet dont il vanta l'activité; mais l'étranger insista pour qu'il y allât lui-même, et une pièce d'argent qu'il lui mit dans la main le décida sur-le-champ. Quand il fut parti, le nouvel arrivé pria l'hôtesse de faire allumer un bon feu dans sa chambre, et comme dame Catherine allait s'occuper elle-même de ce soin, il voulut qu'elle en chargeât sa servante, ajoutant qu'il avait à lui demander quelques renseignements, pendant que Babet disposerait l'appartement. Aussitôt que la chambrière fut sortie et qu'il se vit seul avec la femme de Lallement, il ôta le chapeau qui lui couvrait les yeux et se débarrassa de son manteau. Il se plaça alors en face d'elle, lui prit familièrement les deux mains et lui demanda :

— Me reconnais-tu, Catherine?

La femme regarda un instant le beau gentilhomme qui lui parlait, puis, dégageant ses mains des siennes et s'en couvrant la figure, elle retomba sur sa chaise en s'écriant d'un ton où l'étonnement égalait la frayeur :

— Le colonel Ébron! Sainte Vierge, ayez pitié de moi! Oh! partez, partez, Monsieur! n'achevez pas de perdre une malheureuse! laissez-moi; si l'on vous voit ici, que deviendrai-je?

— Ne crains rien, ma bonne Catherine, répondit l'Écossais en souriant; tu vois que j'ai donné à ton imbécile de mari une commission qui le retiendra éloigné pendant longtemps : nous nous débarrasserons de ta servante par un semblable moyen; ferme ta porte et causons, j'ai mille choses à te demander.

— Oh! Monsieur, vous ne savez donc pas que, depuis

la prise de La Mothe, le frère de mon mari est venu demeurer avec nous. Plusieurs fois je lui ai entendu prononcer votre nom ; il ne parle de vous que comme d'un ennemi mortel ; s'il vous voyait !...

— Moi, l'ennemi du frère de ton mari ; en vérité, ma chère, le maraud me fait bien de l'honneur. S'il a fait partie de la garnison de La Mothe, je conçois qu'il me garde quelque rancune ; mais je ne m'en inquiète guère.

— C'était l'homme de confiance de M. d'Ische ; il a pu connaître la cause de la haine du gouverneur contre vous.

— Dans tous les cas, comme personne ne doit savoir ma présence à Bar, il ne faut pas que ce drôle me voie. Où est-il ?

— Il est allé au couvent des capucins, voir ce pauvre frère Eustache qui est bien malade des suites des blessures qu'il a reçues au siége.

— Pauvre diable ! dit l'Écossais, pourquoi s'est-il toujours trouvé sur mon chemin? Ainsi, Catherine, pour nous débarrasser de ton incommode parent, il faudra que je fasse demander au gouverneur de le loger au cachot du château pendant quelques jours, à moins qu'Évan et Dickson, qui viendront me trouver ici ce soir, ne regardent comme plus expéditif de lui faire faire connaissance avec la lame de leurs poignards.

— O mon Dieu !

— Tais-toi, Catherine, et écoute-moi. Tu m'as toujours fidèlement servi, je compte encore sur toi. Jamais ta maîtresse ne s'est doutée de la petite supercherie que nous avions si adroitement imaginée pour lui faire abandonner ce Henry de Choiseul pendant son voyage d'Allemagne. Son mariage si incompréhensible avec d'Ische a fait échouer tous nos projets ; la surveillance de ce vieux jaloux a coûté la vie à mon pauvre James et t'a fait chasser de son service; mais Marie t'a conservé sa confiance et son amitié. Depuis qu'elle est venue à Bar se retirer dans le couvent des Clarisses, tu la vois souvent.

— Oh! qui vous l'a dit, Monsieur?

— Je sais tout, et c'est là-dessus que j'ai bâti de nouveaux desseins.

— Quoi, Monsieur, vous venez la poursuivre jusqu'ici?

— Oui, Catherine, je la poursuivrai jusqu'à la mort. La capitulation de La Mothe a fait échapper de mes mains cette proie pour laquelle j'avais mille fois exposé ma vie : le vieux maréchal en chargeant Vaubecourt de l'escorter, me l'a encore une fois arrachée; mais ici elle est renfermée dans le couvent de Sainte-Claire, son Eustache est mourant et ne pourra la défendre, il faut qu'elle soit à moi.

— Et vous comptez sur moi pour vous servir encore?

— Oui, je compte sur toi, d'abord parce que tu es une bonne fille qui ne m'a jamais rien refusé, ensuite parce que tu sais que je n'épargne pas l'or quand on me sert, et enfin parce que ma vengeance, Catherine, ma vengeance irait t'atteindre au fond des enfers si tu hésitais.

La malheureuse femme le regarda en tremblant et fut épouvantée de l'expression satanique de sa physionomie.

— Que faut-il faire? dit-elle en soupirant profondément.

— Il faut d'abord que tu lui remettes une lettre que je vais écrire. Tu la lui porteras tout à l'heure; à cinq heures et demie je serai à la porte du mônastère, je t'attendrai; tu me donneras ou tu me diras sa réponse si elle ne m'écrit pas.

— Elle ne vous répondra pas, elle ne vous aime pas; on assure que son intention est de prendre le voile.

— Nous verrons bien... J'entends ouvrir la porte; tu

viendras me trouver tout à l'heure dans ma chambre, je te dirai ce que j'attends de toi.

Il entra dans l'appartement qui lui était destiné, et sa complice, dans une profonde consternation, s'assit près de la cheminée.

— Bonsoir, sœur, dit le canonnier de son ton brusque; vous êtes seule; j'ai vu cependant un beau cheval à l'écurie.

— Oui, répondit Catherine, c'est à un voyageur; mais vous avez l'air bien triste.

— Je le suis aussi et j'en ai bien sujet. Je viens du couvent des capucins, on n'a pas voulu me laisser voir le pauvre frère Eustache. Il est plus mal, il décline visiblement.

— O mon Dieu, quel malheur!

— Oui, sœur, c'est un grand malheur. S'il avait été blessé loyalement, percé d'un bon coup d'épée, d'une bonne mousquetade dans la mêlée, renversé d'un boulet comme son noble frère, à qui Dieu fasse paix, je m'en consolerais; mais qu'un scélérat lui ait tiré à bout portant un coup de pistolet, c'est ce que je ne pardonnerai jamais à ce misérable Ébron.

— Mon frère, dit Catherine d'une voix basse et suppliante, ne parlez pas si haut; l'étranger est logé dans la chambre bleue.

— Et que m'importe, s'écria Lallement d'un ton encore plus élevé; pensez-vous que je cherche à cacher ma haine pour le monstre qui voulait faire périr Eustache à une potence, qui l'a assassiné. Oh! si mon maître meurt l'Écossais périra de ma main.

— Madame, dit Babet qui entrait au même instant, le voyageur vous prie d'aller le trouver dans sa chambre.

— Diable, dit Lallement, il est sans gène ce monsieur;

est-ce que vous y allez, sœur? ne peut-il venir ici, ou donner ses ordres à Babet?

— Mon frère, c'est un gentilhomme de grande distinction, il faut faire ce qu'il demande.

— Il le faut! il le faut! hem; vous êtes la maîtresse chez vous; mais j'espère que ce gentilhomme ne vous demandera rien que d'honnête.

Ici Ébron, dans son impatience, cria du fond de sa chambre :

— Holà! l'hôtesse, il faut que je vous parle.

— J'y vais, Monsieur, j'y vais, répondit Catherine toute tremblante, et elle courut à la chambre bleue.

Voilà une voix que j'ai déjà entendue, pensa le canonnier, et il se mit à tisonner le feu en silence.

L'entretien d'Ébron avec cette femme dura assez longtemps; enfin le colonel sortit le premier, il traversa la cuisine et ouvrit la porte de la rue, complètement caché dans son manteau qui ne permettait pas d'apercevoir sa figure. Catherine, dans une agitation extrême, vint reprendre sa place près du feu; des larmes roulaient dans ses yeux et de profonds soupirs s'échappaient à chaque instant de sa poitrine, mais elle n'adressa pas la parole à son beau-frère, qui ne chercha pas non plus à renouer l'entretien. Enfin l'aubergiste revint de sa course au château et demanda où était son hôte. Sa femme lui répondit qu'il était sorti.

— J'ai pourtant une lettre pour lui, dit-il, et le gentilhomme qui lui écrit viendra souper avec lui, à six heures.

— Et comment se nomme cet étranger? demanda le canonnier.

— M. de Bussy n'a pas prononcé son nom, répondit son frère, et la lettre n'a point d'adresse, sans cela tu nous l'apprendrais, car tu sais lire, toi, et ma femme aussi.

— Ta femme, dit le canonnier avec un sourire ironique, sait peut-être son nom; il a pu le lui dire tout à l'heure.

Catherine regarda autour d'elle pour s'assurer que sa servante n'était plus dans la cuisine et ne pouvait l'entendre.

— Oui, dit-elle, je sais son nom; c'est un présage de ruine et de malheur pour nous.

— Oh! oh! femme, s'écria son mari, il faut bien vîte chasser un pareil voyageur.

Mais un grand bruit de chevaux dans la rue et une voix forte qui appelait l'hôte par son nom arrêtèrent les aveux qu'elle allait sans doute faire.

— Voici, s'écria Lallement en se levant tout joyeux, des voyageurs qui ne nous annoncent rien que d'heureux; c'est la voix de maître Gilbert, l'écuyer de M. le comte de Vaubecourt.

— Moi-même, dit l'écuyer du milieu de la rue, au moment où l'aubergiste ouvrait sa porte. Monseigneur est resté avec un page au couvent des capucins où il est descendu pour voir son parent le frère Eustache, et je vous amène les chevaux de main et les gens de sa suite. Allons, Lallement, venez soigner nos bêtes, et vous, dame Catherine, préparez-nous un bon souper.

A ces mots, l'écuyer alla présider en personne à la distribution du fourrage.

— M. de Nettancourt à Bar, s'écria Catherine, c'est un coup du ciel! Ecoutez-moi, frère, il faut que vous me conduisiez au couvent de Saint-François, que vous me fassiez parler à l'instant à M. le comte et à frère Eustache. Il n'y a qu'eux qui puissent sauver Madame d'Ische du danger qui la menace.

— Madame d'Ische, dites-vous? quel danger? quel est le misérable qui oserait former quelque projet contre elle? serait-ce votre voyageur?

— Oui, c'est lui.

— Son nom?

— Vous le saurez tout à l'heure. Oui, dit-elle avec exaltation, j'avouerai tout à M. le chevalier, j'expierai ainsi autant que je le pourrai le mal que je lui ai fait. Hâtons-nous, dans quelques instants vous-même seriez peut-être arrêté.

— Arrêté, moi!

— Oui, vous; partons vous dis-je; en sortant avec vous mon mari n'aura aucune inquiétude. Elle appela sa servante, lui donna ses ordres pour le souper, lui recommanda de dire qu'elle allait en ville avec son beau-frère pour des emplettes, et prenant le bras de Lallement, qui avait mis à son côté sa dague et son épée, elle s'achemina avec lui vers le couvent des capucins.

Le frère portier fit d'abord de grandes difficultés pour les laisser entrer : mais quand il sut qu'ils voulaient parler à M. de Vaubecourt, il consentit à les conduire dans la cellule de frère Eustache. C'est contre la règle, dit-il, mais dame Catherine a toujours soin de bien fournir la besace de nos frères quêteurs, son mari a fait dire ici plusieurs messes pour le repos de l'âme de son cousin André, dont la mort nous a causé tant d'embarras il y a six mois; il faut bien avoir quelques égards pour ses amis. Parlant ainsi, il les conduisit à la porte de l'humble réduit, y frappa un coup léger, l'ouvrit et se retira.

Le religieux était couché sur le grabat où était mort André. Sa maigreur extrême laissait encore paraître plus grands ses yeux caves et brillants, une funeste rougeur colorait le haut de ses joues et tranchait sur la pâleur mate de sa figure. La souffrance et la résignation se peignaient sur ses traits toujours beaux et dignes de la noblesse de sa race et de son caractère. Après la prise de La Mothe, un ordre du père Joseph, confesseur du cardinal de Richelieu, l'avait fait renfermer dans le cachot du couvent que les disciples de Saint-François, dans leur langage mystique, appelaient un *in pace*. Malgré les soins des religieux qui le chérissaient tous, cette horrible captivité avait achevé le mal que ses blessures avaient commencé. Il avait fallu tout le crédit de M. de Vaubecourt à la cour de France pour obtenir, après de longues sollicitations, la révocation de cet ordre barbare, et depuis peu de jours seulement il avait été ramené dans sa cellule. Il avait en ce moment une conversation fort animée avec son parent, et celui-ci fit un mouvement d'impatience en apercevant les deux personnes qui venaient ainsi les interrompre. Il reconnut cependant aussitôt Lallement à sa large balafre. Le canonnier s'approcha du lit.

— Mon révérend Père, M. le comte, dit-il, je vous amène la femme de mon frère, qui prétend avoir à vous révéler un secret de la dernière importance.

— O Monseigneur, s'écria Catherine, grâce, grâce pour une misérable. Est-ce bien là M. le chevalier Henry de Choiseul?

— Oui, Catherine, répondit frère Eustache, je suis celui qui autrefois portait ce nom.

— Et c'est moi, Seigneur Jésus, qui l'ai réduit à cet horrible état!

— Vous? ma pauvre femme, reprit M. de Vaubecourt, vous extravaguez sans doute. Retirez-vous et songez que la santé de mon parent exige trop de ménagement pour que vous veniez lui tenir de semblables discours.

— Non, monsieur, non je n'extravague pas, continua

la femme de Lallement en se mettant à genoux. M. le chevalier me reconnaît bien, lui; ne suis-je pas Catherine, n'étais-je pas la femme de chambre de Mademoiselle Marie d'Haraucourt, n'ai-je pas surpris le secret de vos amours? n'ai-je pas été gagnée par cet infâme colonel Ébron? n'avons-nous pas, de concert, supposé des lettres d'Allemagne pour faire croire à ma maîtresse que son amant, qui suivait le duc de Lorraine, était amoureux d'une dame de la cour de l'Électeur Palatin? C'est moi qui ai livré à l'Écossais de l'écriture de M. Henry; c'est alors qu'il l'a imitée. N'ai-je pas, en coiffant Mademoiselle, coupé, sans qu'elle s'en aperçût, une boucle de ses cheveux, et ne l'avons-nous pas mise dans une lettre contrefaite, comme si M. Henry la lui renvoyait avec mépris?

— Et elle l'a cru! dit Eustache d'une voix étouffée.

— Oui, elle l'a cru, et alors à quel désespoir elle s'est livrée! Mais la ruse du monstre a tourné contre lui-même. Elle a repoussé son amour, elle s'est sacrifiée pour obéir à son père. Oh! si vous l'aviez vue le jour que M. d'Ische l'a épousée, elle m'arrachait le cœur; vingt fois j'ai été sur le point de me jeter à ses pieds et de tout lui avouer, mais la honte, l'ascendant diabolique de mon séducteur, et surtout la crainte de sa vengeance m'ont arrêtée. Ah! j'ai bien reçu la punition que je méritais. La douleur si profonde et si résignée de ma maîtresse était pour moi un supplice de tous les instants. Et puis quand le bruit de la mort de M. Henry à Moyenvic se répandit, chaque nuit je voyais son spectre me reprocher mes crimes. Ce fut peu de jours après que M. d'Ische découvrit que James, le valet de confiance de l'Écossais, s'était introduit à La Mothe et m'avait remis une lettre pour Madame. Il me fit venir dans son cabinet, et là le fantôme m'apparut couvert de son armure comme le jour où il était parti de Nancy avec M. le marquis. Je fus chassée ignominieusement, et pourtant contrainte de tout cacher à mon mari, je n'ai plus eu de paix ni de repos. Enfin j'espérais que le bon Dieu me pardonnerait en faveur de mes remords. Mais le premier auteur de ma perte, le colonel, est venu aujourd'hui me trouver; loin d'avoir renoncé à ses projets sur Madame, il compte sur moi pour les accomplir. De gré ou de force, il l'enlèvera demain du couvent des Sœurs-Claires, il n'attend que l'arrivée de ses Écossais.

A ces paroles prononcées au milieu des sanglots et des marques du plus profond repentir, Eustache demeurait anéanti, heureux d'apprendre que Marie lui était restée fidèle, désespéré de le savoir au moment où un abîme infranchissable l'en séparait. Aucune parole ne pouvait exprimer l'angoisse de son âme, et Vaubecourt, qui mesurait toute l'étendue de son malheur, lui pressait la main en silence.

Mais le canonnier ne chercha pas à cacher ses sentiments, il lança un regard terrible à sa belle-sœur : Et vous, vipère, dit-il en grinçant les dents, et serrant convulsivement le manche de sa dague, pendant que la cicatrice de sa figure devenait d'un rouge violet, vous avez pu trahir votre maîtresse, le plus noble et le meilleur des hommes, manquer peut-être à vos devoirs envers mon frère pour un scélérat écossais, et vous pensez qu'il y aura pour vous un pardon dans ce monde et dans l'autre?

— Oui, répondit Eustache, d'un ton d'autorité et de douceur, oui, le plus offensé des malheureux qu'elle a faits lui pardonne. Relève-toi, Catherine, et que Dieu soit aussi miséricordieux pour toi que son humble créature.

Lallement, je te défends d'adresser jamais un mot de reproche à cette femme. Que ses révélations demeurent un secret pour son mari, pour tout le monde, et même pour Marie... Oui, surtout pour Marie... Qu'elle continue à croire que je lui ai été infidèle... que je reste coupable à ses yeux... Mon Dieu! mon Dieu! je vous offre encore ce sacrifice.

Oh! dit M. de Vaubecourt, pendant que la malheureuse femme baignait de ses larmes les mains du généreux capucin, tu es un saint sur la terre : mais moi, mon cher Henry, je ne puis penser et agir comme toi; ce qui est vertu dans un religieux deviendrait lâcheté dans un gentilhomme. Il faut qu'Ébron me rende raison de son infâme conduite.

— Cher Vaubecourt, sauve Marie, la veuve de mon frère, mais ne songe pas à la vengeance.

— Non, dit Lallement avec un sourire sinistre, l'Écossais n'est pas digne de mourir de votre main. Mais vous, femme, je n'ose plus dire ma sœur, si vous voulez mériter le pardon que frère Eustache vous accorde, il faut tout nous dire; achevez de nous confesser les projets de votre Écossais.

— D'abord, dit Catherine, il doit écrire à son ami le chevalier de Bussy, pour vous faire arrêter comme un rebelle mal intentionné contre le gouvernement du roi; il ne rentrera dans notre maison qu'à six ou sept heures, quand il se croira certain que vous serez en prison.

— Ah! murmura le canonnier.

— Il m'a remis une lettre pour Madame d'Ische, il viendra en attendre la réponse à cinq heures et demie, un peu avant la fermeture de la porte Saint-Nicolas. Si elle refuse d'accepter sa main...

— Sa main! s'écria Eustache!

— Sa main! répéta Lallement, la veuve d'Antoine de Choiseul! O mort et damnation!

— Si elle refuse d'accepter sa main, continua Catherine, il est déterminé à l'enlever demain soir, dût-il mettre le feu au couvent... Et c'est de moi qu'il attend les renseignements pour l'introduire dans cette maison et arriver jusqu'à Madame.

— Vaubecourt, dit douloureusement le religieux, je suis entré dans ce cloître pour n'en plus sortir, je suis d'ailleurs malade, mourant, c'est la veuve de ton parent, elle n'a ici que toi.

— Va, dit le comte, je la protégerai, je la vengerai! Je ne veux pas que le nom de Madame d'Ische soit compromis : je ne veux pas non plus que celui d'Ébron soit prononcé avant que j'aie eu de lui la satisfaction que j'en dois tirer. Je vais chez le gouverneur, je ferai révoquer l'ordre d'arrêter ce fidèle serviteur si le chevalier de Bussy a pu le surprendre, je demanderai, sous le prétexte de l'arrivée d'une bande de bohémiens que nous avons réellement rencontrée, que le poste de la porte Saint-Nicolas soit augmenté et le couvent de Sainte-Claire spécialement surveillé. Demain, si je vis encore, j'irai voir ma cousine... Si je succombe, mes mesures seront prises pour assurer sa sécurité. Catherine, soyez discrète, ne parlez de rien à Madame d'Ische, rendez-lui seulement la lettre du colonel. Vous dites qu'il rentrera chez vous vers six heures, j'y serai et je l'y attendrai. Pour toi, Lallement, suis-moi, avec moi tu n'auras pas à craindre un emprisonnement ou un assassinat.

— Pardon, Monsieur le comte, je ne crains ni l'un ni l'autre, j'ai une bonne protection à mon côté et dans mon ceinturon. Il fait nuit de bonne heure à cette saison, sous mon balandran on ne me reconnaîtra pas, je conduirai

Catherine jusqu'à la rue des Sœurs-Claires, j'attendrai ensuite chez un ami que l'heure à laquelle vous devez venir à l'hôtellerie soit arrivée pour m'y présenter, on ne m'y arrêtera pas en votre compagnie.

— C'est très-bien, répondit M. de Nettancourt, à six heures je serai à la *Pomme-d'Or*. Demain, mon cher Eustache, je viendrai te voir avant le rendez-vous que je vais donner au colonel, et encore après, je l'espère bien.

— Toujours du sang, dit en soupirant le religieux. Adieu Vaubecourt, adieu mes bons amis, et il leur serra à tous affectueusement la main.

M. de Nettancourt monta à cheval et, suivi de son page, entra par la porte du Bourg, et prit le chemin du château. Lallement et sa belle-sœur entrèrent aussi dans la ville par la même porte, et arrivèrent sous les murs du couvent que Madame d'Ische avait choisi pour sa retraite.

— Prenez garde aux Écossais, dit tout bas Catherine au canonnier, Évan et Dickson sont à Bar, évitez aussi les soldats et les patrouilles.

— C'est bon, sœur, ne craignez rien pour moi, soyez fidèle et n'effrayez pas Madame : je vais passer une heure ou deux chez l'arquebusier Roger.

Elle sonna à la porte tout en regardant le canonnier qui s'éloignait ; mais aussitôt que la tourrière eût ouvert et qu'elle fut entrée, il revint sur ses pas et se cacha derrière un des piliers du porche. La nuit tombait, la rue était déserte, il attendit quelque temps. Enfin cinq heures et demie sonnèrent à l'horloge du château, un homme de haute taille, enveloppé d'un manteau, s'avança avec précaution et vint s'arrêter devant la porte, tout près du pilier, c'était Ébron.

XII.

Au banquet de la vie, infortuné convive,
J'apparus un jour et je meurs.....

(GILBERT.)

SIX heures étaient sur le point de sonner quand Caherine sortit du couvent. Elle regarda dans la rue avec erreur, redoutant l'entrevue qu'elle allait avoir avec 'Écossais, mais elle ne l'aperçut pas; seulement il lui embla, dans l'obscurité, qu'un homme était couché au nilieu de la rue, elle supposa que c'était un ivrogne qui i'avait pu regagner sa maison et se détourna pour ne ias passer près de lui, mais il ne bougea pas. En arrirant à la porte Saint-Nicolas, elle entendit un grand bruit d'armes et elle trouva le passage fermé par une roupe de soldats du régiment de Navarre, qui, à la ueur d'un fallot, était assemblée autour de son beaurère Lallement. Le canonnier était pâle, et une légère estafilade qu'il avait au front laissait couler quelques outtes de sang.

— Mais encore une fois, disait-il, je vous répète que 'est un coup que je viens de recevoir d'un bohémien ui voulait me voler, et qui s'est enfui aussitôt que j'ai légaîné ma rapière.

— C'est possible, répondit le caporal qui l'interrogeait,

mais je vous dis, moi, sergent Larose, que voilà l'homme que j'ai reçu, il y a dix minutes, l'ordre d'aller arrêter dans le cabaret de la *Pomme-d'Or*, et j'allais l'exécuter avant la fermeture des portes, quand vous êtes arrivé avec le détachement.

— Caporal Lagaieté, dit le sergent, aussi vrai que vous êtes un pays que j'estime, vous ne comprenez pas le service. Je veux bien que ce vilain balafré soit celui que vous devez arrêter, mais je vous apporte, moi, la défense d'exécuter cet ordre et la consigne de surveiller le couvent des Sœurs-Claires, autour duquel on a vu rôder des bohémiens.

— C'est bien, sergent, vous êtes mon supérieur, et je n'ai rien à vous dire. Cependant ce Lorrain a une figure aussi suspecte que cet André, vous savez, dont la déconfiture m'a valu mes galons de caporal. Le capitaine Bussy m'assurait qu'il y aurait une bonne récompense s'il était pris.

— Laissez vos projets, vous n'y entendez rien; quand l'adjudant est venu m'apporter l'ordre de descendre ici avec mes hommes, le colonel de Vaubecourt, qui était avec lui, m'a recommandé spécialement de me hâter, et si vous étiez parti pour l'auberge, d'aller moi-même le faire mettre en liberté; et il a accompagné sa recommandation de deux petites pièces jaunes qui ne sont, si je m'y connais, rien moins que des ducats à la grande croix, je lui ai promis d'en régaler le poste, et, foi de sergent, nous le ferons tout à l'heure. Allons, vous autres, laissez passer ce mangeur de lard. Bonsoir l'ami et sans rancune. Hé! hé! la petite mère, qu'est-ce que vous faites là? c'est ma foi la petite hôtesse de la *Pomme-d'Or*, voulez-vous entrer au corps-de-garde pour vous y chauffer un instant?

— Merci, merci, Monsieur le sergent, répondit Catherine, j'attendais mon beau-frère, il va me reconduire.

— Bien, la petite mère, sans la compagnie du parent je vous aurais offert la mienne, le pays Lagaieté aurait commandé le poste en mon absence. Allons, allons, partons avant qu'on ferme la porte. Dans un quart-d'heure nous recommencerons la patrouille. Haut les mousquets, rompez vos rangs, marche!

Le sergent Larose fit rentrer ses soldats au corps-de-garde, pendant que Lallement et Catherine se hâtaient de s'éloigner. Quand ils furent hors du glacis elle s'arrêta, et, tirant son beau-frère par son manteau, lui dit d'une voix basse : je ne l'ai pas vu.

— Vu qui?

— Le colonel Ébron.

— Ah!... il n'y avait personne dans la rue?

— Seulement un ivrogne y était couché au travers, la patrouille le ramassera tout à l'heure. Où peut être l'Écossais? Ah! s'il est chez nous avant que M. de Vaubecourt y arrive, que va-t-il dire en vous voyant?

— Il n'y sera pas.

— Croyez-vous? O si vous le connaissiez, si vous saviez jusqu'où il porte l'amour de la vengeance contre quiconque contrarie ou seulement refuse de servir ses desseins; si vous connaissiez sa valeur, son adresse! Il n'y a point d'homme plus à craindre.

— Oui, dit le canonnier en portant la main à sa figure, c'est une des meilleures lames à qui j'aie eu affaire. Marchons, marchons.

— Oh! vous le savez trop, c'est lui qui vous a fait cette terrible blessure sur la brèche de La Mothe.

— Ce jour-là, reprit froidement Lallement, je n'avais que ma hallebarde, c'est une arme peu sûre..., mais mon épée!... Et Madame, qu'a-t-elle répondu en lisant sa lettre?

— O ma pauvre maîtresse, vous connaissez sa douceur d'ange, sa timidité d'enfant, hé bien! quand elle a parcouru les premières lignes de ce papier, elle l'a froissé avec indignation, en s'écriant : L'insolent, le lâche, parce qu'il me voit seule et privée de tout protecteur il ose m'écrire; oh! si Eustache, M. de Stainville, ton beau-frère seulement le savaient! Et elle s'est mise à pleurer amèrement.

— Elle a dit cela, reprit le canonnier; elle a compté sur moi! Ah! que vous me faites de bien, sœur Catherine, et il lui pressa la main. C'est que, voyez-vous, la pauvre dame, pour sauver son honneur, il n'y a rien que je n'eusse fait, et déjà à La Mothe peu s'en est fallu que je ne lui donnasse une terrible preuve de mon affection. Ah! marchons, cela me fait mal d'y penser.

Pendant le court trajet qui les séparait de l'auberge, Catherine retourna plusieurs fois la tête pour voir si Ébron ne les suivait pas; mais son beau-frère ne témoigna pas la moindre inquiétude à cet égard, et il entra avec assurance dans la cuisine qui servait de salle à manger.

M. de Vaubecourt y était déjà; malgré les instances de l'hôte, il avait refusé de se laisser conduire dans une chambre à part, et, assis auprès du feu, il attendait le retour d'Ébron, tandis que son écuyer et ses gens murmuraient tout bas du retard de dame Catherine qui n'avait pas soigné leur souper. Aussitôt qu'elle entra avec le canonnier, le comte se leva et lui demanda avec empressement.

— Hé bien! où est-il? va-t-il arriver?

— Je ne l'ai pas vu, répondit-elle.

— C'est singulier, s'écria M. de Vaubecourt, mais il ne peut tarder à rentrer, votre mari me dit qu'il a invité le chevalier de Bussy.

— Ma femme, ma bonne Catherine, dit l'aubergiste, abandonnant le soin du civet qu'il allait dresser aux mains inexpérimentées de Babet, tu as bien mal choisi ton temps pour sortir; sans M. le comte je ne me serais pas douté que tu venais avec mon frère du couvent de Saint-François. Mais toi, tu sais le nom de cet étranger mystérieux que tout le monde attend et que personne ne m'a encore voulu nommer. Dis-le-moi.

— Comment que tout le monde attend? répéta l'hôtesse, répondant par une autre question à celle de son mari.

— D'abord deux gaillards de mauvaise mine qui parlent assez mal français et qui doivent revenir tout à l'heure, ensuite M. le chevalier de Bussy qui se chauffe dans la chambre bleue, et enfin M. le comte.

— Je ne connais pas ce gentilhomme, dit l'écuyer Gilbert, par la raison que je ne l'ai jamais vu; mais je connais son cheval, c'est un superbe limousin, il a appartenu au duc Charles.

— Cela se pourrait, répondit l'hôtelier.

— Comment cela se pourrait! j'en suis sûr. C'est un alezan brûlé avec une balzane au chanfrein, c'était le meilleur coureur des écuries du prince, et quand M. de Beauvau était venu le trouver au camp du roi, à la Neuve-Ville, il le lui avait laissé exprès pour qu'il pût s'échapper. Je l'ai examiné pendant plus d'une heure ce jour-là.

— Hé bien! je ne dis pas non, car j'ai tout de suite aussi reconnu ce cheval pour celui que mon pauvre cousin André montait le jour qu'il est arrivé ici pour se faire uer par la sentinelle de Couchot, et c'est lui que frère Eustache a pris pour aller à La Mothe.

— J'y suis maintenant, dit l'écuyer enchanté de sa sagacité, frère Eustache l'avait sans doute abandonné aux capucins de Neufchâteau, car je l'ai vu dans l'enclos des bons pères, et je leur en avais offert un bon prix; mais les Écossais d'Ébron ont jugé plus économique de le voler une belle nuit et de l'offrir à leur colonel.

— Le colonel Ébron! s'écria l'aubergiste dans une violente fureur. Quoi, le scélérat qui a fait chasser ma pauvre innocente femme du service de Madame d'Ische, celui qui a fait à mon frère que voilà une blessure qui le rend épouvantable, ose descendre chez moi; ah femme! femme, pourquoi me l'avoir caché? Mais il n'y couchera pas, ce coquin d'Écossais.

— Qui ose ici traiter de coquin un noble Écossais? demanda un grand gaillard à cheveux rouges qui venait d'entrer dans la salle.

— Oui, reprit un autre étranger qui l'accompagnait, qui ose ici mal parler du colonel Ébron. Et ils tirèrent leurs épées.

— Ah voilà ses deux coupe-jarrets revenus, s'écria l'hôte; j'espère, mes bons amis, que vous ne me laisserez pas assassiner dans ma maison. Voilà mon frère, ordinairement si bouillant, qui se tient là les bras croisés; mais j'embrocherai le premier qui s'avancera; et déjà il se disposait à saisir la broche chargée d'une oie grasse, qui tournait sous la direction immédiate de Babet.

Mais tous les domestiques de M. de Vaubecourt, tirant leurs couteaux de chasse ou leurs épées, en menaçaient les Écossais. Le comte intervint et ordonna aux deux partis de rester en paix. Ce ne fut pas sans peine qu'il parint à se faire obéir, et si M. de Bussy ne fût venu joindre ses efforts aux siens, il eût été impossible d'éviter l'effusion du sang. Le chevalier emmena les deux Écossais dans la chambre de leur maître et témoigna à M. de Nettancourt sa surprise de le rencontrer dans cette maison.

— J'y suis venu attendre, comme vous, le colonel Ébron, Monsieur.

— Ah vous savez qu'il est à Bar; il m'avait cependant bien recommandé le secret.

— J'aime à croire, Monsieur, que vous ignoriez le motif de son arrivée.

— Je ne vous comprends pas, M. le comte.

— J'en suis persuadé; ce n'est pas à vous qu'il aurait osé demander de l'aider dans son projet de rapt sur une dame que son nom et la retraite qu'elle avait choisie devaient rendre sacrée.

— Monsieur, vos paroles sont trop offensantes pour l'honneur de mon ami pour que je puisse les souffrir. En son absence, c'est à moi que vous en devez raison.

— Permettez, Monsieur, c'est à lui-même que je viens demander compte de sa conduite infâme; cette affaire passera avant celle que vous me faites l'honneur de me proposer.

— Il vous fera attendre longtemps, M. de Nettancourt, dit le canonnier.

— Vilain! dit le chevalier en regardant dédaigneusement le canonnier, qui, toujours couvert de son balandran, se tenait appuyé contre le pilier de la cheminée et n'avait pas changé d'attitude depuis son entrée, tu es bien hardi de te mêler à la conversation de deux gentilshommes. Prends garde que je ne te corrige comme un limier mal appris qui aboie devant son maître. M. le comte, il faut que je trouve le colonel à l'instant même, qu'il se lave de l'accusation que vous portez contre lui. Si vous avez autant d'empressement de le rencontrer que vous le témoignez, veuillez me suivre; je vais me faire ouvrir la porte du Bourg, et, à l'aide de ces deux hommes, je le découvrirai facilement.

— Je vous suis, Monsieur.

— Vous n'irez pas seul, monseigneur, s'écria Gilbert, et vos fidèles serviteurs ne vous laisseront pas à la merci de ces spadassins écossais.

— La compagnie de M. de Bussy est la meilleure des garanties, répondit M. de Nettancourt, cependant j'emmènerai le canonnier.

— Oh! M. le comte, répondit Lallement dans un embarras visible, quel honneur vous me faites; mais là, voyez-vous, je suis un homme paisible et ennemi des querelles, et il me serait difficile d'en éviter une si je me trouvais longtemps avec ces étrangers; ainsi donc, excusez-moi si je vous demande de me laisser avec mon frère et ma belle-sœur, dont la maison est isolée et qui n'ont personne pour les défendre.

— Il paraît qu'ils auront là un hardi champion, dit Gilbert en haussant les épaules, et, sans demander la permission à son maître, il fit allumer des torches par les domestiques et leur ordonna de marcher devant; il les suivit avec le page, pendant que M. de Nettancourt, étonné et presque blessé du refus de Lallement, le regardait avec défiance. Mais il soutint avec la même figure impassible le dédain du comte, les railleries de ses domestiques et l'air de mépris du chevalier de Bussy, il ne répondit pas même aux gestes menaçants des Écossais.

Quand tout le monde fut sorti, il ordonna à Babet d'aller porter une mesure d'avoine au cheval de l'étranger, et demanda à son frère de lui servir à souper; il s'empara du civet destiné pour le repas du chevalier, se versa une rasade de vin et la but d'un seul trait.

— Maintenant, dit-il, je puis me mettre en route.

— En route, s'écria Catherine, aussi inquiète de l'absence d'Ébron que de l'apparente poltronnerie que venait de montrer son beau-frère, et où voulez-vous aller ?

— Au camp du duc Charles, sur son beau cheval que mon frère va seller.

— Y pensez-vous, mon Dieu, et que dira l'Écossais !

— D'abord l'Écossais l'avait volé, et c'est à frère Eustache qu'il appartient bien légitimement, ensuite l'Écossais ne dira rien parce qu'il est mort.

— Mort! répétèrent-ils tous deux avec horreur.

— Oui, mort, et de ma main. C'était une fine lame comme vous disiez, sœur, et je crois qu'il aurait donné du fil à retordre à M. de Vaubecourt.

— Juste ciel! vous l'avez assassiné?

— Assassiné, s'écria avec indignation le canonnier en se levant et lançant un coup d'œil terrible à sa belle-sœur. Assassiné! je suis Lorrain et soldat! je l'ai tué loyalement, en face, à son corps défendant, au péril de ma vie. Je l'ai attendu derrière le pilier du porche du couvent des Sœurs-Claires, et quand il s'est approché, vous savez bien dans quel dessein, j'ai tiré mon épée, je lui ai craché au visage et, jetant mon manteau, je lui ai dit de se défendre. Alors il n'a pas eu à me demander si j'étais gentilhomme pour me faire l'honneur de se battre avec moi. Il s'est mis en garde, il s'est défendu vaillamment, adroitement, mais il avait affaire à un homme qui, à l'escrime, n'a pu encore trouver son maître, à un homme qui avait soif de son sang. Il m'a fait cette égratignure, mais il est tombé aussitôt, mon épée lui a percé le cœur.

Meurs, lui ai-je dit, meurs de la main de Lallement, meurs pour venger le gouverneur de La Mothe, son frère et sa femme. Maintenant écoutez-moi, ils vont retrouver le cadavre, ils viendront peut-être ici, mais ce ne sera pas tout de suite, il faut un ordre du gouverneur pour sortir de la ville. Dans tous les cas, soyez tranquilles. M. de Nettancourt vous protégera, racontez-lui tout. Pour moi, je n'ai qu'un regret, c'est de ne pouvoir dire adieu au frère Eustache que je ne reverrai plus. J'ai assez d'argent sur moi pour mon voyage, je vous donne ce qui est dans le coffre de ma chambre. Sœur, vous direz à Madame qu'elle avait raison de compter sur moi; toi, tu embrasseras le saint religieux pour moi. Adieu, soyez heureux. Et sans rien vouloir entendre, il prit le cheval d'Ébron, le sella, s'élança sur son dos et partit au galop.

Le lendemain, les cloches du couvent des capucins sonnèrent de grand matin. Eustache, épuisé par tant d'émotions et de souffrances, n'avait pu résister à l'effet qu'avaient produit sur lui les aveux de Catherine : il avait expiré dans la nuit.

Quelques jours après, Madame d'Ische avait pris le voile dans le couvent des Sœurs-Claires.

FIN DE FRÈRE EUSTACHE.

II.

LA DAME DE NEUVILLE.

1635.

CHAPITRE PREMIER.

La Veillée.

L'HISTOIRE d'aucun pays n'offre une période de désastres et de misère comparable à celle que retracent les annales de la Lorraine et du Barrois, pendant l'année 1635. La peste et la famine y régnaient depuis cinq ans; les Français, les Suédois, les Lorrains, les Impériaux, les Espagnols, les Brabançons, des troupes de brigands et de voleurs, connus sous le nom de Cravates, mais n'appartenant à aucune nation, ravageaient sans pitié les États du duc Charles IV; les trois quarts de la population avaient péri, une misère affreuse accablait les villes et les campagnes, les champs restaient incultes, et des bandes de loups erraient en plein jour au milieu des villages, attaquant avec une égale fureur les hommes et les animaux domestiques.

Quand déjà presque tous les châteaux de la noblesse étaient détruits par les ordres impitoyables de Richelieu, on voyait eucore dans l'automne de cette fatale année, à droite du mauvais sentier impraticable qui conduisait de Bar à Verdun, en suivant les flancs arides des coteaux en friche, s'élever, au-dessus des chaumières des paysans de Neuville, les tours grisâtres d'un fort manoir féodal. Ce n'était pas ce petit pavillon flanqué de tourelles et couvert en ardoises dont les blanches murailles frappent aujourd'hui l'œil du voyageur. C'était un immense donjon entouré d'un mur épais et crénelé et de fossés profonds, protégé encore par un ancien étang.

Situé à l'extrémité méridionale du Verdunois, enclavé de toutes parts dans le duché de Bar, appartenant d'ailleurs à un seigneur lorrain, ce village partageait le sort commun à tout ce qui faisait partie des Etats de Charles IV ou avait seulement le malheur d'en être voisin. Il semblait presque désert, la plupart des maisons étaient abandonnées, soit que la peste et la famine en eussent détruit les habitants, soit qu'ils eussent cherché un plus sûr asile, ou servissent sous les drapeaux de leur prince. Les chaumières les plus voisines de l'église et du château étaient seules habitées, la population décimée s'y était concentrée; des palissades entouraient ce lieu de refuge et le défendaient bien imparfaitement contre les incursions des hommes et des animaux de proie.

L'intérieur du château semblait aussi triste et livré aux mêmes alarmes que la bourgade qu'il dominait. Une grande couleuvrine était placée sur la plate-forme du donjon, et dans une de ces guérites en pierre nommées poivrières ou nids d'hirondelle, d'où l'on découvrait au loin la campagne, se tenait un soldat armé d'une longue arquebuse à mèche. Une autre sentinelle armée veillait aussi en se promenant le long de la courtine crénelée qui régnait au-dessus de la porte; la herse était baissée et le pont-levis relevé. Dans une cuisine immense, un grand nombre de paysans des deux sexes, assis autour du foyer, attendaient la cuisson d'une vaste marmite où nageaient quelques racines sauvages; ils s'entretenaient à voix basse, et leurs visages hâves et maigres exprimaient l'inquiétude.

Dans une salle voisine, voûtée, ornée de tapisseries, dont le pavé en briques était couvert de peaux de loups, une jeune dame dans tout l'éclat de la jeunesse et de la beauté était assise, filant au fuseau une quenouille de lin. A ses pieds un enfant blond et rose, qui paraissait avoir trois ans au plus, jouait avec sa petite sœur plus jeune d'une année. De temps en temps leur mère arrêtait le mouvement du fuseau qui tournait sur ses doigts déliés, et, les regardant avec amour et tristesse, s'efforçait de calmer d'un regard et d'un geste leur bruyante gaîté. Elle portait une robe de laine noire de la plus grande simplicité, et une teinte profonde de mélancolie obscurcissait son charmant visage encadré dans les boucles flottantes de ses longs cheveux noirs. Près d'elle, à la place d'honneur, sur un fauteuil élevé, était une autre dame d'un âge mûr, aux traits réguliers mais pâles et souffrants, portant le costume des Bénédictines.

Elles étaient, avec quelques femmes de condition inférieure, rangées autour de la large cheminée gothique où brillait un grand feu, filant comme la maîtresse du logis, éclairées par une lampe de fer suspendue à la voûte, écoutant la lecture de piété que leur faisait un ecclésiastique déjà avancé en âge, d'une figure douce et vénérable. Dans un coin de l'appartement, trois hommes étaient occupés à fourbir des cuirasses ou nettoyer des armes. Un quatrième, grave, maigre, vêtu de noir, tenait sur ses genoux un livre qu'il avait quitté bien à regret pour écouter le prêtre, c'était le *Recueil des armes de l'ancienne chevalerie Lorraine*, avec gravures sur bois, de Jean Callot. Ses regards demeuraient invariablement fixés sur le double écu blasonné surmonté de son casque et de ses lambrequins qui décorait le manteau de la cheminée. Aucun chuchottement n'interrompait la lecture monotone de l'ecclésiastique, sinon les rires étouffés des deux enfants, un silence lugubre régnait dans la petite assemblée, et la résignation du désespoir était empreinte sur toutes ces figures creusées par la famine.

C'était une des plus tristes soirées de l'automne : la pluie, chassée par un vent froid soufflant de l'Ardenne, était tombée à torrents pendant toute la journée, et le canon avait grondé dans le lointain sans interruption. Dès qu'était venue la nuit, les hurlements des loups avaient commencé dans la campagne, redoublant de furie à mesure que les bestiaux renfermés dans le village et les basses-cours du château y répondaient par les longs beuglements que leur arrachait la terreur. Au milieu de ces bruits sinistres et des sifflements lugubres du vent, le son perçant d'un cor fit entendre au dehors un appel désespéré, et dans la cuisine et le salon chacun tressaillit d'effroi. Un instant après, un homme vêtu d'une casaque grise, tenant une hallebarde à la main, entra dans l'appartement :

— C'est le signal de Gervais, Madame, dit-il en s'inclinant; donnez-moi la clé, il faut lui ouvrir à l'instant; sans doute il est poursuivi.

La dame se leva avec vivacité : — Tenez, dit-elle en

détachant un trousseau de clés accroché aux andouillers d'un bois de cerf, hâtez-vous, capitaine, ne perdez pas une minute.

L'officier sortit, suivi de deux hommes qui se trouvaient dans la chambre.

— Prions pour ce pauvre jeune homme, mon père; prions, Madame, continua la châtelaine, c'est un serviteur fidèle et dévoué.

Et chacun s'agenouilla pendant que le petit homme maigre, vêtu de noir, qui n'était rien moins que le prévôt de Pierrefitte, disait :

— C'est un jeune homme de noble race, que M. Gervais de Seraucourt; il porte *d'argent à la bande de sable, accompagné de sept losanges de même, quatre et trois.*

Bientôt on entendit les portes crier sur leurs gonds, le bruit des chaînes du pont-levis qui s'abaissait, puis un coup de feu suivi d'un cri de mort, ensuite le galop d'un cheval sous la voûte, et un jeune adolescent, la tête couverte d'un chapeau à larges bords, avec un justaucorps de buffle, de grandes bottes à chaudron, une longue rapière et une dague au côté, des pistolets à la ceinture, le bras gauche ensanglanté et retenu par son écharpe bleue, tout souillé de boue, tout trempé de pluie, malgré le manteau dont il s'était débarrassé dans la cuisine, se présenta dans la chambre et salua profondément la châtelaine.

— Cher et fidèle Gervais, lui dit-elle d'une voix émue, tandis que le prêtre l'accueillait avec un sourire paternel, que d'inquiétudes vous nous avez causées! que je me suis repentie d'avoir consenti à ce périlleux voyage! Et quelles nouvelles nous apportez-vous?

— De mauvaises, Madame, répondit le page. Saint-Mihiel est serré de bien près par les Français. Louis XIII est arrivé hier en personne à Kœurs avec une troisième armée. Le comte de Soissons et M. de Vaubecourt commandent les deux autres.

— M. de Vaubecourt! interrompit l'homme au blason! c'est pourtant d'une maison lorraine, il porte *de gueules au chevron d'or!*

— Mais la ville ne peut songer à se défendre, sans doute! s'écria le prêtre.

— Elle se défendra jusqu'à la dernière extrémité, répondit le page. Le Bailli, M. de Lénoncourt, est brave et déterminé, et il a deux bons régiments d'infanterie.

— C'est un vrai Lorrain, interrompit de nouveau le prévôt, il porte *d'argent à la croix engrelée de gueules.*

— Il a avec lui le lieutenant-colonel Salins, qui a répondu aux sommations, que si le Duc son maître l'avait mis dans un moulin avec ordre de le défendre, il le ferait contre toutes les forces du roi.

— Mais Son Altesse, demanda la châtelaine, a-t-on des nouvelles de son armée?

— Elle avait promis de venir au secours de la ville; on dit qu'elle arrivait à travers les Vosges à marches forcées, mais qu'elle a été battue et que le Duc lui-même a manqué d'être fait prisonnier.

— Oh! que Dieu le protége! s'écria la châtelaine en joignant les mains.

— Hélas! dit l'ecclésiastique, que de sang versé inutilement! La lutte est trop inégale.

— Cela n'est que trop vrai, dit le page; on porte à plus de vingt mille hommes les troupes du roi. Que feront contre elles les pauvres Lorrains? Oh! Madame, ne nous plaignons plus de notre misère sur vos terres; si vous voyiez à quelles extrémités sont réduits les gens du Barrois. J'ai vu dans les champs le curé d'un village attelé a la charrue avec ses paroissiens, les soldats leur ont pris leurs chevaux et tué leurs vaches. Autour de Verdun ils ne sont pas plus heureux, les Suédois dévastent tout et ne font pas plus de grâce aux sujets de Sa Majesté qu'à ceux de Son Altesse.

— Sainte Vierge de Benoîte-Vaux ! s'écria la Dame de Neuville, qu'allons-nous devenir ?

— Madame, reprit Gervais, armez-vous de courage, je précède de bien peu d'heures un parti de Suédois commandé par Lovenskiold ; ils ont brûlé Rosières, à deux lieues de Verdun, et ils ont annoncé qu'ils marchaient vers Neuville ; deux hommes de leur avant-garde m'ont poursuivi jusqu'au fossé, mon épée m'a débarrassé de l'un, le mousquet du capitaine Manheulles a tué l'autre ; mais leurs camarades ne sont pas morts.

La dame retomba sur son fauteuil dans un abattement inexprimable, elle cacha d'abord sa tête dans ses mains, et des larmes abondantes ruisselèrent entre ses doigts ; puis, attirant à elle ses enfants, elle les pressa convulsivement contre son cœur.

Dans la cuisine et dans la chambre on n'entendait que des gémissements, et les femmes s'abandonnaient à leur douleur avec l'exagération de cris et de lamentations particulière aux paysannes. Le capitaine Manheulles tordait silencieusement sa moustache grise, les autres hommes causaient à voix basse, le Prévôt recommençait son examen contemplatif de l'écusson seigneurial de la cheminée. Le prêtre prit alors la parole :

— Madame, dit-il d'un ton doux et calme, Dieu et Notre-Dame de Benoîte-Vaux ne vous abandonneront pas dans une telle extrémité, elle vous a déjà sauvée de grands dangers, et j'ai une telle confiance en son intercession que je n'hésiterai pas à me rendre au camp du

Roi Louis, devant Saint-Mihiel, lui demander pour vous un sauf-conduit. J'ai, dans la maison de Son Eminence Monseigneur le Cardinal, un ami qui me fera facilement obtenir une audience : si je meurs dans cette entreprise, je me recommande à vos prières, à celles de ces dames et de mes chers paroissiens... Vous savez où je cache d'habitude les vases sacrés de notre église... D'ailleurs tout n'est pas désespéré encore. Ce Lovenskiold dont on parle tant n'est pas sans doute inexorable, et s'il est impossible avant mon retour de lui refuser l'entrée du château, il respectera en vous non-seulement une femme sans défense, mais la vassale du Roi de France, qui lui ferait rendre un compte terrible de sa conduite.

— Lovenskiold, s'écria le page en portant la main à sa dague, que Madame meure plutôt que de recourir à lui !

— Eh quoi ! dit le prêtre stupéfait, c'est donc un tigre altéré de sang ?

— Je l'ai vu, je l'ai reconnu, répondit le page en montrant son bras en écharpe, voilà la balle de son pistolet. Jamais, pour l'honneur de mon noble maître, je ne souffrirai que Madame tombe vivante entre ses mains. Vous avez raison, Messire, il faut aller au camp du Roi de France lui demander une escorte suffisante pour conduire notre maîtresse à Verdun et lui remettre ensuite le château.

— Distinguons, dit à son tour le Prévôt. Neuville fait à la vérité partie du Verdunois dont la France s'est emparée en 1552, et il semble d'abord que le Roi soit suzerain de Madame et lui doive défense et protection, comme le dit Beaumanoir au chapitre LXI, dans son vieux langage.

« Tout autant comme li hons doit à son seigneur de

» foi et loiauté par le reson de son hommage, tout autant » li sire en doit à son homme. »

Mais n'oublions pas que c'est un ancien fief de l'Empire, et que malgré les actes de possession de la France, aucun traité n'a encore reconnu cette usurpation (1). Il est donc contraire à toutes les règles du droit féodal, à l'opinion des meilleurs auteurs, de Pierre de Fontaine, de Brussel, de Loysel, de s'adresser à Louis XIII, et je proteste personnellement contre tout recours à un autre souverain que Sa Très-Sacrée Majesté Impériale.

— Vous avez peut-être raison, Monsieur le Prévôt, dit à son tour le capitaine; mais il y a un peu loin d'ici à Vienne, et comme disait le comte Erard du Châtelet, un homme qui se noie s'accrocherait à une barre de fer rouge; si j'avais ici une bonne compagnie de cavalerie du régiment de son mari, je n'irais demander de secours à personne, et nous ne rendrions pas le château au plus cruel ennemi du Duc, notre maître; mais nécessité n'a point de loi et j'approuve l'avis de ce brave curé.

Tandis que chacun des assistants glacé d'horreur, écoutait avec anxiété ces propositions, celle qu'elles concernaient n'avait pas changé d'attitude, mais semblait prier avec ferveur, elle se leva tout à coup après avoir doucement déposé à terre ses enfants, fit le signe de la croix, essuya ses beaux yeux bleus où le feu d'un généreux enthousiasme brillait au travers des larmes, comme le soleil au milieu du brouillard du matin, et tendant une main au curé et l'autre à Gervais, leur dit avec fermeté :

— Mes bons amis, je vous remercie de votre dévoue-

(1) Ce ne fut en effet que par le traité de Nimègue, en 1648, que l'Empire reconnut les droits de la France sur les Trois-Évêchés.

ment ; mais je ne confierai point mon honneur à un Suédois huguenot, je ne remettrai point au Roi de France ce château, sans l'aveu de mon époux ; avec l'aide de Dieu, je défendrai l'un et l'autre ou je mourrai sous les ruines de notre maison.

Les femmes tombèrent à genoux, ses vieux serviteurs poussèrent un cri d'admiration, le page porta respectueusement à ses lèvres la main qu'il tenait.

— O Madame, dit-il, quel sort vous allez affronter ! Mais que Lovenskiold ignore quelle proie renferment ces murailles ! Il faut faire disparaître les corps des deux Suédois tués devant la porte, il faut qu'il ignore où je me suis enfui.

La Dame parut étrangement surprise de l'insistance du page, elle fit cependant baisser avec précaution le pont-levis ; mais il ne fut pas nécessaire de faire jeter dans une citerne abandonnée les cadavres des soldats ennemis, comme le capitaine Manheulles se le proposait, une bande de loups affamés s'en disputaient déjà les lambeaux.

Elle voulut d'abord panser la légère blessure que Gervais portait au bras, elle appela pour l'aider Jeanne, la fille du Prévôt, dont plusieurs fois, dans de semblables circonstances, elle avait éprouvé l'adresse ; mais celle-ci ne put cette fois supporter la vue du sang et tomba presqu'évanouie sur une chaise : ce fut la religieuse qui fut obligée de la remplacer. La châtelaine s'occupa ensuite avec une admirable présence d'esprit des moyens de soutenir un siége. Son mari, l'un des plus braves officiers de Charles IV, s'était plu à la conduire à la chasse, à l'habituer à monter à cheval, à manier les armes avec autant de grâce que d'adresse. Je veux, lui avait-il dit quelquefois en riant, faire de vous un cavalier aussi accompli que la princesse de Phalsbourg. Madame de Saint-Balmont s'était prêtée avec complaisance aux désirs de son mari, mais depuis qu'il avait été obligé de la quitter pour rejoindre l'armée du duc de Lorraine, elle avait renoncé à ses exercices belliqueux, et dans sa vie douce, modeste, pieuse, charitable, rien n'avait révélé les inclinations guerrières que l'approche du danger venait tout d'un coup d'éveiller en elle. Les domestiques, les gardes-chasse, les vassaux qui s'étaient réfugiés dans le manoir pouvaient fournir environ trente combattants, elle avait pour les commander un chef précieux, c'était un vieil officier de fortune, Manheulles, capitaine du régiment de son mari, qui blessé dangereusement à la bataille de Nordlingen, avait été envoyé par son colonel au château de Neuville pour y achever sa guérison et veiller à la sûreté de Madame de Saint-Balmont. Il était brave, fidèle, mais entêté, défiant, et ne jurait que par le comte Érard du Châtelet, VIIe du nom, si connu par son dévouement à Charles IV. Il avait établi dans la maison de sa maîtresse une discipline toute militaire, à laquelle chacun se soumettait sans murmurer, à l'exception du page Gervais de Seraucourt, jeune orphelin d'une ancienne famille du Barrois que le colonel affectionnai beaucoup, et qu'il avait attaché au service de sa femme, quoique son âge l'eût déjà mis hors de page.

Manheulles voyait avec d'autant plus de jalousie la faveur dont jouissait ce jeune gentilhomme, qu'il était placé tout à fait par sa naissance et la nature de ses fonctions en dehors de son autorité. Et cependant quand la douleur de ses blessures, jointe à celle de la goutte, le retenait au lit ou dans sa chambre, ce qui arrivait assez fréquemment, il était heureux de pouvoir compter, sans l'avouer, sur l'activité et la vigilance de Gervais.

Pour armer le château et sa garnison, il y avait, indépendamment de la grande couleuvrine du donjon, deux fauconneaux placés dans les tourelles qui commandaient la porte, et un autre monté sur un affût, dans la cour; on rassembla quelques mousquets, une dizaine d'arquebuses, tant à mèche qu'à rouet, et deux anciennes grandes arquebuses à croc, enfin on trouva dans l'arsenal un baril de poudre et des lances et des pertuisanes, avec quelques vieilles armures défensives. Les vivres étaient en très-petite quantité, et nos lecteurs ne pourraient croire quelle était la misérable nourriture dont se contentaient nos aïeux, si nous n'avions pour nous le témoignage des auteurs contemporains. On conservait, comme un trésor, deux sacs de mauvaise farine d'orge et d'avoine, car depuis longtemps on n'ensemençait plus les terres; quelques flèches de lard, venues à grands frais de Verdun, des légumes secs, des racines, des glands et des faînes, étaient avec un troupeau de six vaches et quelques brebis, toutes les provisions que renfermait le château. Mais depuis plusieurs années les Lorrains étaient habitués à cette affreuse disette. Plus d'une fois ils avaient fait d'horribles repas avec la chair de leurs semblables, des femmes avaient mangé leurs enfants, et le Père Caussin, confesseur de Louis XIII, avait pu dire avec raison : *Sola Lotharingia Hierosolymam calamitate vincit.* « La Lorraine seule, par ses malheurs, l'emporte sur Jérusalem. » Ainsi Neuville, pour ce temps, était dans une sorte d'abondance, et la garnison, animée par l'énergie de la châtelaine, jura de vaincre ou de mourir avec elle.

CHAPITRE II.

Le chevalier de Malthe.

Après le frugal repas et la prière du soir, le page malgré ses fatigues et les périls de la journée, voulut visiter encore toute l'enceinte du château et recommander un redoublement de vigilance aux sentinelles du donjon et de la porte, au risque de choquer la susceptibilité du capitaine Manheulles qui se croyait plus spécialement chargé de ce soin, mais qui avait été forcé par ses souffrances de se coucher plus tôt que de coutume. Il trouva chacun à son poste, descendit encore à l'écurie pour s'assurer que son fidèle Bayard avait été pansé avec soin et reposait sur une épaisse litière de mousse et de feuilles, puis rentra dans sa chambre, se promettant bien d'y dormir comme on dort à dix-sept ans. Il trouva assis près de sa cheminée le Prévôt et le prêtre : celui-ci lisait silencieusement son bréviaire, le premier feuilletait son livre héraldique.

— Nous vous attendions, Monsieur Gervais, dit l'ecclésiastique, nous voulions tous deux vous parler.

— Oui, reprit le magistrat, nous vous attendions, Monsieur Gervais. Je ne sais quelle est la communication que M. l'abbé veut vous faire : quant à la mienne, comme elle est de la plus haute importance, je parlerai le premier.

— Si ma présence est indiscrète, dit le prêtre, je vais me retirer.

— Nullement, Messire, je voulais demander à M. de Seraucourt quelles sont les armoiries de ce terrible Lovenskiold.

— Je l'ignore complètement, mon bon Monsieur Rolin, répondit le page en souriant, vous savez que le temps est passé où les chevaliers avaient leur pennon : ils marchent maintenant sous le drapeau de leur souverain ; je n'ai pas vu celui de la troupe de Lovenskiold, mais je pense qu'il est comme tous ceux des armées suédoises.

— Vous vous trompez grandement, mon jeune ami, répondit le Prévôt : chaque régiment suédois a son drapeau particulier, et mon savant correspondant, Jacobus-Godfridius Baumgarten, écrivain à la Chancellerie impériale de Spire, m'a envoyé sur ce sujet un travail curieux que je serais bien aise de vérifier et de compléter.

— Maître Gervais, dit à son tour l'ecclésiastique, d'un air ouvert, je suis depuis bien peu de temps dans cette paroisse, mais vous devez savoir quelle est mon affection pour votre maîtresse; je connais aussi celle que vous lui portez, et je suis venu vous demander pour quel motif mystérieux vous lui avez laissé prendre la résolution désespérée qu'elle vient d'adopter, plutôt que de l'engager à traiter avec Lovenskiold, que la renommée nous a bien dépeint comme un hérétique endurci, mais non comme un soldat sans pitié.

— Messire, répondit le page avec quelque embarras, je voudrais ne pas révéler des secrets dont les circonstances m'ont rendu dépositaire. Il faut pourtant que je vous explique ma conduite, afin que vous ne pensiez jamais à donner à Madame des conseils qui pourraient porter atteinte à l'honneur de la maison de mon maître. Une partie de ce que je vais vous apprendre est bien connue de M. le Prévôt; le reste, il faut aussi qu'il en soit instruit. Mais auparavant vous allez me jurer tous deux, par ce qu'il y a de plus sacré, que vous ne parlerez à personne de ce que je vais vous confier, et que Madame de Saint-Balmont n'apprendra jamais par vous quel est ce Lovenskiold.

Le prêtre réfléchit un instant, il posa ensuite la main sur son bréviaire ouvert, et dit avec solennité : Je vous le jure sur le saint Evangile de ce jour!

Le Prévôt ouvrit aussi son livre, y étendit sa longue main maigre, et dit lentement : Par la croix et les alérions de Lorraine, par les bars adossés de Bar, par les armes de Thierry-d'Enfer, tige de la maison du Châtelet, *d'or à la bande de gueules chargée de trois fleurs de lys d'argent*, je le jure!

Ils s'assirent; le page rapprocha les tisons épars et jeta dans le foyer une brassée de branches sèches; une vive flamme s'éleva en pétillant, et il commença ainsi :

— Vous savez sans doute que Madame est alliée par sa mère à cette célèbre maison du Châtelet, dont le chef, le comte Érard, est en ce moment le fidèle compagnon de la mauvaise fortune de Son Altesse.

— Peut-être, Monsieur l'abbé, interrompit maître Rolin, serait-il curieux de connaître cette généalogie; je puis la lui exposer dans le plus grand détail, en commençant par Thierry-d'Enfer qui vivait vers l'an 1209?

— Réservons-lui cela pour une de nos prochaines soirées, dit le page, et il continua : Alberte d'Ernecourt sortait à peine de l'enfance quand sa mère mourut; son père la confia aux soins de sa parente Angélique du Châtelet, qui avait épousé Georges de Montbéliard, comte de Franquemont. Ce fut là qu'elle vit pour la première fois, son cousin germain Réné de Deuilly, qui, orphelin, sans fortune, était élevé comme page dans cette noble maison.

— Vous avez omis de dire, observa le Prévôt, que les d'Ernecourt portent *d'azur à trois pals abaissés d'argent* et en chef *trois étoiles d'or*, et que les Deuilly, portent comme les Du Châtelet.

— Soit! soit! reprit le page impatienté, Réné avait quelques années de plus qu'Alberte, et il ne put voir, sans en être épris, cette merveilleuse beauté qui déjà se développait en elle et que tant de chagrins et de misères n'ont pu flétrir. Lui aussi était aussi aimable que beau, et peut-être, sans s'en douter, sa jeune cousine, éblouie de ses brillantes qualités, éprouva-t-elle pour lui un sentiment plus tendre que l'amitié d'une parente. Mais la position de Réné lui interdisait tout espoir, sa famille l'avait destiné à entrer dans l'ordre de Malthe, et il partit pour faire ses premières caravanes contre les infidèles. Son absence dura trois ans, et l'on apprit un jour que dans un combat sanglant, s'étant élancé seul de la galère qu'il montait sur une caravelle turque, il avait été fait prisonnier. Ses parents envoyèrent exprès un des pères de la Merci à Constantinople, pour le racheter d'esclavage. Mais il avait été vendu dans les Etats barbaresques, et toutes les démarches faites pour le retrouver furent inutiles.

Vous savez sans doute que la seigneurie de Pierrefitte est partagée entre le comte du Châtelet et la comtesse douairière de Franquemont.

— Qui porte *de gueules à deux poissons adossés d'or*, s'écria maître Rolin. Elle descendait, par sa mère, de la maison de Tilly, *de sable au lion d'argent armé et lampassé de gueules au chef d'or chargé de trois roses de gueules*. Lucie de Tilly, après la mort d'Antoine du Châtelet, son premier mari, avait épousé Michel de Franquemont, qui lui-même ayant deux fils d'un premier mariage avec Marguerite de Burnischoffen, les maria aux deux filles que sa femme avait eues d'Antoine du Châtelet. Il faut que j'entre dans quelques détails sur cette double alliance...

— Non, non, dit le page en étendant la main, ce sera pour une autre soirée. Je vous disais que le comte du Châtelet et la comtesse de Franquemont ont chacun un château à Pierrefitte. Le duc de Lorraine, qui possède aussi une partie de ce fief, était venu, il y a trois ans, habiter le vieux palais des comtes de Bar. Dans une fête qu'il y donnait à Gaston d'Orléans, peu de temps avant le malheureux mariage de ce prince avec Marguerite de Lorraine, il avait invité les gentilshommes du pays, et M. de Saint-Balmont, l'un de ses plus brillants officiers, ne put voir Alberte sans l'aimer. Déjà, j'étais son page, et je fus témoin des progrès de son amour et de l'excès de son bonheur, quand il put espérer que Mademoiselle d'Ernecourt partageait ses sentiments. Son Altesse se chargea elle-même de demander à M. d'Ernecourt et à Madame de Franquemont la main d'Alberte pour le colonel.

— Et M. d'Ernecourt s'empressa de la lui accorder! s'écria le Prévôt. Savez-vous, Messire prêtre, que M. de Saint-Balmont, notre seigneur, est le propre fils de Jacob de Haraucourt, grand-écuyer de Lorraine, mari d'Elisabeth de Reinach, dame de Saint-Balmont? L'illustre maison des Haraucourt est l'un des quatre grands chevaux de Lorraine; elle porte *d'or à la croix de gueules, au franc canton d'argent, chargé d'un lion de sable.*

— Sa généalogie que je puis vous établir.....

— Qui en doute? reprit le page, n'êtes-vous pas, maître Rolin, l'homme le plus savant dans la science héraldique que j'aie jamais rencontré : vous êtes digne de la charge de Roi-d'armes des deux Duchés.

— Hé! hé! dit le Prévôt avec complaisance, c'est une noble science que celle des armoiries et des généalogies, et j'en ai fait l'étude de toute ma vie. Je disais donc que les Haraucourt...

— Je disais, interrompit sans façon le page, que Charles IV, voulut que les fiançailles se fissent à la chapelle ducale. Le jour en était fixé, tout se préparait le matin pour la fête qui devait avoir lieu dans la soirée, quand tout à coup parut au château de Franquemont un hôte inattendu. C'était un cavalier d'une haute stature et dans la fleur de la jeunesse; son visage, d'une parfaite beauté, était bruni par le soleil; la mobilité de ses traits, les veines qui gonflaient son front, le feu sombre de ses grands yeux trahissaient la lutte des passions qui le dévoraient. De riches vêtements le couvraient, et à la croix à huit pointes qui brillait sur sa poitrine, bien plus qu'à sa figure déjà changée par le temps, tout le monde reconnut Réné. Un seul homme l'accompagnait, il était magnifiquement habillé à l'orientale, son regard oblique annonçait l'astuce et la cruauté, un sourire moqueur et diabolique déridait quelquefois son visage basané. Tous deux étaient montés sur des chevaux d'un grand prix, et le désordre de leur toilette, l'air fatigué de leurs coursiers, dont les flancs étaient déchirés par les traces sanglantes des éperons, annonçaient la rapidité de leur voyage. Au moment où ils entraient dans la cour d'honneur, M. d'Ernecourt descendait l'escalier du perron pour se rendre chez Son Altesse qui l'avait fait mander; je marchais derrière lui, je venais de porter à Mademoiselle Alberte un bouquet que lui envoyait mon maître. Réné sauta légèrement à bas de son cheval et se précipita dans les bras de son oncle. Celui-ci, après l'avoir embrassé tendrement, lui dit :

— Nous n'espérions guère, beau neveu, avoir ta visite aujourd'hui.

— J'ai quitté Malthe, répondit le chevalier, pour venir remercier ma famille de ses généreuses démarches pour me tirer de captivité ; mais voilà mon libérateur, permettez-moi de vous présenter mon meilleur ami. Hamet ben Mohammed, qui m'a sauvé des fers du bey de Tunis.

M. d'Ernecourt s'inclina, et fit un compliment convenable au Maure, qui n'y répondit que par un profond salut.

— Mais, cher oncle, continua Réné, en même temps qu'une vive rougeur lui montait au visage, que fait ma belle cousine Alberte ? J'ai hâte de la revoir.....

— Tu ne pouvais arriver plus à propos, répondit son oncle ; si tu es toujours le joyeux page qui a laissé ici le souvenir de tant d'espiégleries, tu vas tantôt égayer notre fête, nous célébrons ce soir les *promesses* de ta cousine avec le colonel de Saint-Balmont

A ces paroles Réné recula comme s'il eût reçu une balle au cœur ; ses lèvres se contractèrent, sa moustache se hérissa, il lança un regard de désespoir à son compagnon qui y répondit par un froid sourire, et il répéta lentement : *ses promesses !*.... les fiancailles d'Alberte ! Ce n'était donc pas un vain conte que j'avais appris à Saint-Mihiel !

— Non, sans doute, reprit M. d'Ernecourt, sans remarquer son trouble, ta cousine se marie : mais elle-même t'apprendra ces détails avec plaisir, elle se chargera de te présenter à son fiancé. Gervais, continua-t-il en se tournant vers moi, conduis le chevalier près de ta future maîtresse ; je me rends au palais ; je vous rejoindrai bientôt.

Réné, sans répondre, laissa s'éloigner son oncle ; il

me saisit ensuite par le bras, me demanda d'une voix rauque et étouffée : Où est ma cousine ? Il faut que je la voie, que je lui parle sur-le-champ, m'entends-tu, page de malheur ?

J'avais laissé Mademoiselle seule dans un petit pavillon, près de la volière, au bout du parc ; intimidé de la violence extrême de cet homme, autant que révolté de son ton arrogant, je voulais d'abord refuser de lui servir de guide. Mais je réfléchis que je servirais mieux les intérêts de mon maître, en observant celui que je regardais déjà comme son rival, je le conduisis à travers le vestibule dans le parterre. Là il dit en italien, qu'il croyait sans doute que je ne comprenais pas, à son compagnon maure de veiller à ce que les chevaux fussent prêts, et de l'attendre dans une allée d'ormes qu'il lui indiqua. Arrivé à la porte de la volière, il me demanda si c'était bien là qu'était Mademoiselle d'Ernecourt, si elle était seule ? Et quand je l'en eus assuré, il me regarda d'un air sinistre, en portant la main à son poignard, et me dit d'une voix sourde : — Va-t-en, page maudit ! et si tu approches d'ici, si tu ne retournes à l'instant vers ton maître, tu es mort !

Je ne répondis rien, je partis en courant, et au détour de l'allée, je me glissai derrière une charmille, et me rapprochai doucement du pavillon ; je montai avec précaution sur le treillage qui régnait autour, et pus facilement voir et entendre, caché par les branches de la vigne qui voilait une petite fenêtre, tout ce qui se passerait dans l'intérieur sans être vu moi-même. J'attendais, immobile et impatient, le dénouement de cette scène. Mademoiselle d'Ernecourt était assise, tenant à la main le bouquet que je lui avais remis de la part de mon maître, quand le chevalier entra.

— Alberte! Alberte! s'écria-t-il, est-ce enfin vous que je revois?

Elle se leva précipitamment, le regarda un instant, puis lui tendant les bras : — Mon cousin, mon cher Réné, lui dit-elle, que je suis heureuse de vous retrouver!

— Oui, dit Réné, en la pressant contre son cœur, je vous revois, Alberte... mais dans quel moment!.... Ah! dites-moi que c'est un mensonge, que vous ne m'avez point trahi, qu'il est faux qu'un autre m'ait remplacé dans votre cœur!

— Que voulez-vous dire? s'écria Mademoiselle d'Ernecourt en se dégageant de ses bras et en reculant, que parlez-vous de trahison? Oui, je me marie à un homme dont l'illustre naissance est le moindre mérite; vous serez heureux, Réné, du bonheur de votre cousine.

— Le penses-tu? demanda-t-il dans un accès de fureur concentrée. Penses-tu que Réné de Deuilly puisse te voir unie à un autre? As-tu oublié, Alberte, de quel amour passionné, jaloux, terrible, je brûle pour toi?

— Oui, répondit avec calme sa cousine, j'avais oublié ces folles protestations de votre jeunesse, je croyais que vous m'aimiez comme je vous ai toujours aimé, comme je vous aime encore, d'une amitié fraternelle. Est-ce bien à moi, la fiancée de Saint-Balmont, votre cousine germaine, que vous, chevalier de Malthe, lié par des vœux solennels, vous osez tenir un pareil langage?

Il voulut lui prendre la main, elle recula encore, et ce charmant visage qui tout à l'heure respirait la joie et l'abandon d'une innocente tendresse, ne peignait plus maintenant qu'une froide dignité.

— Alberte, dit à son tour le chevalier, tandis que sa figure s'animait du feu des plus indomptables passions, crois-tu que des chaînes inventées par la superstition puissent lier un homme comme moi? Ne me parle ni de parenté, ni de vœux de religion, l'argent m'aura bientôt obtenu des dispenses de Rome, et les trésors du bey de Tunis m'achèteront la bienveillance du Saint-Père. Mais, ajouta-t-il en ricanant amèrement, qu'avons-nous besoin de ces mômeries? Les ministres de l'Eglise réformée sont plus accommodants; dis-moi que tu m'aimes, dis-moi un seul mot, et tu es à moi! Le drapeau de la foi protestante parcourt l'Allemagne en triomphe, j'irai jeter aux pieds du grand Gustave-Adolphe cette croix qui t'épouvante, et je te promets un avenir de gloire et de bonheur qui te fera bientôt oublier tes misérables Lorrains.

A ces horribles paroles, Alberte devint pâle et tremblante, elle se signa comme si l'esprit malin lui fût apparu et lui répondit d'une voix douloureuse :

— Va! apostat! tu m'as dévoilé ton âme, je t'en remercie. Je ne parlerai à personne de ton infamie, pour l'honneur de notre nom, mais fuis loin de moi, je te défends de m'approcher jamais!...

En disant ces mots, elle sortit du pavillon et Réné n'osa faire aucun effort pour la retenir. Il s'assit anéanti dans le fauteuil qu'elle venait de quitter, et se cacha la tête dans les deux mains. Cependant une autre personne était entrée d'un pas lent et furtif, c'était le Maure. Il se plaça en face de son ami, et croisant les bras sur sa poitrine, regarda d'un air d'insolente pitié le chevalier absorbé dans ses réflexions, et qui ne pouvait l'apercevoir. Enfin il lui dit à demi-voix, en italien : — Eh bien, seigneur Réné, que dit la jolie cousine de vos projets? Est-ce le Muphti, le Pape ou le roi de Suède qui vous accordera des dispenses?

Le chevalier se leva comme éveillé en sursaut :

— C'est toi Hamet, Piétro! mon bon et mon mauvais ange! tout est fini pour moi, elle a repoussé mon amour avec horreur.

— Et tu l'aimes encore?

— Si je l'aime! Quand cette passion fatale m'a poursuivi à Malthe, à la guerre, dans l'esclavage; quand je la retrouve plus belle, plus séduisante que jamais! Si je l'aime? Ah! demande-moi si je respire, si je vis encore.

— Eh bien! reprit le Maure, si tu l'aimes, il faut qu'elle soit à toi. Elle te repousse, les lois de ton pays et tes parents te la refusent, il faut la prendre. Mais viens, ce n'est pas ici que nous pouvons nous occuper librement de cette affaire.

Il l'emmena à ces mots, et leur conversation continua dans une langue étrangère qui m'était tout à fait inconnue. J'étais dans une perplexité mortelle, je me décidai enfin à tout découvrir à mon maître, pour qu'il pût déjouer les machinations qu'allaient sans doute former ces deux scélérats.

CHAPITRE III.

Le Renégat.

Le premier mouvement de M. de Saint-Balmont fut d'appeler Réné en duel, et la crainte de compromettre la réputation de sa fiancée l'empêcha seule d'adopter ce parti. Il se détermina enfin, après de mûres réflexions, à garder un profond secret sur tout ce que je lui avais appris; il me recommanda la même discrétion, se réservant de surveiller tous les mouvements des deux amis. Mais il n'était pas facile de les pénétrer, car le chevalier fut toute la journée d'un enjouement extraordinaire; il parla à M. de Saint-Balmont et à sa cousine d'un ton si peu affecté, il les complimenta avec tant de naturel sur leur union, que leurs soupçons s'endormirent et, sans se communiquer leurs réflexions, tous deux crurent qu'il avait renoncé à son fatal amour. La cérémonie des fiançailles et le repas qui les suivit se passèrent sans que rien vînt les troubler, et quand chacun prit congé, mon maître se retira avec Son Altesse, et le suivit au palais dans la plus profonde sécurité. Je pris un flambeau et j'éclairai Mademoiselle d'Erneccourt qui rentra avec son père dans une tourelle donnant sur le jardin, où se trouvait son appartement et qu'une longue galerie séparait du reste du château de Franquemont. Je retournai ensuite au palais par un chemin plus court à travers le parc. Le vent avait soufflé ma torche, mais les étoiles brillaient et la nuit n'était pas obscure : derrière un massif de charmille, j'entendis un piétinement de chevaux; je m'approchai et je reconnus les chevaux arabes de Réné qu'un domestique tenait en main. Je ne doutai plus de la trahison ; mais quel parti prendre? Fallait-il retourner au château et avertir Mademoiselle d'Ernecourt? Fallait-il plutôt prévenir mon maître? Je m'arrêtai à cette dernière résolution; je volai comme une flèche à son appartement, il s'arma seulement de son épée, je passai dans mon ceinturon les pistolets suspendus au chevet de mon lit et nous revînmes par le parc à la tourelle. La distance n'était pas considérable; mais il avait fallu répondre au Suisse et aux archers de la garde, ouvrir deux fois la grille, et le temps perdu était irréparable.

Quand nous arrivâmes dans le parterre, nous prîmes chacun une allée différente : un homme portant une femme dans ses bras passa rapidement près de moi, tandis que de la tourelle dont la fenêtre éclairée était ouverte et un barreau enlevé, on entendait un cliquetis d'épées et la voix du vieux M. d'Ernecourt qui appelait du secours. Sans doute M. de Saint-Balmont n'avait point vu le ravisseur, car il s'élança par cette fenêtre dans la tourelle, et moi je courus sur les pas de l'homme qui se dirigeait vers la charmille. Sa course était si rapide, malgré son fardeau, que je pouvais à peine le suivre, et il était déjà en selle quand je l'atteignis. Je saisis la bride de son cheval, et lui présentant le bout d'un pistolet que je n'osais tirer, de peur d'atteindre celle qu'il enlevait, je lui criai : Arrête! infâme renégat! Mais son valet me frappa d'un coup d'épée par derrière, et au même moment je lâchai mon coup dans la tête du cheval qui tomba mort. Le valet s'enfuit. Alberte, car c'était bien elle, se dégagea des bras de Réné qui l'étreignait, tandis qu'il se débattait inutilement, le pied embarrassé dans son étrier, et la jambe engagée sous le cadavre de son cheval. Elle se jeta de l'autre côté de la charmille, mais la douleur de ma blessure et la perte de mon sang me firent tomber à terre, presque sans connaissance. J'entendais cependant la voix de mon maître qui appelait Alberte, et je vis le Maure qui adressa à Réné quelques mots dans une langue inconnue, en l'aidant à se relever, puis tous deux sautèrent sur les deux chevaux qui leur restaient et disparurent au grand galop : alors je m'évanouis. Quand je revins à moi, j'étais dans mon lit, et mon maître était à mon chevet.

J'appris de lui qu'au moment où il était entré dans la tourelle, M. d'Ernecourt, pressé vivement par le Maure et un de ses gens, était tombé percé d'un coup d'épée, et qu'après quelques instants de combat, M. de Saint-Balmont avait tué le valet et blessé le maître qui s'était enfui. Toutes les recherches furent inutiles, grâce à l'extrême vitesse de leurs chevaux. Réné et son compagnon ne laissèrent aucune trace, et jamais on ne sut ce qu'ils étaient devenus. Le valet qui m'avait blessé fut repris dans le parc, et les aveux qu'il fit quand il fut mis à la question...

— Assez! assez! Monsieur Gervais, ou plutôt Messire, suivant l'ancienne appellation, s'écria le Prévôt, en se levant subitement comme par la détente d'un ressort, c'est à moi qu'appartient cette partie de l'histoire et je ne céderai à personne le droit de la raconter. Ce fut moi, Monsieur le curé, ce fut moi qui présidai à la torture ordinaire et extraordinaire à laquelle fut soumis ce misérable. J'éprouvai d'abord quelqu'embarras pour me procurer, *primo* un local, *secundo* des tenailles, chevalets, ceps, entraves, etc., *tertio* un exécuteur intelligent.

— De grâce, Monsieur, dit le prêtre avec timidité et

d'une voix émue, n'insistez pas sur ces tristes détails.

— Ces tristes détails! répéta le Prévôt avec étonnement, vous appelez de tristes détails le récit exact, scrupuleux, circonstancié, du procès criminel le plus épouvantable par l'audace et l'éclat du crime, le plus intéressant par le nom des victimes, le plus considérable par la qualité des criminels, le plus magnifique par la dignité des témoins, le plus difficile par la fuite des accusés que moi, Prévôt de Pierrefitte, j'aie jamais eu le rare bonheur, l'insigne honneur d'instruire!

— Oui, dit le page, c'est un procès criminel aussi magnifique que vous le voudrez, mais songez, maître Rolin, que la nuit s'avance et que nous avons tous besoin de repos. Abrégez ce récit, sauf à nous le faire de nouveau sans rien oublier, dans une de nos prochaines veillées.

— Monsieur de Seraucourt, reprit le magistrat avec amertume, il y a longtemps que je m'aperçois que près de vous mes discours sont toujours hors de saison.

A peine m'avez-vous laissé dans cette soirée décrire quelques blasons; dès que j'ai voulu expliquer la plus simple généalogie, vous m'avez interrompu, et quand j'ai à exposer un procès que seul je connais, dont seul je puis parler pertinemment, vous me dites avec ironie d'abréger.

— Mais, mon bon maître Rolin, dit le jeune gentilhomme, je n'ai aucune intention de vous offenser, faites votre récit long ou court, je me soumets à l'entendre tel qu'il vous plaira.

— C'est trop! M. de Seraucourt, c'est trop. Je ne m'attendais pas que sous le toit de Madame de Saint-Balmont son Prévôt serait ainsi traité. Mon récit ne sera ni ong ni court, je ne le ferai point. Non, Monsieur, je ne le ferai point. Vous m'en prieriez à genoux, Messire prêtre, que je ne le ferais point.

Et sans vouloir écouter ni les excuses du page, ni les représentations de l'ecclésiastique, il sortit emportant son livre héraldique.

— Vous avez blessé ce vieillard, dit le prêtre quand la porte se fut refermée derrière le Prévôt indigné, et vous avez manqué au précepte de la sainte Écriture : *Non te prætereat narratio seniorum* (1).

— C'est vrai, mon père, c'est trop vrai, et j'en suis fâché; car malgré ses ridicules, j'aime et j'estime le Prévôt. Mais je l'apaiserai, j'espère.

— Bien! mon jeune ami, bien! dit le prêtre avec un sourire d'affection : si la gaieté et la légèreté naturelles à votre âge vous ont fait commettre une faute, la bonté et la droiture de votre cœur vous l'ont fait aussitôt reconnaître. Laissons se calmer le premier ressentiment de maître Rolin, j'irai demain vous aider à faire votre paix avec lui. Voulez-vous maintenant achever de me raconter cette histoire qui m'intéresse si vivement.

— Je vous disais, je crois, que le valet de Réné, mis à la question, avait avoué que le Maure était un renégat italien de grande naissance, au service du bey de Tunis. Il s'était enfui à Malthe avec Réné, sur une galère chargée de trésors; tous deux étaient venus à Pierrefitte avec l'intention d'enlever Mademoiselle d'Ernecourt de gré ou de force, et ils s'étaient introduits dans sa chambre au moyen d'un barreau scié dans la journée.

M. d'Ernecourt mourut de ses blessures, et le duc de Lorraine jura que jamais il n'accorderait grâce ni pardon à son neveu, ni à l'assassin. M. de Saint-Balmont

(1) *Ecclésiast.*, cap. VIII, v. 11.

épousa Alberte peu de temps après, ainsi que l'avait exigé son père à son lit de mort; mais rien ne put la déterminer à accepter la chargé de dame d'honneur de la Duchesse Nicole.que lui offrait cette princesse, et qui l'aurait obligée de vivre à la Cour. Elle se retira dans cette terre de Neuville, qui lui avait été donnée en dot, et y vécut dans une solitude profonde, ne s'occupant que du bonheur de ses vassaux. Cependant la guerre avait éclaté entre la France et la Lorraine, mon maître avait fait d'énormes dépenses pour former le régiment de cavalerie dont il était colonel. Fait prisonnier par le rhingrave Othon-Louis, qu'il avait attaqué avec des forces bien inférieures en nombre, il avait fallu payer une rançon considérable pour obtenir sa liberté; pour faire face à tant de dépenses, Madame vendit ses chevaux, ses troupeaux, une partie de ses meubles, sa vaisselle, congédia sa maison et se retira pendant neuf mois à l'abbaye de Bouxières, près de Nancy, chez sa tante, Madame de Cherizey. Elle ne revint ici qu'après avoir rétabli un peu sa fortune par ses sacrifices et ses économies. Après la bataille de Nordlingen, où Son Altesse remporta sur les Suédois une si sanglante victoire, M. de Saint-Balmont me renvoya avec Manheulles au château de Neuville, pour nous faire guérir, le capitaine de deux ou trois blessures dont il reste tout estropié, moi d'un petit coup de sabre à la tête qui ne méritait pas qu'on s'en occupât.

Depuis, tous les fléaux du ciel, la peste, la famine et la guerre sont venus ravager tout le pays qui nous entoure. Madame de Cherizey, fuyant les bandes suédoises qui allaient dévaster son couvent, est venue avec ses chanoinesses demander à sa nièce l'hospitalité qu'elle-même lui avait donnée auparavant; mais elles apportaient avec elles le germe de la peste qui les a toutes enlevées, à l'exception de la religieuse que vous voyez encore, malgré les soins dévoués de notre angélique châtelaine. La contagion s'est étendue dans le château et dans le village et y a fait bien des victimes. Mais Madame nous avait inspiré à tous sa courageuse charité, puis vous êtes arrivé, mon père, comme si la divine Providence vous eût envoyé exprès pour nous sauver.

— Ne parlez pas de moi, Monsieur de Seraucourt, interrompit le prêtre, je n'ai été qu'un faible instrument dans la main du Seigneur; je n'ai été appelé à travailler à la vigne qu'à la onzième heure et quand toute la besogne était faite.

— Ne dites pas cela, mon père, c'est vous qui avez achevé l'œuvre de Madame de Saint-Balmont; la maladie s'est arrêtée presque à votre parole. Vous avez donné à nos pauvres malades des soins si éclairés, vous avez bravé tous les dangers, vous nous avez consolés et affermis.

— Paix, paix, mon jeune ami, n'exagérez rien, je n'ai fait que ce que le dernier des chrétiens aurait fait à ma place..... Permettez-moi de vous ramener à votre récit, mais sans l'abréger, je ne veux pas vous faire fuir comme le bon Prévôt de Pierrefitte.

Le page sourit en rougissant.

— Ce qui me reste à vous dire n'est pas bien long, mais c'est précisément sur ce point que je vous ai fait promettre de me garder un secret inviolable, et quelle que soit ma confiance dans notre Prévôt, j'aime autant qu'il l'ignore lui-même. J'étais parti, vous le savez, pour rapporter à Madame des nouvelles de la guerre et ramener quelques vivres. J'ai trouvé l'armée du Roi de France campée autour de Saint-Mihiel; je n'ai pu non plus m'aventurer dans Verdun, j'avais acheté chèrement un peu de farine et de porc salé au faubourg de Jardin-Fontaine, et je revenais ici, quand en sortant de Landrecourt je suis tombé au milieu d'un parti suédois qui venait de brûler Rosières (1), quoique ce village appartienne à la France. Ils s'emparèrent du cheval de bât qui portait mes provisions, et m'amenèrent en présence de leur chef, du fameux Lovenskiold. Je l'ai vu, messire, je l'ai reconnu, je lui ai parlé! c'est Réné de Deuilly!

— Est-il bien possible, s'écria le prêtre, ne vous êtes-vous pas trompé?

— Non, non, je ne me suis pas trompé, et si j'avais pu oublier sa figure, n'ai-je pas vu à côté de lui son mauvais ange, comme il l'appelait à Pierrefitte, n'ai-je pas vu le renégat italien? Tous deux, en costumes d'officiers suédois, étaient devant l'église du village encore en flammes, et partageaient à leurs soldats le butin des pauvres paysans. Quelques années m'ont trop changé, et ils m'avaient trop peu vu pour me reconnaître. J'ai répondu à leurs questions que j'étais au service d'un vieux tabellion d'un village voisin, qui m'avait envoyé à la ville pour y acheter des vivres; mais quand j'ai entendu Hamet dire en italien, à son compagnon, de me prendre mon cheval et de me faire désarmer, j'ai donné un bon coup d'éperon à Bayard et déchargé un grand coup d'épée sur le bras du piquier qui le tenait par la bride. Lowenskiold a tiré sur moi, sa balle m'a fait cette égratignure, et avant que ses soldats, occupés au pillage, fussent montés à cheval, j'étais hors de la portée de leurs

(1) Il n'a jamais été rebâti depuis, et les habitants qui avaient échappé au massacre se sont dispersés dans les paroisses voisines; Souhesmes, Lempire, où quelques-uns de leurs descendants habitent encore aujourd'hui.

carabines. Ils m'ont cependant vivement poursuivi, mais il en restait toujours quelqu'un en arrière, et peu à peu leur nombre diminuait. Enfin la nuit venait, et j'espérais que les deux cavaliers qui, malgré la retraite de leurs camarades, s'attachaient toujours à ma poursuite, s'en lasseraient ou perdraient ma trace. Depuis longtemps ils avaient épuisé leur poudre sans m'atteindre, cependant je sentais diminuer la vitesse et la vigueur de Bayard, tandis qu'ils gagnaient du terrain. Enfin, arrivé au bord du fossé, devant le pont-levis, je sonnai du cor; déjà je sentais sur mon cou l'haleine chaude et humide de leurs chevaux, je fis faire une volte brusque à Bayard, et je portai un coup de pointe à celui qui me serrait de plus près; il tomba, et au même moment le coup d'arquebuse, parti de la courtine, renversa son camarade. Je pense qu'à l'heure qu'il est les loups ont fait un bon repas de leurs pauvres chevaux. Maintenant, Monsieur, vous connaissez toute l'étendue du danger qui menace notre maîtresse, mais je veux qu'elle l'ignore, il lui ôterait son courage. Je vous ai tout confié; vous êtes depuis bien peu de jours parmi nous, venu je ne sais d'où, secourir nos malheureux paysans, et remplacer notre curé mort de la peste, mais je vous regarde comme un saint et digne homme, et je suivrai vos avis.

— Excellent jeune homme, reprit le vieux prêtre, après s'être un instant recueilli, je garderai religieusement le secret que vous m'avez demandé. Il se peut encore que Réné ignore que sa cousine est à Neuville, il se peut que lui-même soit conduit dans une autre direction par les événements de la guerre, mais certainement, dans un temps plus ou moins long, il viendra attaquer le château. Il n'y a pas de résistance sérieuse possible contre ce partisan si redoutable; j'en reviens donc à mon premier avis, il faut obtenir un sauf-conduit du roi. J'irai secrètement au camp de Sa Majesté, et j'espère sauver cette innocente femme de la dent du lion et du dragon.

— Songez-y bien, mon père, dit Gervais, c'est une périlleuse entreprise d'arriver jusque-là, au milieu des partis qui battent la campagne, et quand vous y serez parvenu, comment paraîtrez-vous en présence de Louis XIII? Hélas! vous ne pouvez vous douter de ce qu'est la Cour! Le cardinal ne permet à personne d'aborder son maître, et si, par un hasard impossible, vous pouviez lui parler, comment fléchir ce cruel ennemi de la Lorraine? Est-ce vous, un pauvre curé de village, qui ferez ce miracle?

— Ayez confiance en Dieu, mon cher fils, répondit le prêtre, il vous a aujourd'hui même préservé de la flèche qui vole pendant le jour, et des embûches de la nuit, *a sagittâ volante in die*, *a negotio perambulante in tenebris*, comme dit le Psalmiste. Il me conduira jusque sous la tente du Roi, il mettra dans ma bouche les paroles qui ont le pouvoir de toucher son cœur. La sainte Ecriture n'a-t-elle pas dit : *Patientiâ lenietur princeps, et lingua mollis confringet duritiam* (1). « Le prince se laissera fléchir par la patience, et la langue douce rompra ce qu'il y a de plus dur. »

Gervais secoua la tête d'un air d'incrédulité.

— Mon père, dit-il, j'admire votre confiance et votre courage. N'oubliez pas pourtant que ce n'est pas à vos bons et simples paroissiens que vous aurez à faire, mais à des hommes qui feront peu de cas des textes des livres saints, et qui se ligueraient avec Satan sans plus de

(1) Prov., c. xxv, v. 15. Trad. Sacy.

scrupule qu'ils ne se sont ligués avec ces féroces huguenots suédois pour saccager et détruire la Lorraine.

— Je crois, mon jeune ami, que vous jugez les Français avec trop de passion : mais je vous le répète, j'ai un ami qui me fera obtenir une audience du Roi.

Tous deux tombèrent d'accord qu'il ne fallait pas instruire Madame de Saint-Balmont de cette démarche, et Gervais stipula expressément que si le prêtre rapportait un sauf-conduit, elle demeurerait cependant maîtresse absolue d'en faire usage ou de défendre le château, selon qu'elle le jugerait à propos. Le prêtre voulait partir seul, mais le page insista pour qu'il fût accompagné d'un rémouleur ambulant de Neuville, en qui il avait toute confiance et qui connaissait parfaitement les chemins. Il éveilla cet homme, lui donna ses instructions, et voulut ensuite partager sa bourse qui était fort légère avec le vieil ecclésiastique. Mais celui-ci refusa et lui fit voir qu'il était porteur d'une ceinture garnie de plus de pièces d'or que Gervais n'en avait vu de sa vie. Il les conduisit ensuite à la porte qu'il ouvrit, il abaissa le pont-levis avec leur aide, et leur souhaita un bon voyage. L'aube commençait déjà à paraître, et l'alouette, secouant ses ailes chargées de rosée, s'élevait dans les airs, qu'elle faisait retentir de son joyeux chant matinal ; le prêtre embrassa son jeune ami et lui donna sa bénédiction, puis se mit en marche avec le hardi rémouleur, armé d'un bâton ferré et d'une lourde rapière.

Quand le pont-levis se fut relevé derrière eux, non sans de pénibles efforts, un vague soupçon se glissa dans l'esprit du page, et il se repentit un instant d'avoir confié les secrets et la destinée de sa maîtresse à un inconnu que l'or de sa ceinture commençait à lui rendre suspect ; mais il se promit de redoubler de vigilance et de zèle.

— Oui, dit-il en se parlant à lui-même, et élevant involontairement la voix, pour la sauver de tant de dangers, cet objet charmant de ma muette et respectueuse adoration, je serais heureux de donner ma vie!...

Il s'arrêta tout à coup en entendant le son de sa propre voix, mais en même temps un soupir profond, qui semblait poussé derrière lui, frappa son oreille. Il se retourna vivement, honteux et surpris, et il vit confusément la forme légère d'une femme s'enfoncer dans l'ombre du passage voûté. Il hésita un instant, ne sachant s'il avait affaire à une créature mortelle ou à une apparition surnaturelle; mais avec sa promptitude et sa décision ordinaires, il courut à sa poursuite. Elle monta rapidement le grand escalier qui conduisait dans les appartements du château, mais il ne tarda pas à l'atteindre; il la saisit par le pan de sa robe flottante; elle s'arrêta toute tremblante, en poussant un cri étouffé. Il lui éclaira la figure avec la lanterne sourde qu'il tenait à la main et reconnût aussitôt le visage régulier, triste et souffrant de Jeanne, la fille du Prévôt Rolin; malgré la vive émotion qu'elle éprouvait, son teint ne s'était pas coloré, elle était restée pâle comme l'ivoire, et ses grands yeux noirs regardaient Gervais avec l'expression d'une amère et profonde tristesse.

— O Mademoiselle Jeanne, dit-il, c'était vous! et à quoi songez-vous donc, grand Dieu! de vous promener dans le château à une heure semblable?

— Mais vous-même, Monsieur Gervais, répondit la jeune fille avec un peu d'ironie, comment se fait-il que vous ouvriez la porte à une heure semblable? Et qu'en penseront le capitaine Manheulles et surtout Madame?

— Je n'ai aucun compte à rendre de ma conduite au

capitaine, interrompit le page avec un air de hauteur qui cachait assez mal son embarras.

— Ni à moi non plus, je le sais bien, reprit-elle ; je le sais bien, mais à Madame !....

— Oui, Madame est ici souveraine maîtresse, elle a droit à toute mon obéissance..... j'en conviens.....

— Comme « à votre muette et respectueuse adoration ! » continua-t-elle d'une voix tremblante, pendant que deux grosses larmes roulaient sous ses longs cils.

— Que voulez-vous dire, Mademoiselle Jeanne ? demanda-t-il dans une inexprimable confusion.

— Rien, Monsieur Gervais, rien : mon pauvre père me le répétait encore il y a peu d'instants : notre rôle est de nous soumettre et de nous taire en présence des personnes de votre condition.

— Jeanne, chère Jeanne, pouvez-vous me tenir un langage aussi dur, aussi injuste ? Ne savez-vous pas que je vous ai toujours traitée comme si vous étiez ma sœur, et si cette nuit une innocente raillerie a pu offenser votre père, n'aurait-il pas dû se rappeler que je lui ai toujours témoigné de l'estime et une affection sincère.

— Oh ! oui, Monsieur Gervais, répondit la pauvre fille, dont le cœur battait avec tant de force que le page pouvait en entendre les pulsations, moi je suis résignée depuis longtemps à l'indifférence et au mépris ! Mais mon père ! je souffre tant quand on le raille, quand on l'outrage, et..... surtout..... quand c'est vous !

— En vérité, il y a de quoi me rendre fou, dit le page en lui prenant la main ; vous êtes d'une susceptibilité que je ne puis comprendre. Je vous répète, Jeanne, que je serais au désespoir de vous offenser, et j'ai tant de regret d'avoir causé quelque contrariété à votre père, que je veux lui en faire mes excuses ce matin. Soyez notre intermédiaire, ma bonne Jeanne, et faites que la paix revienne entre nous.

— Merci, Monsieur Gervais, merci! Que vous me faites de bien de parler ainsi de lui! Quand vous étiez à l'armée, il s'entretenait sans cesse de vous, il ajoutait toujours votre nom à ses prières du soir.

— Et vous, Jeanne, pensiez-vous aussi quelquefois à moi?

— Oh moi! Monsieur, je... je priais aussi....

— Maintenant, écoutez-moi bien, Jeanne, vous m'avez vu ouvrir la porte et baisser le pont-levis; il faut que vous me promettiez de ne pas en parler à Madame, ni même à votre père.

— Et pourquoi ce mystère?

— C'est dans l'intérêt de Madame; me croyez-vous capable de la trahir?

— Oh non, Monsieur Gervais, répondit-elle en poussant un profond soupir, et en retirant la main qu'elle lui avait abandonnée, personne mieux que moi ne sait combien vous l'aimez.

— Eh bien, continua-t-il, n'hésitez donc pas à me garder ce secret.

— Je le ferai puisque vous le demandez, j'ai en vous une foi aveugle.

— Bien, très-bien! vous n'aurez pas sujet de vous en repentir. Maintenant, retournez près de votre père, je vais encore donner un coup d'œil à mon pauvre Bayard qui a fait hier une course désespérée. Bonsoir, Jeanne, ou plutôt bonjour!

Et sans qu'elle pût ou voulût s'y opposer, il déposa un chaste baiser sur son front et courut visiter son fidèle coursier, puis se jeta sur son lit pour y goûter quelques instants de repos.

Jeanne aussi rentra sans bruit dans sa petite chambre, en traversant sur la pointe du pied celle de son père, qui dormait d'un profond sommeil. Elle s'assit et croisa fortement ses mains sur son cœur, comme si elle eût pu ainsi en comprimer les battements tumultueux.

— Hélas! se disait-elle avec amertume, l'insensé, le malheureux! je l'avais bien vu, je l'avais découvert cent fois dans ses moindres actions, dans ses plus simples paroles! Il l'aime, oui, c'est d'un amour aussi pur que celui des anges, mais c'est d'amour! Oh l'insensé! Et moi, que suis-je? mon Dieu! moi que cette affreuse pâleur rend plus semblable aux morts qu'aux vivants, moi que cette langueur accablante, cet anéantissement continuel entraînent vers la tombe à pas lents, moi la pauvre fille d'un vieillard sans nom, jouet des puissants du monde, l'amitié fraternelle de ce dernier rejeton d'une illustre race ne suffit pas à mon cœur. Je suis ingrate envers ma bienfaitrice; je suis... ô honte! je suis jalouse de cette sainte et noble femme qui ne voit en lui qu'un enfant, qui est aussi loin de s'apercevoir de son amour que lui-même de se douter du mien! A qui donc confier ma misère? A qui demander des conseils? Allons, dès que ce bon prêtre sera de retour, j'irai me jeter à ses pieds, je le supplierai de me sauver de moi-même. Mon Dieu! ma vie doit être si courte, faut-il qu'elle soit ainsi empoisonnée!

CHAPITRE IV.

Le siége.

Il était déjà grand jour quand Madame de Saint-Balmont fit appeler son page et lui demanda comment s'était passée la garde de la nuit. Elle le pria ensuite de faire venir le prêtre, et quand Gervais répondit en rougissant qu'il avait quitté le château avant le jour, pour faire ses excursions accoutumées, elle lui dit avec un ton d'autorité qu'elle prenait bien rarement :

— Vous abusez étrangement, mon enfant, de la confiance que je vous accorde, et vous me forcez à me repentir de vous avoir laissé les clés du château.

— Au fait, Madame, dit Manheulles, encore de mauvaise humeur de ses souffrances de la nuit, et qui venait de se traîner dans la chambre, appuyé sur sa canne, c'est la première fois qu'on voit un jeune homme dont la moustache n'a pas encore eu le temps de pousser, commander à des hommes de guerre. Si Madame veut bien remettre ces clés dans mes mains, elle verra si je laisse sortir à leur gré des prêtres vagabonds et fainéants qui servent peut-être d'espions aux Français.

Le page se mordit les lèvres jusqu'au sang, mais il ne répondit pas un mot et tendit respectueusement le trousseau à Alberte.

— Je conserverai ces clés moi-même, dit-elle en souriant ; puisque nous devons subir un siége, je ne veux abandonner aucun de mes droits de châtelaine.

Manheulles se tordit silencieusement la moustache, et un éclair de triomphe brilla dans le regard que la pâle Jeanne jeta à la dérobée sur Gervais.

Cependant on avait fait avertir les habitants du village du danger qui les menaçait; au son du tocsin quelques hommes valides qui s'y trouvaient encore vinrent se joindre à la garnison, et le reste de la population emmena le troupeau dans les bois où une enceinte fortement palissadée, avec quelques baraques dans le milieu, avait été préparée depuis longtemps, et avait déjà servi en plus d'une occasion à dérober ces pauvres gens et leurs bestiaux à la fureur de l'ennemi. Beaucoup d'entre eux préféraient cet asile à celui que leur offrait le château. Enfin, vers midi, on aperçut du haut du donjon où le capitaine Manheulles s'était établi, quelques cavaliers qui suivaient le chemin conduisant à Neuville : derrière eux marchait une autre troupe plus considérable, et plus en arrière un gros d'infanterie; des bêtes de somme, des charrettes chargées de munitions et de bagages suivaient avec des vivandières et des femmes perdues. A la vue des casaques bleues que portaient ces soldats, il ne fut plus permis de douter que l'on eût affaire à l'un de ces fameux *Partis-Bleus* qui ont laissé en Lorraine de si terribles souvenirs. Dès que la nouvelle en fut répandue dans le château, Madame de Saint-Balmont assembla ses vassaux dans la cour; les hommes avaient saisi leurs armes, les femmes poussaient des cris lamentables, le Prévôt tenait dans ses mains deux vieux drapeaux qu'il avait été décrocher de l'arsenal, et dont, depuis le matin, il avait repeint soigneusement les écussons. — Voyez, disait-il au page avec lequel il s'était réconcilié sans négociation ni protocole, sur une seule insinuation de Jeanne, voyez, Monsieur de Seraucourt, nous sommes tout à fait en règle. Si la terre de Neuville est du Verdunois, dont le Roi de France se prétend seigneur suzerain, et ce que je lui conteste avec la chancellerie impériale, le donjon avec le fossé, *donjonem cum fossato*, suivant les termes de la charte du comte de Hugues, *anno Domini* 1152, fait partie du Barrois, et par conséquent est au duc de Lorraine. Voici mon drapeau bleu à la couleur de Saint-Balmont et aux armes des Haraucourt et des d'Ernecourt, nous le planterons sur la courtine, et voici le drapeau jaune avec la croix et les alérions de Lorraine, et les barbeaux de Bar, que nous arborerons sur le donjon. Êtes-vous de mon avis?

— Je vous approuve en tous points, Monsieur le Prévôt, répondit Gervais, déterminé à ne plus le contrarier en rien.

— Vous savez, Monsieur de Seraucourt, que la couleur de la bannière de nos Ducs a parfois varié. Nos comtes de Bar avaient adopté l'azur. Le duc Jean II, dans son voyage d'Italie, en 1455, faisait porter le jaune à ses gentilshommes; à la bataille de Nancy, Réné II avait, à la vérité, l'incarnat, le blanc et le gris, mais le duc Antoine prit le jaune dans la guerre de Rustauds. Les Guise, en s'établissant en France, ont adopté le vert; mais pendant le siége de Metz par l'empereur Charles-Quint, la duchesse régente Christine, qui gardait la neutralité, fit porter l'écharpe jaune à tous ses sujets, afin qu'ils fussent reconnus et respectés des Allemands et des Français. Depuis, je dois avouer que Son Altesse aujourd'hui régnante avait adopté momentanément le rouge, aucuns disent l'incarnat, mais c'était dans un carrousel, et je maintiens....

Cette savante dissertation fut interrompue, au grand soulagement du page, par le murmure d'admiration par lequel les vassaux accueillirent leur belle maîtresse, quand tout à coup elle parut au milieu d'eux, la tête couverte d'un large chapeau espagnol retroussé par un cordon de perles et orné de longues plumes bleues et jaunes, une écharpe jaune par-dessus les vêtements d'homme et le justaucorps de buffle qu'elle portait avec une grâce parfaite, et l'épée de son père à la main.

— Mes bons amis, dit-elle d'une voix douce et harmonieuse, mais cependant ferme et résolue, écoutée avec un religieux silence, les ennemis de notre prince et de notre sainte religion s'approchent, défendons contre eux notre dernier asile. Que chacun se rende au poste que je lui ai assigné, je resterai sur le donjon avec le capitaine pour diriger le combat, Gervais défendra la porte. Je regrette bien que le digne prêtre, qui est devenu notre pasteur depuis quelque temps, nous ait quittés aujourd'hui, il appellerait sur nous les bénédictions du Ciel: mais que les femmes, les enfants et les vieillards suivent sœur Alix dans la chapelle et prient pour nous, car il nous faut maintenant vaincre ou mourir!

On obéit à l'instant; Gervais, avec les plus jeunes et les plus déterminés, occupa la courtine et les deux tourelles qui commandaient la porte. Il était charmé que Madame de Saint-Balmont eût enfin consenti à choisir pour elle le poste qui l'exposait le moins et l'empêcherait de voir d'assez près Lowenskiold pour le reconnaître. A peine s'était-il établi avec ses hommes, derrière les meurtrières, que l'avant-garde ennemie déboucha dans l'avenue. Elle s'arrêta à une portée d'arquebuse du château, et il y eut un instant d'hésitation parmi les cavaliers; un bas-officier se détacha ensuite et, s'avançant jusqu'au bord du fossé, cria en mauvais français :

— Holà! hé! vous autres! baissez le pont-levis et

rendez-vous au colonel Lowenskiold, vous aurez la vie sauve; si vous faites la moindre résistance, nous brûlerons le château et nous massacrerons tout ce qui est dedans.

— Et où est le colonel Lowenskiold? demanda Gervais sans se montrer.

— Il descend là-bas le coteau, répondit le Suédois.

— Eh bien! reprit le page, puisqu'il est trop loin pour que je lui parle avec le canon de mon arquebuse, va lui dire que le château de Neuville se moque de ses sommations et qu'il le défie, lui et ses casaques bleues. Vive le duc Charles de Lorraine! Au diable les Français et leurs alliés huguenots!

Le partisan, craignant que cette réponse ne fût suivie de quelque démonstration plus sérieuse, retourna au galop vers ses camarades; mais au cri du page, répété par la garnison, la bannière jaune aux armes de Lorraine fut hissée sur le donjon, et un boulet, parti de la couleuvrine, emporta deux des cavaliers, tandis qu'au bruit prolongé de la détonation, les corneilles et les oiseaux de nuit s'envolaient des murailles de la forteresse en poussant de grands cris, et des bandes de canards sauvages et de morelles s'élevaient bruyamment des marais et de l'étang.

— Bravo! bien tiré, vieux Manheulles, cria Gervais, et il fit à son tour mettre le feu aux fauconneaux de la courtine; plusieurs hommes tombèrent encore et l'avenue fut balayée.

— Eh bien! capitaine, dit Madame de Saint-Balmont, appuyée sur le parapet, au vieil officier qui avait si bien montré son adresse, voilà un heureux début! Voyez-vous comme le Parti-Bleu s'arrête épouvanté?

— Oh! oh! dit Manheulles en branlant la tête; ne

nous y trompons pas! Sauf le respect que je dois à Madame, les soldats de Gustave-Adolphe ne s'épouvantent pas si facilement; ils sont étonnés de rencontrer de la résistance, ils ne sont pas habitués à une semblable réception, voilà tout! La journée n'est pas finie. Voyez maintenant cet officier, monté sur un aussi beau cheval gris que celui qu'avait votre cousin Réné quand il est venu assassiner Monsieur votre père, c'est sans doute le colonel Lowenskiold; le voilà qui forme son infanterie en colonne, il a mis ses piquiers avec leurs longues lances au premier rang, comme quand ils marchaient si résolument sur nous à Nordlingen. Je me souviens que le comte Erard du Châtelet me disait...

— Feu sur eux! feu, capitaine! s'écria la Dame avec impatience.

— Ils sont un peu loin, dit Manheulles, mais je vais essayer. A vrai dire, j'ai plus fait la guerre en rase campagne que derrière des murailles, et je sais mieux ajuster un coup de pistolet qu'un coup de canon; mais, comme disait le comte Erard du Châtelet, septième du nom, j'aime autant leur servir un melon qu'une prune.

Parlant ainsi, il pointa sa couleuvrine avec soin sur la colonne suédoise, bien qu'elle fût à une très-grande distance; mais le boulet vint labourer la terre avant d'atteindre le premier rang, et les partisans l'accueillirent avec des cris de menace et de défi. Le capitaine, un peu confus, fit recharger la pièce par ses servants inexpérimentés, ce qui exigea un temps assez long, et observa silencieusement les mouvements de l'ennemi.

— Allons, dit Madame de Saint-Balmont, maintenant familiarisée avec le fracas de l'artillerie, visez un peu plus haut, et donnez une bonne leçon à ces pillards.

— Non, Madame, répondit le prudent Manheulles, ils

sont hors de portée, et nous avons trop peu de poudre pour nous amuser à la brûler inutilement. Ce Lowenskiold nous donnera du fil à retordre..... Et voilà ce que je craignais : ils ont quitté la chaussée qui mène au château, et se détournent vers le village. S'ils nous attaquaient de front, ma couleuvrine éclaircirait bien vite leurs rangs; mais, les vieux routiers, ils sauront bien nous approcher sans tant de dangers..... Pourvu seulement que cet écervelé de page défende bien son poste.

En effet, les Suédois, après avoir laissé leur petit corps de cavalerie en observation en face du château, mais hors de la portée de son artillerie, entrèrent avec leur infanterie et leurs bagages dans le village abandonné. Bientôt un détachement en ressortit traînant une grande porte de grange qu'ils avaient arrachée de ses gonds, et portant des fagots, des pierres, des bois et des échelles; mais celles-ci étaient toutes fort courtes; le capitaine avait eu soin depuis longtemps de faire enlever celles qui auraient pu servir à une escalade. Ils marchèrent le long des fossés, à couvert du feu de la couleuvrine, et jetèrent à droite et à gauche de la porte des tirailleurs qui firent un feu nourri contre les défenseurs de la place.

Quand ils furent arrivés en face du pont-levis, Gervais fit encore tirer les deux fauconneaux; mais ses canonniers improvisés, incommodés par la mousqueterie continuelle des assiégés, pointèrent mal, et la décharge ne produisit presqu'aucun effet. Les Suédois comblèrent en partie le fossé avec les fagots et les poutres qu'ils avaient apportés, et Lowenskiold, qui avait mis pied à terre, fit jeter la porte de la grange sur la pile, et la hache à la main s'élança vaillamment à la tête des plus hardis pour détruire le pont-levis. La position des défenseurs du château devenait de plus en plus critique; le feu des tirailleurs ennemis ne se ralentissait pas, et les obligeait à se tenir à couvert derrière les créneaux du parapet et les meurtrières des tourelles; plusieurs étaient blessés, et ils ne pouvaient plus d'ailleurs diriger leurs coups avec autant d'avantage, parce que l'ennemi était au pied de la porte. Cependant Gervais encourageait par ses paroles et son exemple ses braves compagnons.

— Allons, camarades, allons, disait-il, s'ils enfoncent le pont-levis, nous nous défendrons derrière la herse! Il faut que ce païen maudit de Lowenskiold ait fait un pacte avec le démon, ma balle a coupé la plume de son casque, et je n'ai pu le toucher.

— J'ai vu la mienne rebondir sur sa cuirasse, dit le garde forestier Guillaume, je n'aurais jamais cru qu'il y eût au monde une pareille armure! Si c'était un sanglier, il serait tombé sans tirer une patte.

— Regardez, Monsieur Gervais, dit un autre, il a un casque à visière, quoiqu'on n'en porte plus depuis longtemps.

— Il a raison de cacher sa figure de réprouvé, répondit le page qui avait avancé la tête jusqu'au dehors du créneau..... Mais, sainte Vierge de Benoîte-Vaux! les voilà qui disposent un pétard pour l'attacher au pont-levis. Feu! feu! mes amis, ou le château est perdu.

Cette conversation, qui se tenait au milieu des arquebusades, fut subitement interrompue par le capitaine Manheulles, qui entra dans la tourelle, en boitant.

— Holà! Monsieur Gervais, cria-t-il de sa voix rude et vibrante qui dominait le bruit de la mousqueterie, descendez dans la cour, c'est Madame qui l'ordonne, elle va faire baisser le pont-levis.

— Baisser le pont-levis! rendre le château! s'écria le

page, jamais je n'y consentirai. Restez, vous autres, et tirez sans relâche; allons, Guillaume, défends bien le poste et tue-nous ces scélérats comme des loups enragés; je cours parler à Madame et la détourner d'une aussi lâche résolution qui causerait sa ruine!

— Allez, allez, dit Manheulles en haussant les épaules, beau muguet, la tête de Madame vaut bien la vôtre, et celui qui l'accuserait de lâcheté avalerait ma demi-pique jusqu'à la poignée.

Le page franchit l'escalier tournant en sautant les marches et arriva dans le passage voûté. On entendait distinctement les coups de hache des Suédois dans les madriers du pont. Ils cessèrent tout à coup, et bientôt on distingua le bruit d'une tarrière qui perçait un trou pour attacher le pétard, au milieu des jurements énergiques des soldats, tandis que la fusillade continuait au dehors. La herse était levée, derrière était braqué un fauconneau, et de chaque côté une grosse arquebuse de rempart : des hommes se tenaient auprès, la mèche allumée à la main, soutenus par d'autres armés de mousquets et de carabines; enfin, en arrière Madame de Saint-Balmont était à cheval, l'épée à la main, à la tête du reste de ses vassaux descendus du donjon, et armés de longues pertuisanes; à côté d'elle, Jeanne tenait par la bride Bayard tout sellé.

— Enfants! dit la châtelaine, on va baisser le pont-levis, avant que ces huguenots ne le fassent sauter, et nous allons tomber sur eux.

En un instant, le page fut à cheval à ses côtés, apercevant à peine la malheureuse fille du Prévôt qui lâcha tristement les rênes.

— Ah! Madame, dit-il, je vous en supplie, laissez-moi

commander cette sortie ; ne vous exposez pas à tomber dans les mains de Lowenskiold !

— Vos remontrances sont inutiles, dit-elle, qu'on m'obéisse !

Au même instant Manheulles donna le signal ; aussitôt le pont-levis retomba avec fracas sur le fossé ; les Suédois qui se trouvaient au-dessous, entassés sur la porte de grange, furent écrasés ou noyés. Lowenskiold, avec une légèreté qui semblait au-dessus des forces humaines, sauta en arrière et évita le coup fatal. Ses tirailleurs se réunirent en un clin d'œil aux piquiers qui s'étaient rapidement formés en colonne de l'autre côté du fossé, et à leur tête il s'avança résolument sur le pont qui venait de s'abattre ; mais au même moment une triple flamme brilla comme un triple éclair dans le passage, et la mitraille vomie par le fauconneau et les arquebuses, avec un fracas redoublé par les échos de la voûte, suivie de la décharge de mousqueterie des assiégés, fit une large trouée dans les rangs des Suédois, tandis qu'au cri de : Vive le duc de Lorraine ! la petite garnison se précipita sur eux. Par une sorte de miracle, Lowenskiold n'avait pas été atteint ; mais tandis qu'il regardait dans une sorte d'extase de stupeur, Madame de Saint-Balmont, elle lui porta un coup d'épée sur son casque, tandis que le page lui plongeait la sienne au défaut de la cuirasse : il tomba la face contre terre et fut foulé aux pieds par les assiégés.

Cependant, les Suédois consternés de la mort de leur chef et du grand nombre d'hommes qu'ils venaient de perdre, s'enfuirent après une assez faible résistance, Hamet voulut faire avancer la cavalerie pour les soutenir, mais la couleuvrine du donjon, quoique pointée par un homme moins adroit que le capitaine, arrêta promptement leur marche et ils s'enfuirent en désordre vers la forêt. Quand Madame de Saint-Balmont vit que leur déroute avait été complète, elle crut avoir assez fait en les obligeant à lever honteusement le siége du château, et ne s'aventura pas inconsidérément à leur poursuite, elle envoya seulement sur leurs traces quelques-uns de ses vassaux commandés par Gervais, en lui recommandant bien de ne pas s'exposer inutilement. Elle entra avec le reste de son monde dans le village, où ils avaient déposé leurs bagages, et s'empara des vivres et des munitions dont ils étaient abondamment pourvus. Enfin, vers le soir, elle rentra au manoir seigneurial, à la tête de ses braves paysans et du précieux butin qu'elle ramenait. Le capitaine Manheulles, pendant son absence, avait pris le commandement de la forteresse, et fait un judicieux emploi de son autorité temporaire. Les fagots et les poutres, au moyen desquels les Suédois avaient comblé le fossé, en avaient été retirés, les armes abandonnées par les morts et les fuyards avaient été soigneusement ramassées, et il avait fait creuser par les femmes, à une centaine de verges des remparts, une fosse profonde pour y enterrer les morts qu'il avait eu la charitable attention de faire dépouiller préalablement. Plus d'une ménagère de Neuville avait trouvé dans cette occasion le moyen de s'enrichir de joyaux et de ducats. Manheulles présidait en personne à cette opération, et déjà un monticule de terre s'élevait sur le tombeau des partisans, quand Gervais arriva près de lui au galop, de retour de la reconnaissance qu'il avait poussée jusqu'à la forêt de Meuse, et suivi de ses compagnons montés sur les chevaux qu'ils avaient pris aux traînards du Parti-Bleu.

— Qu'avez-vous fait des morts? demanda-t-il avec empressement.

— Ils sont là, dit Manheulles, en montrant le tumulus sur lequel les paysannes jetaient les dernières pelletées de terre, et ils ne s'en relèveront pas, j'en réponds!

— Bien! reprit Gervais, Dieu soit loué! J'espère que vous avez mis le colonel au fond.

— Quel colonel?

— Eh parbleu! le colonel Lowenskiold, celui que j'ai tué, que j'aurais voulu avoir la gloire de vaincre seul, mais à qui Madame a donné son premier coup d'épée, sans se douter quel était celui à qui elle faisait un pareil honneur.

— Ah! c'est là Lowenskiold! Je m'en suis douté: quand je lui ai ôté son casque, je lui ai demandé son nom, il n'a jamais voulu me le dire!

— Il n'a jamais voulu vous le dire! Grand saint André, patron de Neuville! Est-ce qu'il ne serait pas mort?

— Non, non, Monsieur Gervais de Seraucourt, il n'est pas mort. On dirait que cela vous étonne: moi, cela ne me surprend pas du tout. Vous autres, jeunes gens, vous ne savez pas encore manier une lame comme nous le faisions de mon temps, comme je le ferais encore si je pouvais me tenir sur mes jambes. Il faut pour cela une certaine vigueur, un certain tour de poignet que dans ce siècle-ci on n'a pas encore à dix-sept ans. Lowenskiold, puisque c'est Lowenskiold, est blessé au cou, il a perdu du sang, mais il n'est pas mort.

— Ah! malédiction! et qu'en avez-vous fait?

— Je l'ai fait porter bien enchaîné dans le cachot du donjon, sur de la bonne paille fraîche, quoique ce soit chose rare cette année, et tout à l'heure, dès que Madame rentrera, après avoir pris ses ordres, j'espère bien le donner au Prévôt, qui le fera hisser haut et court au vieux gibet seigneurial, qui n'a pas porté de pareil fruit depuis longtemps. Cela fera passer un moment agréable à ce bon maître Rolin, qui n'a rien à faire et personne à juger ici. Je me souviens que le comte Erard du Châtelet, quand nous prîmes le chef de bandits Hantz l'Ecorcheur, me dit un jour...

— Capitaine, interrompit le page à voix basse, il ne faut pas que Madame sache qu'elle a un pareil prisonnier, il ne faut pas surtout qu'elle le voie ; il faut attendre le retour du prêtre avant de lui communiquer cette nouvelle.

— Oh! oh! reprit le vieil officier, dans quel temps vivons-nous? Les femmes défendent les châteaux, les pages et les prêtres nous gouvernent! Allons, Monsieur Gervais, voilà que le sang vous monte au visage, et il devient aussi rouge que la crète d'un jeune coq. Ne vous fâchez pas, je connais votre attachement pour notre maîtresse; mais je n'aime pas ces mystères, je vous en avertis.

— Capitaine, répondit le jeune homme, qui parvenait à dompter avec une prudence au-dessus de son âge la fougue de sa colère et le ressentiment de son amour-propre offensé, vous avez raison de dire que je suis attaché à Madame; mais vous savez si je le suis aussi à notre maître! Eh bien! c'est pour leur honneur à tous deux que je vous demande instamment de ne pas faire connaître le nom de votre prisonnier. Je vous dirai tout, je vous en donne ma parole, vous saurez et vous approuverez mes motifs, mais pas aujourd'hui, il faut auparavant que je prenne un parti.

— Eh bien! Monsieur de Seraucourt, je me tairai, je vous le promets. Heureusement, le Prévôt ignore que nous avons un prisonnier, car il voudrait l'interroger, je recommanderai à Pierre qui l'a enchaîné de n'en parler à personne; mais prenez garde, j'aurai l'œil sur vous et sur le prêtre; malheur à vous si vous bronchiez! Sans rancune, Monsieur de Seraucourt! vous vous êtes battu aujourd'hui vaillamment, et si vous saviez un peu mieux vous soumettre à la discipline et aviez un peu moins de présomption, vous seriez un gentilhomme accompli; mais cela viendra avec le temps!

— Sans rancune, Monsieur Manheulles! vous avez vaillamment défendu le château, et si vous étiez un peu moins rude et moins soupçonneux, vous seriez un officier accompli; mais cela viendra avec le temps.

Et il partit d'un franc éclat de rire, en tendant cordialement sa main au capitaine, qui fit une horrible grimace, en clignant l'œil gauche, seule manière de sourire qu'on lui eût jamais vu exécuter dans les très-rares occasions où il manifestait quelque satisfaction.

Madame de Saint-Balmont arriva alors au milieu des acclamations de ceux qu'avait sauvés son courage. Elle ne soupçonnait guère quel était l'ennemi qu'elle avait combattu, et se contenta du vague rapport que lui fit le capitaine, que tous les morts étaient enterrés. Elle s'occupa ensuite de faire déposer dans l'arsenal les armes et les munitions des Suédois, de panser les blessés, et de consoler les veuves et les parents de ceux qui avaient péri dans le siége.

Grâce au butin de la journée, l'abondance était revenue au manoir, et le repas du soir se ressentit du ravitaillement de la place. Un veau fut sacrifié et figura avec du vin et des jambons enlevés aux vivandières du Parti-Bleu, sur la table immense qui réunit tous les vassaux. Des gâteaux de véritable farine de froment, que l'on ne connaissait plus que par tradition, parurent au dessert. Le combat de la journée devint le texte inépuisable des conversations particulières ; chacun racontait à son voisin quelque épisode dont il était le héros. Le capitaine et le Prévôt buvaient comme buvaient nos pères, et faisaient un verbeux échange de dissertations héraldiques, de faits et dits du comte Erard du Châtelet, VIIe du nom, de remarques sur le droit féodal, et de combats livrés en Allemagne par le régiment de Saint-Balmont. Jeanne, triste et silencieuse, écoutait avec distraction les paroles que lui adressait de temps en temps la chanoinesse, en portant à la dérobée ses regards sur le page assis loin d'elle. Mais au milieu de ce tumulte bruyant un même sentiment animait tous les cœurs et se reproduisait dans tous les discours, c'était l'admiration pour l'héroïne de la journée. Elle avait quitté son costume guerrier et était beaucoup plus occupée de ses enfants placés à ses côtés que de jouir de son triomphe ; mais avant de congédier ses convives, elle fit remplir jusqu'aux bords tous les verres et les gobelets de bois et d'étain d'un vin généreux de la côte des Antonistes, et porta la santé du duc Charles. Alors il s'éleva dans toute la salle un tel cri de triomphe et de joie, qu'il fit tressaillir la sentinelle qui veillait sur le donjon, et que le bruit en parvint jusqu'au fond du cachot de Lowenskiold qui, dévoré de honte et de rage, tremblant de froid et de douleur, se demandait si le Ciel pouvait réserver encore de nouveaux tourments à sa criminelle vie.

CHAPITRE V.

Benoîte-Vaux.

Après le sanglant échec qu'il venait d'éprouver devant le château de Neuville, le Parti-Bleu se rallia avec peine sous les ordres d'Hamet que les Suédois connaissaient sous le nom du major Strozzi, et dirigea sa fuite vers le grand massif de bois qu'on appelle la forêt de Meuse, afin de chercher à rejoindre l'armée française campée devant Saint-Mihiel. Il serait impossible de peindre la rage qui animait le renégat, il faisait d'horribles imprécations en arabe, en italien et en suédois, jurant par Mahomet, par Notre-Dame de Lorette et par Martin Luther, qu'il reviendrait brûler le château et massacrer jusqu'au dernier de ses défenseurs. Il ignorait si Lowenskiold était mort ou prisonnier, et s'il pouvait encore le délivrer, ou seulement le venger. Le pays lui était tout à fait inconnu, et il suivait au hasard un chemin assez mal frayé, dans les bois, quand l'anspessade Wolfstrom, qui marchait à l'avant-garde, vint l'avertir que l'on entendait dans le fourré des mugissements de bestiaux. C'était une heureuse nouvelle pour la troupe qui avait perdu ses bagages et ses vivres. Quelques soldats allèrent à la découverte, et bientôt ils trouvèrent dans un enclos une vingtaine de vaches sous la garde d'un vieux paysan. Les Suédois poussèrent de grands cris de joie à la vue de ce butin inespéré, et pendant qu'ils appelaient leurs camarades, des femmes, des enfants sortirent des cabanes de feuillages où ils s'étaient blottis et s'enfuirent dans le taillis. Les partisans, désespérant de les atteindre, ne les poursuivirent pas longtemps, mais fouillant avec avidité leurs misérables huttes et n'y trouvant aucune proie, ils y mirent le feu. Le pâtre seul, soit que les forces et l'agilité lui manquassent, soit qu'il ne voulût pas abandonner le troupeau qui lui était confié, resta impassible et immobile.

— A qui appartient ce troupeau? s'écria le major, dès qu'il fut arrivé.

— Aux pauvres gens de Neuville, Monsieur l'officier, répondit le paysan.

— De Neuville! de Neuville! répéta Strozzi, d'une voix étouffée par la colère, et toi-même, es-tu de Neuville?

— Oui, Monsieur, je suis aussi du village.

— Eh bien, reprit le partisan, je remercie le Ciel qui m'offre sitôt une occasion de vengeance, quand même je ne puis la faire tomber que sur un misérable tel que toi. Holà! anspessade Wolfstrom, qu'on dépouille ce drôle et qu'on le pende à la plus haute branche de ce chêne, ou plutôt, cela demanderait trop de temps, appelez Axel le tripier, qui ouvre si proprement le ventre à ces pourceaux de Lorrains, qu'il vienne fendre celui de ce vieux drôle, il y trouvera peut-être une bague d'or comme dans les boyaux de la femme de Rosières.

Axel le tripier ricana d'un air de doute et s'avança en tirant un large couteau de sa gaîne, mais Wolfstrom l'arrêta d'un geste, en disant au renégat :

— Monsieur le major, si nous pendons ou si nous éventrons cet homme, qui nous servira de guide? Nous sommes dans un bois que nous ne connaissons pas, la nuit va venir, ne ferions-nous pas mieux de l'obliger à nous conduire dans quelque village où nos soldats se reposeraient mieux qu'à la belle étoile?

Un rittmeister et un enseigne appuyèrent cette proposition, et le major consentit avec peine à différer la mort du pâtre jusqu'à ce qu'il leur aurait procuré un gîte. Celui-ci n'avait rien compris de la conversation tenue dans une langue étrangère, dont il venait d'être l'objet, et quand on lui eut expliqué qu'il fallait qu'il indiquât le chemin du plus prochain village, il se gratta la tête, en disant qu'il ne pouvait se résoudre à abandonner ses vaches.

— Tu ne les quitteras pas non plus, dit Wolfstrom, nous les emmènerons avec toi!

A ces mots, le pauvre homme poussant un profond gémissement, se jeta aux genoux de Strozzi; mais sur un signe, deux vigoureux soldats lui attachèrent les mains derrière le dos avec une corde, et l'anspessade lui piquant les côtes avec la pointe de sa dague, le somma de nommer sur-le-champ un village.

— Il y a bien Thillombois, dit le paysan, mais il faudrait passer auprès de Benoîte-Vaux.

— Quoi, Benoite-Vaux est-il si près d'ici? demanda le renénat.

— Il y a bien une bonne lieue, répondit le pâtre.

— Allons donc à Benoite-Vaux, s'écria le major. Camarades, il y a à Benoite-Vaux une statue de la vierge et des ornements qui valent tout ce que nous avions pris à Saint-Nicolas, et que nous avons vendu si bon marché à ce chien d'orfèvre juif de Metz.

— En avant donc! s'écria la troupe de pillards, et le vieux Bernard, marchant garotté auprès de Wolfstrom, lui servit de guide.

Après une heure de marche dans la forêt, ils arrivèrent enfin à l'entrée de la petite gorge étroite qui suit le cours du ruisseau et découvrirent l'église. L'audace des partisans sembla un instant les abandonner à l'aspect de ce sanctuaire vénéré.

Aujourd'hui même, dans notre siècle de doute et de froide raillerie, quand le voyageur arrive à la lisière de ces grands bois, dont il a pendant longtemps traversé la sombre et mystérieuse profondeur, et qu'il découvre dans le milieu de la vallée qui s'ouvre tout à coup devant lui cette chapelle célèbre, il se sent involontairement pénétré d'un sentiment de paix et de religieuse quiétude, respirant dans tout ce paysage que n'ont pu désenchanter les constructions modernes qui le déparent maintenant.

Ce lieu solitaire est une vallée arrosée d'un petit ruisseau, bordée de terrains s'élevant en pente, formant quatre petits coteaux, séparés par autant de petits vallons environnés de toutes parts par une haute forêt. Là existait jadis une métairie appelée Martin-Han, appartenant à l'évêque de Verdun, Albéron de Chiny. Quand ce prélat fonda en 1138 l'abbaye de l'Étanche, non loin d'Hattonchâtel, il lui donna cette ferme avec plusieurs autres terres.

L'abbé Philippe y envoya quelques-uns de ses religieux pour en cultiver les champs. Ils bâtirent une petite chapelle pour leur usage, et la dédièrent à la Vierge, en changeant le nom du lieu en celui de Benoite-Vaux. Bientôt le bruit de guérisons miraculeuses qui, disait-on, s'y opéraient tant par l'invocation de l'image de la Vierge que par les eaux d'une fontaine située aux environs, se répandit dans tout le pays et y amena un grand concours de pèlerins. Dans des temps plus modernes on avait vu Réné II s'y rendre accompagné de toute sa Cour; parmi les personnages célèbres qui étaient venus s'incliner devant la sainte image, on citait Jean, cardinal de Lorraine, dont les armoiries décoraient le portail de la chapelle et la niche d'un des autels, et une foule de noms illustres de la Lorraine et des Trois-Évêchés.

Une haute et forte muraille renfermait dans un enclos la maison du fermier, le petit cloître où résidaient habituellement trois Prémontrés de l'abbaye de l'Étanche, dont l'un avait le titre de Prieur de Benoîte-Vaux, et l'antique chapelle qui ne ressemblait en rien à la petite église avec son élégante façade, ses statues en pierre, son svelte clocher et ses vitraux coloriés qui la remplace aujourd'hui. Dans la cour était la fontaine miraculeuse, en dehors un jardin potager avec un verger entourés d'une haie vive, et défendus par un fossé assez large alimenté par les sources nombreuses qui coulent des flancs de la vallée. Un étang dont la chaussée subsiste encore occupait toute la largeur de la gorge qui s'ouvre entre deux bois, vers Rambluzin, et servait de retraite à de nombreux oiseaux d'eau qui formaient, avec le poisson qui le peuplait, l'unique nourriture des cénobites.

Avant la guerre, l'affluence des pèlerins était telle, surtout à certaines fêtes solennelles, que les trois religieux ne pouvaient suffire aux exigences des fidèles. Ceux-ci arrivaient à pied, des lieux les plus éloignés, marchant sous la bannière de leur paroisse ou de leur communauté, trouvant à grand'peine un gîte dans les hôtelleries improvisées par des spéculateurs des villages voisins, sous des appentis adossés à la muraille ou des tentes dressées dans la prairie. Plusieurs couchaient dans les granges de la ferme, un plus grand nombre sous les arbres de la forêt. Les marchands de cierges, de chapelets, d'images, de médailles n'y manquaient pas plus que de nos jours. Mais depuis que la guerre ravageait le pays, le fermier s'était enfui, les moines avaient quitté cet endroit écarté et s'étaient retirés dans leur abbaye, emportant leurs meubles les plus précieux. Un seul, le vieux prieur Norbert, n'avait pas voulu suivre ses frères à l'Étanche, et abandonner le poste qui lui était confié. La statue de la Vierge, célèbre par tant de miracles, avait été laissée dans la chapelle, protégée par la vénération publique. Chaque matin, le vieux Prémontré disait sa messe, servie par un petit charbonnier, à laquelle assistaient encore quelques paysans du voisinage, et malgré le malheur des temps, de rares pèlerins venaient encore y faire des neuvaines. A la vérité, les bandes de soldats qui ravageaient la Lorraine avaient plus d'une fois exigé des vivres et un abri du père Norbert, mais la chapelle avait toujours été respectée, et quand, en montant le soir au clocher, suivant sa coutume, pour examiner si rien de nouveau ne paraissait dans la campagne, au moment de sonner l'*Angelus*, il découvrit les partisans qui venaient par le chemin de Neuville, il n'éprouva pas une grande terreur. Bientôt la porte de l'enclos retentit sous les coups des crosses de mousquets, il entr'ouvrit le guichet et demanda ce qu'on lui voulait, à une heure aussi avancée de la soirée.

— Nous sommes des pèlerins, répondit en ricanant le renégat dans un mauvais français, qui vous amenons un homme à confesser, et venons passer une joyeuse soirée avec vous. Allons, allons, révérend père, ouvrez-nous bien vite, ou, de par Dieu, j'enfonce la porte!

Le religieux vit bien que toute résistance était inutile, il ôta les barres de fer, tourna la grosse clé dans la serrure, et les Suédois se précipitèrent dans la cour. Les appartements des moines furent d'abord fouillés avec soin, et les partisans ne dissimulèrent pas leur désappointement en voyant la pauvreté des meubles qui les garnissaient et les frugales provisions de la cuisine.

— La chapelle nous dédommagera ! s'écria le major, et il s'avança vers la porte, suivi de ses soldats.

Le pauvre moine se jeta alors à genoux et le supplia, dans les termes les plus touchants, de ne pas commettre un sacrilége, et de respecter la sainte et précieuse image : mais il aurait plutôt attendri les démons de l'enfer que le farouche Italien. D'un coup de pied il repoussa brusquement le vieillard qui tomba rudement sur le pavé, et sa tête ayant porté sur le pilastre d'un bénitier, il s'y fit une large blessure d'où le sang coula abondamment. Il resta privé de sentiment. A cette vue, un murmure s'éleva parmi les soldats, mais leur chef, sans y répondre, marcha droit au maître-autel placé au milieu du chœur. On voyait sur la corniche la statue miraculeuse, elle était en pierre, haute de près de trois pieds ; elle représentait la sainte Vierge tenant sur son bras gauche l'enfant Jésus, vers lequel elle tournait la tête. La main droite de l'enfant était étendue vers le sein de sa mère, et saisissait le cordon qui retenait son manteau. La Vierge, de la main droite, lui présentait une pomme d'or; lui-même tenait une fleur d'or et de pierreries à la main droite. Suivant l'usage du temps, la statue était richement peinte et dorée, et de magnifiques vêtements la recouvraient encore. Le renégat arracha avidement la couronne ducale en or qui ornait sa tête, la pomme d'or, les vêtements d'or et de soie. Il brisa ensuite le tabernacle et en retira les vases sacrés. Le butin, cependant, était bien loin de satisfaire sa cupidité sacrilége ; les couronnes d'or et de pierreries, les colliers de perles et de rubis dont l'avait enrichie la piété des princes et des seigneurs, les splendides ornements sacerdotaux avaient depuis longtemps été transportés à l'Étanche, dans une cachette impénétrable, et les bijoux qui paraient la sainte image en ce moment n'étaient que la plus faible partie du trésor de la chapelle. Tandis que Strozzi la dépouillait de ses habits, et calculait en jurant la valeur de sa prise, le prieur se releva tout sanglant, et montant les marches de l'autel, il étendit vers lui sa main ridée, en lui disant d'un ton solennel :

— Tu as frappé un vieillard sans défense, tu as porté une main impie sur le tabernacle du Seigneur et la statue de sa sainte Mère. Tu périras de mort violente, comme les prêtres de Dagon, avant que vingt-quatre heures se soient écoulées !...

Cette subite apparition et ces menaces de mort épouvantèrent les soldats, dont plusieurs comprenaient les paroles du prêtre, Strozzi lui-même, tout endurci qu'il était, ne put cacher son agitation ; mais il se remit bientôt et donna l'ordre à deux de ses hommes de le garotter.

— Saint prophète ! ajouta-t-il en ricanant, puisque tu prédis ma mort, je ne veux pas être en reste avec toi, et je te prédis que tu seras pendu, avant que le soleil de demain ne soit levé, à la croix de fer du portail de ton église ; ce paysan te tiendra compagnie, et par Mahomet je jure que je vous ferai à tous deux arracher le cœur par Axel le tripier, et je le ferai manger à la Dame de Neuville. Mais puisque tu lis dans l'avenir, tu dois connaître aussi le passé : tu vas nous dire où sont cachés vos trésors, car je sais que ta Madone avait une plus riche toilette que celle que nous lui avons trouvée sur le corps. Tu ne réponds rien ; eh bien ! j'ai un secret qui délie la langue aux muets. Holà ! vous autres, donnez-moi les mèches de vos mousquets, quand ce frocard en aura une allumée entre chaque doigt, il nous parlera comme à son confesseur.

Le pauvre prêtre fut soumis immédiatement à cette cruelle torture, mais aucune parole ne s'échappa de ses lèvres, et ses bourreaux, las de le tourmenter en vain, sans pouvoir lui arracher même une plainte, le jetèrent avec le pâtre, sur le pavé de la sacristie, après s'être bien assurés qu'elle n'offrait aucune issue à l'extérieur. Elle n'était éclairée que par une petite fenêtre grillée par d'énormes barreaux, la seule porte qui y conduisait s'ouvrait dans la chapelle, et comme les Suédois y avaient fait entrer leurs chevaux et y avaient mis une forte garde, toute tentative d'évasion paraissait impossible; aussi Wolfstrom prit-il sur lui de leur ôter leurs liens.

Cependant les partisans avaient trouvé du vin dans la cave et tué une des vaches du troupeau de Neuville. Ils se livrèrent bientôt à leurs excès accoutumés, et la nuit était déjà avancée que le cloître et la chapelle retentissaient encore de leurs blasphêmes et de leurs chansons dissolues. Vers dix heures, quand le major se fut retiré, l'anspessade entr'ouvrit la porte de la sacristie et jeta un morceau de viande cuite à ses prisonniers, comme il aurait pu le faire à des chiens.

— Mangez, dit-il, pauvres Lorrains, c'est votre dernier repas; demain vous serez pendus à la croix de fer avec les cordes des cloches. Si le colonel Lowenskiold vivait encore, il ne le souffrirait pas.

— Oui, dit Axel le tripier, le colonel ménageait trop ces pourceaux lorrains. Mais, vive le major Strozzi! Depuis Hantz l'Ecorcheur, je n'ai pas connu de chef qui sût mieux travailler le paysan.

— C'est la vérité, reprit Wolfstrom, avec lui il n'y a pas de pardon.

Et avec ces dernières paroles, la porte se referma.

Le vieux Prémontré n'avait pas encore dit un mot à son compagnon de captivité, il s'était contenté de prier à voix basse. Il s'approcha lentement et avec précaution du pâtre, quand il fut certain que le bas-officier s'était retiré, et lui dit à l'oreille :

— Allons, mon ami, mange un morceau, tu as besoin de prendre des forces pour le voyage que nous allons entreprendre.

— Non, mon père, répondit le paysan d'un ton mélancolique, je ne mangerai pas de la chair d'une pauvre bête dont j'ai causé la mort. Si je ne m'étais pas obstiné à conduire le troupeau dans la forêt, si j'avais écouté les conseils de mon brave frère Pierre, le jardinier, dont le capitaine Manheulles a fait un canonnier, et les ordres de Madame, ces pauvres vaches seraient maintenant en sûreté dans la cour du château, au lieu de servir de nourriture à ces scélérats.

— Il est donc vrai, reprit le moine, que le château de Neuville n'est pas pris? Joseph le marchand de chapelets et de pains d'épices est passé ici dans la journée et me l'avait dit, mais je ne pouvais le croire.

— Non, non, j'ai entendu toute la journée la grande couleuvrine, les Suédois ont été repoussés par notre digne maîtresse. Ah! pourquoi lui ai-je désobéi? Mais s'il faut que je meure, ce qui me consolera, c'est d'être pendu en compagnie d'un saint religieux comme vous, et de ne pas survivre à ma pauvre Brunette, la plus magnifique génisse de la paroisse. Vous allez recevoir ma confession et me donner votre absolution.

— Chasse tes idées de mort et tes consolations bizarres, répondit le Prémontré, je sais souffrir et mourir quand il le faut pour la foi, mais Dieu qui nous a donné la vie veut que nous la conservions et la défendions contre nos ennemis, par tous les moyens que permettent la religion et l'honneur. Mange, te dis-je, moi je ne puis toucher à cette nourriture que me défend notre sainte règle, mais je puis supporter de plus longs jeûnes, et si tu as seulement la moitié du courage et de la résolution de ton frère, tu verras que deux vieillards peuvent échapper à cette meute altérée de sang, avec le secours de Notre Seigneur, de Notre-Dame de la Paix et de saint Norbert, mon bienheureux patron.

Le paysan se laissa enfin convaincre : avec la répugnance que durent éprouver les naufragés de la *Méduse* pour leurs repas de cannibales, il avala le morceau que Wolfstrom leur avait jeté, et dit au moine qu'il était prêt à le suivre.

— Mes pauvres mains sont toutes brûlées, murmura le père Norbert, et je ne puis m'en servir. Ferme d'abord bien doucement la porte en dedans avec le verrou, de peur que nos bourreaux ne nous surprennent..... Bien, tu n'as pas fait le moindre bruit. Ouvre maintenant cette armoire qu'ils ont si bien vidée de nos ornements sacerdotaux, les monstres sacriléges! Attends, il y a dans ce coin de la corniche, au-dessous de la fenêtre, un briquet, une pierre, de l'amadou, des allumettes et un cierge. Que fais-tu? tu veux avoir de la lumière, mais songe donc que si elle brillait par la lucarne, nous serions perdus. Entre avec moi dans l'armoire.... Maintenant refermons-la sur nous et allumons le cierge.

Le pâtre suivit de point en point toutes ces instructions. Quand ils furent dans l'armoire, ils levèrent une trappe qui en formait le plancher et ne s'ouvrait que par un ressort très-compliqué, presque impossible à découvrir; ils descendirent un petit escalier, rabaissèrent la trappe sur leurs têtes et entrèrent dans un profond souterrain creusé sous l'église et fermé de distance en distance par des grilles de fer que le pâtre ouvrait successivement avec un trousseau de clés que le père Norbert lui avait fait prendre dans une cachette pratiquée dans le mur. Le souterrain en se prolongeant devenait de plus en plus étroit, de façon qu'il ne permettait le passage qu'à une personne à la fois : il fallait tantôt monter, tantôt descendre plusieurs marches ; enfin, après un trajet qui parut bien long au paysan, ils arrivèrent à une petite trappe fermée d'une lourde pierre de taille qu'ils soulevèrent avec peine et qui leur ouvrit une issue à la lisière du bois. Ils la replacèrent avec soin, et ils se trouvèrent à une petite distance du couvent dont plusieurs fenêtres étaient encore éclairées. On entendait de là les pas des soldats en sentinelle qui se promenaient dans la cour, et le son confus de leurs chants. Le vieux Bernard ne put retenir un profond soupir, en reconnaissant les mugissements de son troupeau chéri, tandis que des pensées plus pieuses et plus graves agitaient son compagnon. Mais il n'y avait pas un instant à perdre, la croix de fer que la lueur vacillante des étoiles permettait d'apercevoir sur le portail leur rappelait trop bien le sort qui les attendait s'ils retombaient entre les mains des Suédois, et malgré la crainte des loups et celle de rencontrer d'autres partisans, ils prirent le chemin de Neuville à travers la forêt.

CHAPITRE VI.

La Croix de fer.

Les deux vieillards cheminaient avec peine dans le sentier fangeux que le passage de la cavalerie et des bestiaux, dans la soirée, avait rendu presque impraticable. Le pâtre avait cassé un bâton dans le bois, mais le père Norbert, dont les mains étaient horriblement enflées par la brûlure des mèches de mousquets, ne pouvait se servir de cet appui. Le moindre bruit qu'ils entendaient sur la feuille ou dans les branches leur semblait causé par le passage d'un loup ou l'approche d'un ennemi, et plus d'une fois ils s'arrêtèrent pour écouter le glapissement d'un renard qui poursuivait sa proie, ou le saut saccadé d'un chevreuil qui venait brouter dans les clairières. Souvent ils prirent les gémissements lointains de la hulotte, pour des voix humaines. Puis, quand ils avaient découvert la cause innocente de leurs alarmes, ils reprenaient leur pas lent et inégal.

Une fois cependant ils éprouvèrent une crainte plus vive et mieux fondée, ils reconnurent, à n'en pas douter, la marche régulière et accélérée d'un homme, accompagnée d'un certain cliquetis semblable à celui des armes.

Sans doute, on les poursuivait, et quelle résistance pouvaient-ils opposer? Ils se détournèrent dans le taillis, s'y arrêtèrent et se tinrent en silence au bord du chemin, jusqu'à ce que leur ennemi fût passé. Mais ils se rassurèrent bientôt, en entendant siffler le vieil air du pays :

Lon lon la, laissez-les passer,
Les Français dans la Lorraine,
Lon lon la, laissez-les passer,
Ils auront du mal assez.

— C'est le rémouleur! dirent-ils tous deux à la fois.

— Oui, c'est moi, répondit résolument, en s'arrêtant au milieu d'une mesure, l'homme qui s'avançait, en même temps qu'il brandissait son bâton ferré.

Que voulez-vous à un honnête gagne-petit?

Mais si le hardi rémouleur, qui avait, la nuit précédente, servi de guide au prêtre que Gervais avait fait sortir du château, était connu partout à la ronde, lui-même connaissait aussi toutes les personnes du voisinage, et il fut fort étonné de rencontrer dans le milieu des bois, à onze heures du soir, le pâtre de son village et le prieur de Benoîte-Vaux. En revenant par des chemins détournés des avant-postes de l'armée française, il avait marché de nuit pour éviter les maraudeurs.

— J'avais eu, mon révérend père, dit-il, l'intention d'aller vous demander une place au coin de votre feu, et peut-être un lit pour le reste de la nuit; mais quand j'ai vu des lumières et entendu un jargon étranger que l'on parlait dans la cour, je suis passé prudemment sans me laisser voir, je me suis dirigé vers la boutique que le marchand de pains d'épices a adossée contre le mur de votre enclos; mais il était déniché avec sa pacotille, et je n'ai pu savoir ce qui se passait dans le couvent.

Il écouta à son tour avec attention le récit des deux fugitifs, et tous trois marchèrent ensuite aussi vite qu'il leur était possible pour gagner Neuville. Les forces du Prémontré commençaient cependant à l'abandonner; une fièvre ardente, occasionnée par les douleurs qu'il éprouvait autant que par les émotions de la soirée, s'était allumée dans ses veines; sa tête lui causait des élancements continuels accompagnés de vertiges, ses jambes refusèrent enfin de le porter, et il supplia lui-même ses compagnons de l'abandonner et de courir au château annoncer à Madame de Saint-Balmont la nouvelle profanation de Notre-Dame de Benoîte-Vaux. Ils le traînèrent comme ils purent jusqu'à l'ermitage abandonné de Sainte-Anne, et le pâtre promit de lui envoyer sa fille pour le soigner jusqu'à ce qu'on pût le transporter au château. Le rémouleur le couvrit de son manteau et ralluma un peu de feu dans l'âtre de la cellule, il plaça près de lui une cruche remplie d'eau, et après avoir assuré la porte ils descendirent à Neuville.

Il ne leur fut pas difficile de se faire ouvrir la porte du château. La nouvelle de l'enlèvement du troupeau du village était déjà parvenue à Madame de Saint-Balmont, et ses ordres étaient donnés pour que le lendemain Gervais partît avec des hommes d'élite pour observer les partisans et même les attaquer s'il trouvait une occasion favorable. Elle n'était point encore couchée, et le page introduisit le rémouleur et le pâtre dans sa chambre.

Quand ils lui eurent raconté à quels horribles excès s'étaient livrés les Suédois, quand elle apprit surtout à quelles profanations avaient été exposées la chapelle et l'image de la Vierge, elle fit un vœu solennel de ne prendre aucun repos, de ne se livrer à aucune occupation terrestre qu'elle n'eût repris la statue aux huguenots.

En un instant son plan fut arrêté. Elle fit éveiller sur-le-champ toute sa maison : les plus jeunes et les mieux armés de ses vassaux eurent ordre de se tenir prêts à partir incontinent; elle chargea de nouveau le capitaine

Manheulles de la garde du château et du commandement de la petite garnison composée des vieillards et des blessés qu'elle y laissait. Aussitôt que Gervais avait été informé de cette expédition, il avait couru dans la chambre de maître Rolin, sans en parler à Madame de Saint-Balmont, et avait eu avec le Prévôt une assez longue conférence secrète. Jeanne s'était approchée timidement et avait, avec la curiosité d'une fille d'Eve, cherché à surprendre quelques mots de leur entretien mystérieux ; mais l'air d'impatience du page et une rude remontrance du vieux magistrat l'avaient obligée à une prompte retraite. Enfin, elle vit avec une profonde satisfaction son père serrer cordialement les deux mains du jeune gentilhomme, en faisant la grimace étrange qui chez lui était le symptôme d'un contentement inusité. Il ouvrit ensuite l'armoire en fer des archives dont il avait la clé, et du milieu des chartes et des layettes qui en garnissaient les tablettes, il tira certains parchemins et les mit soigneusement dans une poche de son hoqueton.

— Je crois, dit-il ensuite à haute voix, que je ferai bien de renfermer ma robe dans une valise, elle me gênerait à cheval, il sera temps de l'endosser là-bas.

— Votre robe ! mon père, dit Jeanne, et où donc prétendez-vous aller la nuit ?

— Nous allons, Jeanne, où notre service et les devoirs de notre charge nous appellent. Sous les Valois, le parlement de Paris était ambulatoire ; en Lorraine, les assises de la Chevalerie l'ont été souvent. Nos *hauts-jours* ou *grands-jours* de Saint-Mihiel, comme les qualifient les anciennes ordonnances de nos Ducs, n'avaient pas toujours de siége fixe : on peut lire là-dessus l'ordonnance du roi Réné, du 2 mars 1449, et celle de Réné II, du 11 novembre 1497. Son Altesse Charles IV elle-même a transféré son Conseil souverain à Sierck. J'ai eu l'honneur d'entendre raconter un jour à M. le comte de Ligniville, qui, comme vous le savez, portait *losangé d'or et de sable*, étant chez M. le chevalier du Haultoy de Récicourt, qui porte d'*argent à trois bandes de gueules*.....

— Nous allons à Benoîte-Vaux, Mademoiselle Jeanne, interrompit le page, et si la nuit n'était pas si noire et ce pèlerinage si périlleux, Madame devrait bien vous y emmener... Mais vous y êtes allée l'été dernier. Ah! je vous ai vue, Jeanne, quand, auprès de la petite croix de l'entrée du bois, vous faisiez de la main gauche un nœud à une branche de coudrier, sans regarder derrière vous. On dit que quand le nœud persiste et que la branche se soude, le pèlerinage a réussi, que la sainte Vierge a exaucé la prière, et accorde ce qu'on lui demandait. Quand nous reviendrons il fera jour, si je ne suis pas tué je regarderai le nœud, je vous dirai s'il est repris.

— Non, non, n'y regardez pas, Monsieur Gervais, dit la jeune fille, je suis bien sûre qu'il n'est pas repris... C'était un enfantillage auquel je... non, je n'attache aucune importance... Mais vous parlez de dangers, vous disiez : « Si vous n'étiez pas tué! » Mon Dieu! vous allez donc encore vous battre, et vous emmenez mon père! Que vais-je devenir?

— Je plaisantais aussi, Jeanne, il n'y a aucun danger. D'ailleurs, c'est Madame qui nous commandera.

— Ah! Madame! Madame! soupira Jeanne.

Le Prévôt, absorbé dans le soin d'emballer convenablement sa robe, n'avait rien entendu de cette conversation, mais elle fut interrompue brusquement par la voix du capitaine Manheulles qui criait dans les corridors : A cheval! à cheval!

Le page se hâta de descendre dans la cour où la petite troupe était rangée en bataille, éclairée par des torches. Avant de monter à cheval, il s'approcha du capitaine et lui dit à l'oreille : Je vous recommande Lowenskiold. Manheulles ne répondit que par un mouvement d'épaule et un grondement inarticulé.

— Moi, je vous recommande Madame, ajouta-t-il, veillez sur elle.

Gervais aida fort complaisamment le Prévôt à se hisser sur un vieux mulet qui avait été pris le matin aux vivandières du Parti-Bleu. On procura aussi un cheval au pâtre qui, fatigué de la soirée orageuse qu'il venait de passer, s'empressa de guider la troupe, dans le doux espoir de retrouver encore son troupeau chéri. Une litière fut envoyée avec des médicaments, sous la direction de la Bénédictine, à l'ermitage Sainte-Anne. Enfin Madame de Saint-Balmont parut, elle jeta un regard satisfait sur ses vassaux aguerris par les combats de la journée, et pleins de confiance en leur dame, elle donna ses dernières instructions à Manheulles, puis monta à cheval avec Gervais et quelques autres. A trois heures du matin la petite colonne avait passé sur le pont-levis et pris en silence le chemin de Benoîte-Vaux.

Avant cinq heures, quand les premières lueurs de l'aube ne blanchissaient pas encore le ciel, la petite troupe était parvenue à la lisière du bois et avait entouré en silence l'enclos de Benoîte-Vaux. L'église et le cloître étaient plongés dans l'obscurité, à l'exception d'une seule lumière qui brillait encore à la fenêtre de la chambre qu'occupait Strozzi, et nul bruit ne se faisait entendre. Le pâtre reconnut la trappe de pierre habilement cachée qui fermait l'entrée du souterrain, il la leva et, muni d'une lanterne sourde, s'engagea dans le passage, suivi de Gervais et d'une douzaine d'hommes déterminés, armés jusqu'aux dents. Toutes les grilles furent ouvertes sans difficulté, la trappe de la sacristie donna seule un peu plus de peine, mais elle céda enfin, et Gervais entra dans l'armoire; elle fut ouverte avec précaution, et ses hommes se serrèrent contre la muraille : pour lui, il se tint, sa dague à la main, à côté de la porte qui donnait entrée dans l'église. Pendant qu'ils s'introduisaient ainsi dans l'intérieur du couvent, le garde forestier Guillaume s'était approché à pas de loup de la porte extérieure de la cour : la sentinelle se promenait en sifflant en dedans des murailles, mais elle n'entendit pas le bruit sourd de la vrille qui perçait les planches. Au bout d'un instant un pétard, préparé d'avance, était attaché à la porte, et le garde forestier, imitant, à s'y méprendre, le cri du hibou, annonça ainsi à ses camarades de la sacristie que tout était prêt. Madame de Saint-Balmont et ses cavaliers tirèrent leurs épées, rassemblèrent les rênes de leurs chevaux et se préparèrent au combat. Maître Rolin caressa le cou de son mulet, s'affermit sur ses étriers et s'efforça de maintenir son rétif quadrupède dans un état d'immobilité complète. — Allons, disait-il à voix basse en tenant à sa monture le langage héraldique qui lui était familier : « Restez *Posé* comme le lion de sable de l'écusson des d'Ourche et ne soyez point *Passant* comme le léopard d'argent du blason des Lachaussée.

Aux gémissements prolongés de l'oiseau de la mort, la sentinelle tressaillit; le renégat, superstitieux comme un athée, l'entendit avec terreur et se souvint de la prédiction du père Norbert; il descendit précipitamment et entra dans l'église.

Il appela l'anspessade.

— Wolfstrom, dit-il d'une voix émue, il m'a semblé

voir de la lumière dans la sacristie : est-ce que vous en auriez laissé aux prisonniers?

— Non, certes, mon major, répondit le subalterne; et je pense qu'ils dorment profondément à l'heure qu'il est, car je n'ai pas entendu le moindre bruit depuis dix heures. Vous voyez que la porte est solidement fermée; un de mes hommes, Axel le tripler, a voulu se coucher en travers. Moi, je me suis endormi en rêvant que j'étais dans la cabane de mon père, au fond de la Dalécarlie.

— Vous êtes heureux de pouvoir dormir! dit le renégat en poussant un profond soupir. Moi, je n'ai pu fermer l'œil dans cette vilaine cellule. Il y avait en face de mon lit un abominable tableau, le portrait d'un de ces frocards, avec son nom au bas, l'abbé Philippe, comme sur une enseigne de village. *Corpo di Bacco!* il m'a donné le cauchemar toute la nuit. Si j'ouvrais les yeux, les siens semblaient me regarder avec des flammes, comme un basilic; si je les fermais, je les voyais encore. De colère, je me suis levé, j'ai arraché le cadre du mur et je l'ai jeté dans la cheminée où j'avais allumé un grand feu avec le prie-Dieu de la cellule; eh bien! Wolfstrom, croyez-moi, plus ce feu flamboyait de lueurs vertes et jaunes, plus je sentais un froid glacial pénétrer la moëlle de mes os. Et puis... avez-vous entendu le cri de cette chouette?

— Si je l'ai entendu! répéta Wolfstrom, c'est lui qui m'a réveillé.

— Jamais, dit le major, un pareil cri n'a frappé des oreilles humaines.

— C'est l'oiseau de la mort, reprit l'anspessade, son cri est plus ou moins perçant suivant le rang de la personne dont il flaire le trépas. Je me souviens que la nuit qui précéda la bataille de Lutzen, j'étais de garde avec le régiment des trabans de Finlande où je servais alors comme cavalier, auprès de la tente du roi Gustave. Il y avait à côté un vieil orme touffu, une énorme chouette vint s'y percher, et poussa un cri si étrange, si plaintif, si prolongé, que le roi lui-même s'éveilla, son chapelain dit qu'il annonçait la mort de quelque grand personnage : à quoi le général Bannier répondit, en haussant les épaules, que la veille d'une bataille il ne fallait pas être sorcier pour faire une pareille prédiction. Mais dans la journée, quand le Roi fut tué, on reconnut que l'oiseau n'avait que trop bien annoncé ce malheur.

— Allons, dit le renégat, assez de sottises ; si ce hibou a chanté la mort de quelqu'un, c'est celle de ces deux pourceaux lorrains. Le jour va paraître, les cordes sont-elles prêtes ?

— Les voilà, dit l'anspessade, en montrant celles que l'on avait détachées des cloches. Axel a fait le nœud coulant ; mais, pardonnez-moi cette observation, Monsieur le major, le brave colonel Lowenskiold aurait-il ainsi fait mourir des prêtres et des paysans ?

— Lowenskiold ! s'écria impétueusement le renégat, c'est pour le venger que ces misérables vont mourir. Point d'observations, Monsieur, ouvrez la porte !

Wolfstrom obéit sans répliquer, il ouvrit la porte, et Strozzi entra dans la sacristie. Au même moment il en partit un cri semblable à celui que Guillaume avait fait entendre : l'Italien voulut reculer et tirer son épée, mais le vieux pâtre l'étreignit dans ses bras de fer, tandis que d'un coup de sa dague, Gervais renversait l'anspessade à ses pieds. Le page se jeta ensuite avec l'agilité et la fureur d'un tigre sur Strozzi, et en un clin d'œil lui arracha ses armes et lui attacha les mains derrière le dos en lui disant en italien :

— Allons, scélérat, renégat, assassin de M. d'Ernecourt, ton heure est arrivée !

Ses compagnons s'étaient précipités dans l'église, le pistolet au poing, et en criant : *Lorraine! tue ! tue !* ils avaient fait main-basse sur les Suédois.

Au même moment, une forte explosion s'était fait entendre dans la cour, les pétards avaient fait sauter la porte et Madame de Saint-Balmont, à cheval, à la tête de ses vassaux, chargeait, l'épée à la main, tout ce qui faisait résistance, tandis que ses fusiliers, postés à la lisière du bois, tiraient sur ceux qui tentaient de s'échapper. Ce fut une affreuse boucherie, mais qui ne dura qu'un moment. Ceux qui avaient survécu à cette brusque attaque jetèrent leurs armes et demandèrent à genoux un pardon qu'Alberte se hâta de leur accorder. Quand elle descendit de cheval et entra dans la chapelle, ce fut pour elle un douloureux spectacle que de la voir souillée de sang, encombrée de cadavres, et transformée en écurie. Elle s'agenouilla sur les marches de l'autel et remercia Dieu et la sainte Vierge de sa victoire, puis elle ordonna les plus actives recherches pour que la statue, ses ornements et les vases sacrés fussent retrouvés et rendus à leur pieuse destination. Ces soins la retinrent assez longtemps dans les bâtiments où les Suédois avaient couché, et quand elle revint dans la cour, elle fut frappée et mécontente du spectacle extraordinaire qui s'offrit à elle. Les prisonniers, honteux, désarmés, dépouillés d'un partie de leurs vêtements, blessés pour la plupart, étaient couchés à terre. Ses vassaux étaient rangés en bataille, la mèche allumée, le mousquet au bras. Dans le milieu de l'enceinte, un homme revêtu d'un uniforme bleu, galonné d'argent, la tête nue, les cheveux épars, les mains liées derrière le dos, était maintenu par deux vigoureux paysans, tandis qu'un troisième lui passait autour du cou l'extrémité d'une corde d'une longueur démesurée, assujettie à l'un des bras de la croix de fer du portail, de manière à pouvoir y glisser facilement. A côté était le Prévôt de Pierrefite, vêtu de sa robe noire et coiffé de son chaperon, tenant à la main une feuille de parchemin à laquelle pendait un large sceau en cire rouge. Le patient était pâle comme la mort, ses yeux égarés semblaient prêts à sortir de leurs orbites ; il parlait d'une voix basse et pathétique, et paraissait adresser de vaines supplications au page qui, appuyé sur son épée nue, le regardait avec un mélange d'horreur et de mépris.

— Que faites-vous? s'écria Madame de Saint-Balmont, allez-vous tuer cet homme de sang-froid après le combat? Ah! je demande pardon à Dieu, dans toute l'humilité de mon cœur, du sang que nous avons été forcés de verser pour défendre nos maisons, notre vie et notre honneur, et délivrer son saint temple! Mais pas une goutte n'en coulera sans nécessité : voulez-vous nous déshonorer maintenant par une froide cruauté? Parlez, Gervais, parlez, monsieur le Prévôt, qui a osé donner de pareils ordres?

— C'est Son Altesse Monseigneur le duc de Lorraine, répondit le page avec calme; reconnaissez-vous cet homme, Madame? Ses soldats l'appellent le major Strozzi; c'est le renégat Hamet, c'est le comte Piétro Vanini d'Otrante, c'est l'assassin de votre père!

En disant ces mots, il s'approcha respectueusement de sa maîtresse et la soutint d'un bras, car l'émotion qu'elle éprouvait l'avait fait pâlir et chanceler. Elle poussa un cri d'horreur.

— Ah! monstre, s'écria-t-elle en regardant le major, dont une lueur d'espoir venait de colorer les joues livides, puis-je vous pardonner de m'avoir ravi l'ami de ma jeuuesse, mon malheureux cousin Réné? d'avoir poignardé mon père, massacré mes vassaux, pillé et profané cette sainte chapelle? Mon Dieu! mon Dieu! m'accorderez-vous la grâce de m'inspirer cette sublime charité?

— Madame, reprit le Prévôt, l'article 42 de la Coutume de Bar est formel, nous ne pouvons connaître des crimes de ce gentilhomme, il a été très-légitimement et régulièrement condamné à mort par le bailliage de Bar, après une enquête qui m'a fait quelqu'honneur. Voici l'expédition en bonne forme de la sentence dont je viens déjà de lui donner lecture; vous plaît-il que je la recommence de nouveau en votre présence? Elle concerne d'abord ledit quidam qui tout à l'heure a confessé son identité, elle est aussi relative à messire Réné de Deuilly, chevalier profès de l'ordre de Saint-Jean de Jérusalem....

— Assez, assez, dit Alberte d'une voix éteinte, je ne puis le sauver.

— Oh! Madame, grâce! grâce! s'écria l'Italien, accordez-moi seulement un jour, une heure, je ne veux pas mourir, non, je ne mourrai pas!

— Faites votre paix avec le Ciel! dit le Prévôt, il est indécent de faire ainsi attendre la justice. Bernard, mon ami, prends bien tes mesures.

— Dites-moi donc, auteur de tous mes maux, reprit Madame de Saint-Balmont, faisant un dernier effort sur elle-même, dites-moi donc à votre dernière heure, qu'est devenu celui que vous avez entraîné dans l'abîme, le pauvre... le coupable Réné.

— Réné, répondit le renégat avec une exaltation subite, c'est vous qui avez perdu ce noble cœur, c'est vous qui avez empoisonné sa courte vie. Sur le champ de bataille de Leipsik : il avait conquis un nouveau nom, c'était le colonel Lowenskiold, c'est vous qui l'avez hier percé de votre épée, il est mort de votre main !

Madame de Saint-Balmont ne put supporter ce coup, elle tomba sans connaissance, ses gens l'emportèrent dans le cloître, et pendant ce temps le page s'approcha du major.

— Écoute, lui dit-il à voix basse, je respecte l'amitié que tu as si fidèlement gardée à Réné ; si cette nouvelle peut adoucir tes derniers moments, sache-le bien, Réné n'est pas mort, mais seulement prisonnier.

— Il n'est pas mort, dis-tu ! mais prisonnier ! prisonnier des Lorrains ! Ah ! le sort qu'ils me font subir m'annonce assez quel est celui qu'ils lui réservent. Eh bien ! veux-tu me rendre un dernier service? Veux-tu que je te bénisse encore à l'heure de la mort dont tu es l'instrument? Prends cette bague à ma main gauche et porte-la à Lowenskiold. Me le promets-tu? Mais non... arrête encore... donne-lui seulement s'il est condamné à une mort ignominieuse, et ne la lui remets qu'à ses derniers instants. Le promets-tu?

— Je te le jure, répondit le page.

— Allons, je meurs plus tranquille. Mais ne peux-tu faire différer encore mon supplice? Obtiens de ce juge qu'il m'accorde encore une heure : laisse-toi fléchir...

Le page ne répondit rien, mais il mit la bague dans son sein et s'éloigna. Le Prévôt fit un signe, la corde fut tirée avec violence par Bernard, et après quelques convulsions et un affreux râlement le cadavre du renégat se balançait suspendu à la croix de fer à laquelle il devait, le matin même, faire attacher le pâtre et le père Norbert.

Gervais se rapprocha du Prévôt qui semblait considérer attentivement ce triste spectacle.

— Allons, maître Rolin, lui dit-il, la justice des hommes est satisfaite, ne regardez pas plus longtemps ce misérable, on dirait que vos yeux ne peuvent s'en détacher.

— Il a été parfaitement pendu, répondit le Prévôt, et je suis très-content de Bernard : pour un pâtre sans culture, il s'est montré fort habile, et je ne manquerai pas de l'employer dans l'occasion. Mais ce n'est pas ce renégat que j'examinais, c'est l'écusson sculpté au-devant du portail à la hauteur duquel il voltige. Ce sont bien les armes du cardinal Jean de Lorraine, surmontées du chapeau, avec ses attributs d'archevêque, duc et pair de Reims. Il a écartelé son blason de tous les évêchés et de toutes les abbayes dont il était tutélaire. C'est vraiment très-curieux et très-remarquable. Je suis sûr qu'il y a dans cette chapelle des armoiries bien précieuses à étudier.

— Ce ne sera pas aujourd'hui que vous pourrez le faire, dit le page. Madame veut ramener processionnellement en grande pompe la statue de la Vierge à Neuville, et nous allons tout préparer pour cette cérémonie.

CHAPITRE VII.

Le comte de Blâmont.

La journée était déjà avancée, et Madame de Saint-Balmont n'était pas encore de retour de son expédition de Benoîte-Vaux. De grand matin on avait exécuté ses ordres relativement au transport du père Norbert au château, et le brave capitaine, malgré sa défiance et ses préventions contre tout ce qui portait l'habit ecclésiastique, avait reçu sans trop murmurer le martyr des partisans. — Cependant, avait-il ajouté à sœur Alix la Bénédictine, je me souviens que le comte Érard du Châtelet avait coutume de dire qu'il n'y a pire garnison qu'un prêtre dans une place assiégée. Jeanne s'étonnait, s'inquiétait de la durée de l'absence de son père.

L'ermitage de Sainte-Anne, situé au sommet d'une colline qui domine tout le pays, était donc redevenu silencieux et désert comme de coutume, quand deux cavaliers, montant de superbes chevaux épuisés de fatigue, s'arrêtèrent sous les ormes qui ombrageaient cette petite retraite et jetèrent un coup d'œil surpris vers le château. Tous deux paraissaient à peu près du même âge. L'un, au teint bruni par les fatigues, à l'œil fier et vif, à la mine hautaine, était plus grand que son compagnon dont la belle figure calme, ouverte et hardie annonçait la bravoure et la franchise, en même temps que s'y peignait une profonde déférence pour l'autre gentilhomme. Tous deux portaient un simple surtout gris, par-dessus un justaucorps de buffle, protégé par un hausse-col d'acier damasquiné, un grand feutre orné d'une plume noire fanée s'abaissait sur leurs yeux. La beauté et la richesse de leurs armes pouvaient seules faire soupçonner qu'ils étaient d'un rang élevé. Du reste, ils n'avaient ni écharpe ni uniforme particulier qui indiquassent à quelle armée ils appartenaient. Ils descendirent de leurs chevaux, les attachèrent dans l'intérieur du petit enclos qui entourait la chapelle, et les couvrirent de leurs manteaux, puis l'un d'eux entra dans l'ermitage qu'il semblait connaître.

— Il n'y a personne, dit-il avec une inquiétude visible, et cependant on a fait du feu aujourd'hui.

— Je crois, mon cher ami, répondit celui des deux cavaliers que nous avons désigné le premier, que ton pauvre ermite est mort, car voilà dans un coin du jardin une croix de bois qui nous apprend que frère Urbain y est enterré.

— Où donc saurons-nous des nouvelles de Neuville? dit l'autre gentilhomme avec un profond soupir.

— De par Dieu! reprit son compagnon, quand nous ne serions venus jusqu'ici que pour voir cette merveille d'un château encore debout en Lorraine, je ne regretterais pas la course que les chevaux légers de M. Weimar nous ont fait faire. Sans doute, il y a derrière ces vieilles murailles une bonne garnison française qui boit le vin et mange les poules du seigneur, pendant que nous nous morfondons ici l'estomac vide.

— Mais je ne me trompe pas, regardez, la bannière jaune flotte sur le donjon! s'écria l'autre interlocuteur!

— En es-tu bien sûr? demanda son ami avec une indifférence affectée, n'es-tu pas comme ces malades qui ont la jaunisse et qui voient tous les objets jaunes? ..... Mais non, de par Dieu! c'est bien la couleur du pauvre duché; il y a donc encore un petit coin de terre qui n'obéit pas au Roi Très-Chrétien! Eh bien! tu es heureux et je t'en félicite, le seigneur de Neuville nous logera ce soir, et nous allons lui demander l'hospitalité jusqu'à ce que nous puissions rejoindre les cavaliers d'Erard. Allons, je meurs de faim et de fatigue, à cheval! et partons, mais souviens-toi de nos conventions.

En reconnaissant le drapeau de son pays, l'autre gentilhomme avait ressenti une émotion telle que deux grosses larmes avaient roulé jusques sur sa moustache brune. Il joignit les mains et sembla remercier le Ciel, puis s'inclinant profondément, il se contenta de répondre :

— Le comte de Blâmont sera ponctuellement obéi.

Tous deux descendirent alors vers le château, dont le pont était relevé. Quand ils furent à une portée d'arquebuse, une sentinelle cria : Qui vive? et les deux gentilshommes s'arrêtèrent. Celui qui prenait le nom de comte de Blâmont s'enveloppa de son manteau et rabattit son chapeau de façon qu'il était impossible de découvrir son visage, l'autre répondit : *Lorraine!* d'une voix mâle et perçante.

Le pont-levis s'abaissa, et le capitaine Manheulles vint en personne, escorté de deux de ses vétérans armés, reconnaître les étrangers ; mais à peine eut-il regardé celui qui s'avançait le premier qu'il jeta à terre la demi-pique sur laquelle il s'appuyait en clopinant, et s'écria, comme ivre de joie, en embrassant la botte du cavalier :

— Mon maître, mon cher maître, que Dieu et saint André soient mille fois loués!

M. de Saint-Balmont, car c'était bien lui, serra affectueusement la main de son vieux serviteur et reçut avec bonté les témoignages de l'affection que lui portaient tous ses vassaux accourus dans la cour à la nouvelle du retour de leur seigneur. Il écouta avec autant de plaisir que d'admiration le récit de la conduite héroïque de sa femme et se fit conduire dans son appartement : après avoir fait, avec son ami, honneur en véritables affamés au repas que Jeanne leur avait fait servir, il manda le capitaine et voulut savoir si la sentinelle du donjon ne voyait pas encore venir Madame de-Saint-Balmont.

— Non, mon colonel, répondit Manheulles, mais la fille du pâtre, sauf votre respect, est revenue avec sa mère de la cachette de la forêt, et elles disent que Madame a fait pendre tous les Suédois et qu'elle ramènera tout à l'heure la statue de la Vierge en grande procession au château. Mais vous êtes de retour, et je me souviens que le comte Érard du Châtelet avait l'habitude de dire que dans la Coutume de Bar *femme mariée est en la puissance de son mari;* ainsi c'est vous qui allez donner ici des ordres, et nous ne serons plus conduits par des pages et par des prêtres.

— Qu'est-ce que cela signifie? demanda le colonel d'un ton sévère.

— Je veux dire, reprit le vieil officier... Mais voilà un gentilhomme qui se cache bien la figure; ce que j'ai à vous raconter l'ennuiera peut-être; ainsi, si vous vouliez visiter l'arsenal et voir les dépouilles des Suédois, je vous raconterais cela un peu plus secrètement.

M. de Blâmont sourit, et M. de Saint-Balmont assura le capitaine, quoiqu'avec un peu d'embarras, qu'il n'avait point de secrets pour son compagnon.

— En ce cas, je vais donc vous faire part de mes découvertes, comme tout vassal le doit à son seigneur, et tout officier à son colonel. D'abord vous savez que le page Gervais de Seraucourt se donne ici des airs de maître qui ne conviennent pas à tout le monde... Madame a gâté cet enfant, et puis il y a une petite fille du vieux Prévôt de Pierrefitte qui le mange des yeux quand il parle... et jusqu'à la Bénédictine qui le choie comme un directeur... Mais tout cela ne me regarde pas, c'est fort bien. Vous savez peut-être encore que le vieux curé et l'ermite de Sainte-Anne sont morts de la peste avec les deux tiers des habitants... Mais cela c'est une suite naturelle de la guerre et de la famine. Eh bien! il est venu, il y a quelque temps, pour desservir la paroisse, un prêtre inconnu qui a fort bien fait son service, j'en conviens; qui parle en chaire avec une langue dorée, c'est vrai; qui a grand soin des malades, je le veux bien; qui a de temps en temps distribué des vivres et des aumônes au pauvre monde, c'est juste; mais enfin qui n'est ni plus ni moins qu'un Français.

Ici il s'arrêta pour observer l'effet que cette révélation produirait sur son maître; mais Monsieur de Saint-Balmont continua d'écouter sans qu'aucune émotion parût sur son visage.

— Ce n'est pas tout, reprit Manheulles, avant-hier le page a fait sortir ce prêtre du château secrètement, pendant la nuit, et l'a fait conduire au camp du roi, que Dieu confonde, et un instant après nous avons été attaqués par Lowenskiold.

C'est le rémouleur Martin qui lui a servi de guide. Le gagne-petit est revenu cette nuit; je connais son faible, je lui ai fait boire un pot de vin pour lui délier la langue; car, comme le disait le comte Érard du Châtelet...

— Pour l'amour de Dieu! laisse-là les sentences de mon cousin, interrompit le colonel, et continue : que t'a appris le rémouleur?

— Il m'a dit que ce prêtre avait sans doute un bel et bon brevet d'espion en forme, car ils ont rencontré un parti de chevau-légers noirs du duc Bernard de Saxe-Weimar, et sitôt qu'il leur a exhibé son parchemin, ils l'ont salué avec respect et lui ont offert de l'escorter. Ensuite, quand ils sont arrivés aux tentes françaises, il n'a fait que montrer encore son parchemin, et aussitôt le cornette qui se trouvait aux avant-postes a envoyé en diligence un cavalier au quartier du Roi, et un exempt des gardes-du-corps est venu, avec force civilités, recevoir notre espion et l'a conduit à travers le camp. Notre homme a congédié le rémouleur et lui a donné pour sa peine deux écus d'or qu'il a tirés d'une grande bourse qui en était remplie. Le gagne-petit les a mis dans sa poche, comme un vilain qu'il est, au lieu de donner un bon coup de son bâton ferré sur la tête du traître, et quand je le lui ai reproché, il m'a répondu que c'était autant de pris sur l'ennemi. Ce n'est pas le tout, le prétendu curé l'a chargé de dire au page qu'il serait discret, mais qu'il ferait ce qu'il lui avait promis.

— Voilà d'étranges nouvelles! s'écria Monsieur de Saint-Balmont, en se levant et se promenant à grands pas; mais, capitaine, il est possible que Gervais qui est jeune et sans expérience se soit laissé tromper par quelque agent du cardinal; quant à l'accuser de trahison, jamais! j'en répondrais sur ma vie.

— Mon cher Saint-Balmont, interrompit son compagnon qui avait écouté le récit du vétéran avec un vif intérêt, nous vivons dans un temps où la trahison prend le masque de la fidélité, et nous avons affaire à des ennemis qui savent employer tous les moyens pour parvenir à leurs fins. Es-tu sûr de ce page?

— Je l'ai élevé, répondit le seigneur de Neuville, je

lui ai servi de père, c'est lui qui a découvert les projets de Réné de Deuilly et de son complice le renégat, il a sauvé de leurs mains Alberte au péril de ses jours; à Nordlingen, il s'est battu comme un lion à mes côtés: vous avez entendu raconter comment il a hier contribué à la défense de ce château; il est Lorrain et gentilhomme, et j'ai en lui toute confiance.

— Oui, dit M. de Blâmont avec amertume, les gentilshommes lorrains ont assez versé leur sang et prodigué leur fortune pour que l'on ne puisse révoquer en doute leur fidélité. Et comment en sont-ils récompensés? leurs châteaux sont rasés, leurs biens confisqués, la famine, la peste et la guerre ont fait de leur pays une solitude.

— Chassez ces tristes pensées, répliqua vivement M. de Saint-Balmont, la fortune peut se lasser de nous être contraire, notre prince est en sûreté, le plus hardi partisan au service de Louis a trouvé la honte et la mort sous les coups d'une faible femme.

— Non, non! reprit le capitaine, et voilà justement où je voulais en venir. Lowenskiold n'est pas mort, il est prisonnier ici dans le cachot du donjon, et ce qui me donne de forts soupçons contre votre page, c'est qu'il m'a défendu d'en parler à Madame avant le retour du prêtre.

— Quoi! s'écria le colonel, Lowinskiold est prisonnier, et Madame l'ignore! Ah Gervais! Gervais, si tu m'avais trompé!

— Lowenskiold prisonnier! dit avec autorité M. de Blâmont, et a-t-on eu pour lui tous les égards que l'on doit à un brave soldat?

— Il a eu ce matin une écuelle de mauves bouillies, répondit Manheulles fort étonné du ton que prenait l'hôte de son seigneur; il n'a qu'une chaîne aux pieds et il est couché sur de la bonne paille, le jardinier a mis lui-même de l'étoupe avec de l'onguent sur ses plaies.

— C'est une indignité, Monsieur, dit M. de Blâmont, je veux qu'il vienne ici à l'heure du souper.

L'officier regarda M. de Saint-Balmont d'un air de plus en plus surpris.

— Oui, répéta celui-ci, vous amènerez ici Lowenskiold, il partagera notre souper, n'en parlez pas au page.

— Cela suffit, mon colonel, vos ordres seront exécutés.

En ce moment on frappa à la porte un coup léger, et sur l'invitation d'entrer prononcée par le colonel, Jeanne se présenta en tremblant dans l'appartement.

— Qu'y a-t-il? mon enfant, lui demanda-t-il avec bonté?

— Monseigneur, dit-elle en osant à peine lever les yeux, je venais vous avertir que l'on aperçoit du donjon une troupe qui marche lentement vers le château, c'est sans doute Madame qui revient de Benoîte-Vaux.

— En êtes-vous bien sûre? ne serait-ce pas un parti ennemi? Allons nous en assurer, capitaine.

— Oh! j'en suis bien sûre, monseigneur, car j'ai reconnu M. Gervais de Saraucourt à cheval.

— Vous avez la vue perçante, Mademoiselle, observa M. de Saint-Balmont en souriant.

Il salua son hôte et sortit. C'était, en effet, Alberte qui revenait à la tête de ses vassaux, ramenant en procession la statue de la Vierge, pour ne pas la laisser exposée à de nouvelles insultes; elle avait mis en liberté ses prisonniers dans la crainte d'affamer son château. Malgré son triomphe, un air de tristesse obscurcissait son visage, et l'idée qu'elle avait donné la mort à son cousin, le supplice de Strozzi empoisonnaient sa victoire. Mais quand elle aperçut son époux chéri, toutes ces tristes pensées firent place au bonheur de le revoir ; elle le serra tendrement dans ses bras et répondit par de chastes caresses aux transports de son amour.

— Comme ils s'aiment! dit une voix derrière le page un peu soucieux. Il se retourna et vit une joie railleuse briller dans les yeux de Jeanne.

— Ah! Jeanne, dit-il, nous avons fait un sanglant pèlerinage, mais vous voyez qu'il n'a été funeste qu'aux Suédois, aucun de nous n'y est resté.

— Je l'ai vu tout de suite, Monsieur Gervais, mais mon père m'a dit que vous aviez couru de grands dangers.

— Non, non cela n'a duré qu'un instant; nous serions de retour depuis longtemps si Madame n'avait voulu ramener la sainte image dans la chapelle du château.... Ah ! ah ! j'ai regardé votre nœud du coudrier, Mademoiselle, il est très-bien repris, votre pèlerinage a eu un plein succès, votre vœu est exaucé, c'est bien sûr. Maintenant, vous me direz ce que vous aviez demandé à Notre-Dame de la Paix.

— Ah! non, jamais! mais vous vous raillez de moi comme toujours : le nœud n'est pas repris.

Le page n'eut pas le temps de répondre; M. de Saint-Balmont tournait la tête de son côté, après avoir subi une harangue du Prévôt. Il s'avança vers son maître et lui présenta ses hommages; l'accueil un peu froid qu'il reçut l'affligea profondément, et en rencontrant le regard railleur du capitaine, il se douta bien qu'un envieux l'avait desservi. Cependant, fort de sa conscience, il attendit qu'une occasion lui permît de s'expliquer et de connaître de quoi l'on pouvait l'accuser, sûr de se justifier facilement.

Arrivé dans le salon, M. de Saint-Balmont présenta son ami à la châtelaine.

— Nous avions voulu, dit-il, nous jeter dans Saint-Mihiel avec une troupe d'élite; mais dispersés par les coureurs de l'ennemi, bien supérieurs en nombre, nous n'avons échappé qu'avec peine aux cavaliers du duc Bernard, et je suis bien heureux d'avoir pu venir demander asile et protection à ma chère Alberte.

M. de Blâmont, à son tour, avec une grâce et une aisance parfaites, remercia la Dame de Neuville de son accueil, et ajouta qu'il espérait ne lui causer qu'un embarras de quelques heures.

Le son de cette voix parut la frapper et lui rappeler quelques souvenirs; elle regarda son hôte avec autant d'attention que lui en permettait la politesse; mais un changement complet s'était opéré en lui depuis son arrivée à l'ermitage. Une vaste perruque noire avait recouvert sa chevelure, une mouche énorme qui cachait, disait-il, une ancienne blessure, lui couvrait l'œil gauche; d'ailleurs le nom de Blâmont lui était tout à fait inconnu, ses souvenirs se trouvèrent donc en défaut.

Le souper était servi; le Prévôt seul, très-fier de cet honneur, fut invité à s'y asseoir avec l'étranger et les maîtres de la maison; les autres vassaux se rendirent dans la grande salle, après que M. de Saint-Balmont eut donné à Manheulles quelques ordres à voix basse. Le page s'approcha du capitaine et lui dit à l'oreille : J'espère que vous avez eu soin du prisonnier... Vous n'en avez pas parlé à Madame, je vous remercie de votre discrétion; si le prêtre arrive demain, vous saurez tout; d'ailleurs, peut-être en parlerai-je dès ce soir à mon maître.

— Vous ferez comme vous l'entendrez, répondit aigrement le vieil officier, je me souviens que le comte Erard du Châtelet avait coutume de dire...

Mais le page lui tourna le dos et rentra brusquement dans sa chambre pour se désarmer.

Cependant Manheulles avait allumé une lanterne et descendait péniblement, en jurant tout bas, à chaque marche, l'escalier du cachot. Il ouvrit la porte et trouva son prisonnier couché sur la paille, dans une attitude de souffrance et de découragement. La faim lui avait fait manger avidement la petite ration d'herbes sauvages cuites à l'eau, que l'on avait déposée le matin à côté de lui. Il souleva la tête quand il entendit tirer les verrous, et regarda le capitaine d'un air de fierté dédaigneuse.

— Allons, allons, colonel, dit brusquement celui-ci, levez-vous et consolez-vous. Il n'y a qu'heur et malheur dans ce monde; nous vous avons battus à Nordlingen, vous nous l'avez rendu devant Saint-Jean-de-Losne; vous avez déjeuné ce matin des mauves de nos remparts, vous allez souper comme un prince. Venez, suivez-moi, vous serez placé à table à côté de Madame.

— Les yeux du partisan brillèrent dans l'obscurité.

— Viens-tu te railler de moi? Laisse-moi mourir en paix!

— Je ne raille pas, colonel! je vous répète que je viens vous chercher pour souper avec Madame. Levez-vous, que je détache vos fers.

— Dis-tu vrai? répondit Lowenskiold en se levant subitement. Ta maîtresse veut me voir? Me connaît-elle? Et ce valet, ce page maudit, cause de ma ruine, est-il près d'elle?

— Gervais! Oh que non! il a perdu tout crédit maintenant. Mais on vous connaît, on sait que vous êtes Lowenskiold, et l'on doit vous traiter en gentilhomme.

— Ainsi, je verrai ma.... Madame de Saint-Balmont! Ah! je ne puis prononcer ce nom.

— Vous la verrez, colonel, mais je vous assure que vous prononcez fort bien le français.

— Eh bien! j'irai, dit Lowenskiold, je la reverrai, dût-elle me faire poignarder en me reconnaissant.

Manheulles lui détacha ses fers, l'aida complaisamment à rajuster ses vêtements, se garda bien de lui apprendre en quelle compagnie il allait se trouver, afin de mieux jouir de sa surprise, et le conduisit par des passages obscurs dans la salle à manger.

CHAPITRE VIII.

Le Talisman.

Le page, sur l'ordre de M. de Saint-Balmont, venait d'entrer dans la salle, et il recevait avec une noble modestie les éloges que sa maîtresse venait d'accorder à sa bravoure et à sa fidélité; il n'attendait que l'instant favorable pour entamer, malgré la présence de l'étranger, une explication que la froideur de son maître lui rendait nécessaire; mais il ne voulait pas, devant Alberte, découvrir que Lowenskiold était prisonnier, puisqu'il savait que le renégat lui avait appris son véritable nom. De son côté, Alberte attendait avec impatience le moment où elle serait seule avec son époux pour lui raconter la scène de mort du matin et les révélations du major. Enfin, le Prévôt lui-même se préparait, par un récit semblable, à mettre en relief le rôle qu'il venait de jouer; mais le respect ne lui permettait pas de prendre la parole. Un couvert était servi près de Madame de Saint-Balmont et la place était restée vacante, elle venait de demander à son mari pour qui il la réservait, et à sa réponse mystérieuse que c'était pour un convive qu'elle était loin d'attendre, elle avait cru deviner que c'était pour un compagnon d'armes échappé, comme lui et M. de Blâmont, à la poursuite de l'ennemi. Ainsi chacune des personnes présentes avait un secret qui lui pesait, et un embarras visible était peint sur tous les visages. M. de Blâmont seul ne montrait qu'une curiosité hautaine de voir enfin ce Lowenskiold, si fameux par l'audace de ses entreprises, et dont il se proposait bien d'humilier poliment l'orgueil, en le faisant asseoir près de celle qui l'avait vaincu.

La porte s'ouvrit, et la voix de Manheulles cria : Voici le colonel Lowenskiold !

A ce nom fatal, Madame de Saint-Balmont poussa un cri et tomba dans une sorte de stupeur, tandis que le page s'élançant au-devant du partisan, comme pour le cacher à tous les yeux, s'écria :

— Ah ! Monsieur, vous ne le connaissez pas ! Pour votre honneur, mon cher maître, ordonnez qu'il se retire, il ne doit pas paraître devant vous !

— Gervais, répondit M. de Saint-Balmont avec hauteur, votre conduite mystérieuse sera enfin expliquée. Je suis le meilleur gardien de mon honneur, et si une entrevue avec le colonel vous contrarie, j'en suis fâché, mais elle me fera peut-être connaître si j'ai nourri un traître dans ma maison.

A ces mots, il se leva vivement, et prenant le page par le bras, il le fit pirouetter sur ses talons, et se trouva en face de Lowenskiold. Celui-ci, pâle et affaibli par la perte de son sang, ébloui par la vive lumière qui éclairait l'appartement et qui frappait pour la première fois ses yeux accoutumés depuis vingt-quatre heures à la profonde obscurité de son cachot, n'avait distingué que d'une manière confuse les personnes qui se trouvaient dans la salle. Mais il reconnut sur-le-champ son rival détesté, tandis que dans cette belle figure fière et animée par la honte et la haine, celui-ci vit Réné.

— Deuilly !

— Saint-Balmont !

S'écrièrent-ils tous deux dans une égale fureur, et par

un mouvement instinctif, ils cherchèrent leur épée à leur côté; mais Saint-Balmont avait quitté la sienne en rentrant au château; hélas! celle de Réné était tombée la veille de sa main dans sa défaite.

— Ah! traître, apostat, ravisseur! viens-tu me braver ici, s'écria le seigneur de Neuville.

— Je suis sans armes, répondit Réné, tu peux m'insulter impunément, je reconnais là ta générosité et ta loyauté.

— Tu en auras tout à l'heure, je t'ai trouvé enfin, tu ne m'échapperas pas.

— Tu m'as échappé à Nordlingen, mais si tu as du sang de gentilhomme dans les veines, fais-moi donner une épée : tu me hais autant que je te déteste, que j'aie ta vie ou toi la mienne!

Tous les témoins de cette scène, Alberte, le page, Jeanne, le capitaine lui-même, semblaient glacés de terreur; M. de Blâmont s'était croisé les bras et regardait les deux rivaux avec une sorte de plaisir, quand il entendit la voix grave du Prévôt prononcer ces paroles :

— Votre vie, Réné de Deuilly, chevalier profès de l'ordre de Saint-Jean de Jérusalem, domicilié de droit à Malthe, votre vie appartient au bourreau. Voici une sentence exécutoire au moyen de laquelle j'ai fait pendre ce matin votre complice, un quidam se disant Hamet Ben Mohammed et se donnant diverses autres qualifications. Au nom de S. A. Mgr le duc de Lorraine, je vous arrête et je somme toutes personnes présentes de prêter main-forte à la justice.

— Et qui ose ici donner des ordres au nom du duc de Lorraine? demanda M. de Blâmont avec hauteur.

— Moi, mon gentilhomme, moi Luc Rolin, Prévôt de Pierrefitte et juge-garde de Neuville, moi qui parle au nom du duc notre maître, lequel possède ici *donjonem cum fossato*, comme je puis le faire voir dans la charte du comte Hugues de Bar, de l'an , et si vous entendiez vous opposer à l'exécution de ce traître, je requerrais main-forte contre vous.

L'étranger sourit.

— A Dieu ne plaise, dit-il, que j'interrompe le cours de la justice, et je vous admire et vous loue, Monsieur le Prévôt, du courage avec lequel vous faites exécuter les arrêts rendus au nom d'un prince qui ne possède peut-être plus que ce château dans ses deux Duchés. J'avoue cependant qu'un combat à armes égales entre mon cher Saint-Balmont et ce transfuge aurait été davantage de mon goût ; mais je me souviens que le duc Charles a promis de ne faire grâce à l'assassin de M. d'Ernecourt ni à son complice, ne le laissons pas manquer à sa parole. Monsieur de Neuville, c'est une affaire faite, venez vous asseoir, et que M. le Prévôt fasse son devoir, pendant qu'il y a encore dans les États de Charles IV assez de place pour y planter le gibet d'un traître. Vous avez ici le père Norbert, le martyr des dignes soldats de cet homme, qu'il le réconcilie avec le ciel, et que demain matin tout soit dit.

A ces mots, prononcés d'un ton impérieux et qui ne semblait pas admettre de réplique, M. de Saint-Balmont, au grand étonnement de sa femme et des gens de sa maison, était resté immobile; mais Alberte sortit de l'état d'accablement où elle était plongée, et s'adressant à cet hôte mystérieux :

— J'ignore, Monsieur, dit-elle, pourquoi vous prétendez donner des ordres ici et encourager notre Prévôt dans ses prétentions, mais j'espère bien que celui qui seul a *droit* d'y commander, ne souffrira pas que l'on souille sa maison par la mort ignominieuse d'un homme qui, malgré ses crimes, est le proche parent de sa femme.

— Alberte ! Alberte ! s'écria Réné, les regards brillants et indifférent à tous les dangers qui l'entouraient, je croyais que tu me haïssais, et cependant je voulais te revoir encore. Va ! je viens de goûter le seul instant de bonheur dont j'aie joui depuis six ans : tu m'as pardonné, tu as voulu défendre ma vie ! Va, c'est assez pour moi, je suis prêt à mourir, mais j'emporte au cœur une consolation que mes bourreaux ne pourront m'arracher.

A cette étrange interprétation des paroles de sa femme, M. de Saint-Balmont rougit et pâlit successivement ; on voyait qu'il se livrait en lui un violent combat entre sa jalousie et sa générosité. Il entraîna M. de Blâmont dans l'embrasure d'une fenêtre et eut avec lui, à voix basse, une conversation longue et animée. L'étranger y mit fin en prononçant d'un ton sec : Non ! non ! je le veux ! Le seigneur revint s'asseoir à sa place d'un air consterné, et le capitaine et le Prévôt emmenèrent le prisonnier. Madame de Saint-Balmont, indignée, sortit avec Jeanne et rentra dans sa chambre.

Le page était resté stupéfait pendant cette scène, il se remit enfin et s'approcha de son maître.

— Monsieur, lui dit-il d'une voix ferme et respectueuse, il paraît que j'ai eu le malheur de perdre vos bonnes grâces, et je suppose que le secret que j'ai voulu faire garder au capitaine Manheulles sur la captivité de ce... de Lowenskiold en est la cause. Je voulais éviter à Madame le chagrin de savoir en sa puissance un parent qu'une personne de son nom ne pouvait punir, mais j'attendais le retour d'un saint prêtre pour en décider dans cette circonstance.

— Oui, interrompit M. de Blâmont, d'un homme que vous avez envoyé au roi de France pour faire votre marché.

— Vous êtes un insolent! et vous m'en rendrez raison sur-le-champ, s'écria Gervais, en portant la main sur son épée.

— Doucement! Gervais, reprit M. de Saint-Balmont, les soupçons de Monsieur ne sont peut-être pas fondés; mais personne n'a le droit de le provoquer dans ma maison.

— Du moment qu'il y a deux maîtres ici, répliqua fièrement le page, je n'y resterai pas une minute de plus.

— Vous attendrez cependant, pour en sortir, lui dit M. de Saint-Balmont, que votre émissaire soit de retour; rentrez dans votre chambre et attendez-y mes ordres.

— Je n'ai plus d'ordres à recevoir de vous, Monsieur; j'attendrai le retour du prêtre, parce qu'il me justifiera complètement. Je pourrais le faire d'un mot, mais je serais honteux de répondre à d'aussi indignes accusations. Mais malheur, ajouta-t-il d'un ton menaçant, malheur à celui qui a cherché à ternir mon honneur et m'a fait perdre l'amitié d'un seigneur que j'aimais plus que ma vie.

M. de Blâmont ne répondit à cette bravade que par un froid sourire et un mouvement d'épaules, et le pauvre page, le cœur gros de soupirs, se hâta de sortir de la salle de peur d'éclater en sanglots.

Il rencontra sur son passage le capitaine dont l'air était plus maussade que de coutume, et surmontant son aversion pour le vieillard afin de remplir ce qu'il regardait comme un dernier devoir, il s'approcha de lui. De son côté, Manheulles, en l'apercevant, prit un air plus gracieux et l'aborda avec empressement en lui tendant la main.

— M. Gervais, dit-il, je suis fâché de leur avoir amené là-haut Lowenskiold, puisqu'il se trouve que c'est Réné de Deuilly. Il refuse absolument de se confesser, il sera pendu demain, et après tout, il n'y aura pas grand honneur pour la maison de notre maître et pour celle du comte Érard du Châtelet.

— Vous l'avez voulu, capitaine, il ne fallait pas trahir ma confiance.

— C'est vrai, c'est vrai, j'ai eu tort. Quand le jugement fut rendu, je me souviens que le comte Érard dit...

— Peu importe maintenant ce que disait le comte Érard. Voulez-vous que nous donnions une dernière consolation à ce malheureux?

— Laquelle? S'il n'y a rien contre la foi que nous devons à notre seigneur féodal et l'obéissance qu'un officier doit à son supérieur, j'y consens volontiers.

— Eh bien! conduisez-moi dans son cachot, j'ai promis à son ami le major, qui n'a que trop bien prévu le sort de Réné, de lui remettre cette bague avant sa mort. Je ne voudrais pas manquer de parole, même à ce renégat, qui sert maintenant de pâture aux milans et aux vautours devant le portail de Benoîte-Vaux.

Le capitaine examina la bague : c'était un anneau d'or avec une grosse pierre noire sans éclat, sur laquelle étaient gravés des caractères bizarres, autour du cercle de la bague on lisait ces mots en émail : *Spes ultima*. Il la tourna et retourna dans ses doigts en tous sens, et dit en hochant la tête :

— J'ai entendu parler de talismans, d'anneaux qui rendent invisibles, mais j'ai peine à croire à ces sortilèges; remettez-la au prisonnier, si vous manquiez par ma faute à la parole que vous avez donnée à cet Italien, lui et Lowenskiold viendraient nous tirer par les pieds toutes les nuits. Donnez-la-lui, il ne la portera pas longtemps. Je me souviens que le comte Érard-du Châtelet disait une fois, en ma présence, que la volonté d'un mourant était une chose sacrée.

Ils descendirent donc au cachot. Lowenskiold, en les apercevant, détourna la tête, mais Gervais s'empressa de s'acquitter de son message.

— Monsieur, dit-il d'une voix solennelle, je vous apporte un dernier souvenir du major Strozzi.

Réné tressaillit.

— C'est toi, page que j'ai toujours rencontré sur mon chemin. Il était juste que la mort de mon pauvre ami, du seul être qui m'ait aimé dans ce monde, me fût confirmée par toi. Parle, qu'as-tu à me dire de sa part? Je le reverrai demain, s'il y a une autre vie comme le racontent les prêtres, et je saurai bien si tu m'as dit vrai.

— S'il y a une autre vie, Monsieur! répéta le page avec horreur, quoi, vous en doutez? Laissez-moi amener ici le père Norbert, c'est un homme pieux et instruit, il vous prouvera mieux que moi qu'un repentir sincère peut nous faire pardonner nos fautes et nous sauver des châtiments qui nous attendent dans l'éternité.

— Tu prêches admirablement, mon jeune ami, répondit Réné avec un sourire amer, et s'il faut l'avouer, les ténèbres et la solitude de ce cachot et la fin qui m'attend tout à l'heure jettent quelquefois mon esprit dans quelqu'incertitude et me rappellent, malgré moi, de semblables sermons dont on a bercé mon enfance. Je me demande si ce malheureux major, le comte Piétro Vanini, avait raison de croire que ce qu'on appelle notre âme périt avec le corps et retourne aux éléments. Grand problème dont je saurai le mot!... quand?... Est-ce ce soir, capitaine, que votre vieux pédant de Prévôt me fait pendre aux flambeaux? ou bien me laissez-vous encore la nuit entière pour examiner la question?

— Monsieur de Deuilly, répondit Manheulles d'un ton grave, je suis un soldat et la mort ne m'a jamais fait peur; je n'aime pas beaucoup à voir de près la soutane d'un prêtre ni la robe d'un moine, et pourtant si j'étais à votre place j'aimerais mieux écouter leurs discours que les impiétés de votre comte Vanini. Vous aurez jusqu'à demain pour y réfléchir. Je vous ai fait apporter un bon souper; quand vous l'aurez pris, que vous aurez bu un verre de ce vin vieux, peut-être vous reviendrez à des pensées meilleures. Si vous voulez le père Norbert, je me charge de vous l'envoyer.

— Oh! dit le page, si seulement le bon prêtre qui a remplacé le curé de Neuville était de retour!

— Il ne reviendra pas assez tôt, M. Gervais, reprit le capitaine; je crois qu'il s'entendrait mieux à nous livrer aux Français qu'à confesser un pénitent. Soupez, Monsieur de Deuilly, et prenez le père Norbert, je vous le conseille.

— Merci, capitaine, d'ici demain j'ai le temps d'y songer encore, j'aviserai. Mais répète-moi, mon jeune ami, ce que le major t'a chargé de me dire.

— Je n'ai rien à vous dire de sa part, je n'ai qu'à vous remettre cette bague, je désire que sa possession adoucisse vos derniers moments.

— Cette bague, reprit Réné, d'un ton doux et triste... Oui, c'est bien la sienne... Va, je te pardonne pour ce présent tout le mal que tu m'as fait. Dis à ta maîtresse que je l'aime toujours!...

Il tendit la main à Gervais qui avait froncé le sourcil à ces dernières paroles, serra la sienne avec une sorte d'affection, salua le capitaine, et le pria de le laisser seul.

Ils sortirent, et les verroux se refermèrent avec un bruit sinistre sur René de Deuilly. Ils se séparèrent au haut de l'escalier, le capitaine pour faire sa ronde accoutumée, le page pour rentrer dans sa chambre. Quand il fut arrivé dans le corridor obscur qui y conduisait, il aperçut sur le seuil de sa porte la blanche figure de Jeanne éclairée par une petite lampe qu'elle tenait à la main.

— Décidément, ma chère Jeanne, lui dit-il, vous aimez à vous promener le soir.

— Je ne me promène pas, M. Gervais, je vous attendais.

— Vous m'attendiez? et quelle grave confidence aviez-vous donc à me faire?

— Je n'ai rien à vous dire pour moi, M. Gervais; c'est de la part de Madame : elle m'a donné l'ordre de vous conduire dans sa chambre.

— Dans sa chambre, dites-vous? elle ignore sans doute que je vais quitter le château.

— Quitter le château! M. Gervais! Y pensez-vous? Vous allez donc suivre encore à la guerre M. de Saint-Balmont.

— Je ne suis plus au service du colonel, ma pauvre Jeanne, ce bon, cet excellent maître s'est laissé tromper par cet aventurier qui l'accompagne; il soupçonne ma fidélité, et demain, dès que le prêtre étranger sera de retour comme j'y compte, je quitterai Neuville pour jamais ; j'irai trouver Son Altesse et lui demander de m'admettre comme volontaire dans un de ses régiments.

— Et que deviendrons-nous au château, si vous partez. Mais Madame ne le souffrira pas.

— Je veux lui obéir, à elle, quand ce serait pour la

dernière fois. Elle m'attend, dites-vous; Jeanne, conduisez-moi près d'elle.

Jeanne essuya ses yeux et le fit entrer dans la chambre de sa maîtresse. Madame de Saint-Balmont était seule, assise près de la cheminée, elle tenait sur ses genoux son petit garçon endormi : la petite fille était déjà dans son berceau.

— Merci, ma chère Jeanne, dit-elle à la jeune fille, j'ai renvoyé mes femmes, priez sœur Alix de venir, et faites-moi le plaisir de rester dans l'antichambre et d'empêcher que personne sans exception entre ici.

Jeanne obéit avec empressement, sœur Alix arriva aussitôt et vint s'asseoir près d'Alberte.

— Gervais, dit la châtelaine, sœur Alix a entendu, dans le couloir du cabinet voisin de la salle à manger, la scène qui a eu lieu entre vous et M. de Blâmont après ma sortie. Vous voulez donc nous quitter?

— Puis-je rester maintenant, Madame, je vous en fais juge? J'ai été insulté par un étranger dans mon honneur, et mon maître, au lieu de me défendre, a paru partager ses soupçons!

— J'ai compris par quelques paroles de mon mari que ce comte de Blâmont est un seigneur Brabançon, de la cour de Bruxelles, qui jouit de toute la faveur du duc de Lorraine. Il ne vous connaît pas, Gervais, et votre aveugle confiance envers ce prêtre qui, je le crains, nous a trompés, vous a singulièrement compromis. M. de Saint-Balmont vous a toujours aimé, et son mécontentement se dissipera bien vite. Pour moi, je n'ai pas besoin de vous dire que mon opinion sur vous n'a jamais varié : donnez-moi votre main, Gervais, vous resterez.

— Oh! Madame, dit le page ému, hors de lui, prêt à suffoquer et portant respectueusement à ses lèvres cette main adorée, n'êtes-vous pas maîtresse absolue de votre esclave? Si vous l'ordonnez!.....

— Calmez-vous, mon jeune ami, et écoutez-moi avec attention. Vous resterez, Gervais, parce que votre seigneur n'a jamais douté de votre loyauté et ne voudrait pas se priver de vos services; vous resterez parce qu'après son départ j'ai besoin de quelqu'un sur le dévouement de qui je puisse compter.

— Dites tout de suite, à M. de Seraucourt, ce que vous attendiez de lui, ma chère fille, dit sœur Alix.

— Vous avez raison, ma chère mère, répondit Alberte, je vais le lui dire sans détour.

— Vous m'avez donné la preuve d'une affection que je n'oublierai jamais, en me cachant que René...., que Lowenskiold était mon prisonnier. L'arrivée de M. Saint-Balmont, l'indiscrétion de Manheulles, l'obstination du Prévôt, et surtout la malheureuse intervention du comte de Blâmont ont tout perdu. Demain le neveu de ma mère, mon ami d'enfance, mon plus proche parent doit mourir d'un supplice infâme, dans mon propre château! Cela ne sera pas, non, cela ne sera pas. C'est sur vous que je compte pour sauver ce malheureux.

— Mais, Madame, ne serait-ce pas un acte de trahison envers M. de Saint-Balmont?

— Ce sera lui sauver des remords. M. de Saint-Balmont est le cœur le plus noble, le plus généreux qui existe. Il nous remerciera un jour de lui avoir épargné une tache à l'écusson de sa femme. Il doit partir demain de grand matin avec son ami, je les accompagnerai, et Manheulles commandera ici. J'aurai soin que vous ayez une clé du cachot, et dès que nous serons à quelque distance, vous ferez évader René; me le promettez-vous?

— Oh Madame! cela sera-t-il possible? Et si le Prévôt veut hâter le supplice?

— J'obtiendrai qu'il n'ait pas lieu avant notre départ; et d'ailleurs, s'il le faut, vous arrêterez le Prévôt, vous le retiendrez prisonnier dans sa chambre.

— Je resterai, Madame, j'oublierai l'injustice de mon maître, je demeurerai ici sous les ordres de Manheulles, et vous partirez...., je sauverai Réné...., j'emprisonnerai le Prévôt; vous serez contente, j'obéirai.

— A demain, Gervais; soyez discret.

— Adieu, Madame, je le serai.

Il sortit et trouva Jeanne dans l'antichambre.

— Vous resterez, n'est-ce pas, Monsieur Gervais?

— Oui, Mademoiselle Jeanne, je resterai; mon sort est décidé.

— Oh! que mon père sera heureux!

Le page ne répondit rien et courut vers sa chambre. Au détour du corridor, il se heurta dans maître Rolin, qui remontait chez lui, un chandelier à la main, et faillit le renverser.

— Ah c'est vous, Monsieur de Seraucourt, charmé de vous rencontrer! J'ai vu avec peine le comte de Blâmont vous parler comme il l'a fait tantôt; mais pendant le souper il a été beaucoup question de vous, et il est revenu sur votre compte.

— Peu m'importe l'opinion du comte de Blâmont, répondit le page. Mais vous, maître Rolin, qui êtes si savant en généalogies, pourriez-vous me dire quelle est celle de cet insolent personnage?

— Entre nous, Monsieur de Seraucout, je le crois Wallon ou Brabançon. D'abord j'ai vu tout de suite qu'il n'était pas Lorrain. Vous n'ignorez pas que notre ancienne maison de Blâmont est éteinte depuis longtemps :

elle portait *d'argent à deux barbeaux adossés de gueules accompagnées en chef d'une rose de même.* Elle a fini en la femme de Hermann, comte de Salm, dès le XIIe siècle. Je n'ignore pas que nous trouvons plus tard des sires de Blâmont; mais depuis le duc Charles III, cette famille a disparu.

Je n'ai pu rien apprendre de ce Flamand, il a un abord qui glace, je n'ai osé lui faire aucune question, et en somme j'ai fait un souper honorable, mais peu instructif. Je pensais qu'il se ferait un certain plaisir de voir procéder à l'exécution de ce Réné de Deuilly, mais M. de Saint-Balmont m'a répondu qu'elle n'aurait lieu qu'après leur départ, à quoi M. de Blâmont a donné son assentiment par un simple signe de tête. Cela me donnera un peu plus de temps pour tout disposer. Bernard a de l'intelligence, et je suis bien aise de l'employer à établir un gibet sur le donjon; car les fourches patibulaires de la seigneurie de Neuville sont sur les terres de l'Empire, ou si vous voulez du Verdunois, tandis que le duc de Lorraine possède ici incontestablement *donjonem cum fossato.*

Le page ne répondit pas un mot et rentra.

Le lendemain, de bonne heure, M. de Saint-Balmont était monté sur le donjon où le capitaine se tenait habituellement. Sa figure, ordinairement si calme et si ouverte, était inquiète et embarrassée.

— Mon vieil ami, dit-il en l'abordant, je vois que nous pouvons compter sur ta vigilance; jamais elle ne fut plus nécessaire. L'exécution de ce Strozzi va redoubler la furie des Suédois et des Français; et d'un autre côté je crains bien que ce prêtre n'amène ici de nouveaux ennemis. Je crois encore que Gervais n'est pas coupable, mais sa liaison avec cet homme compromet singulièrement la sûreté du château. Il serait impossible de le défendre contre une attaque régulière, et je n'ose y laisser Madame de Saint-Balmont et surtout le gentilhomme qui m'accompagne. Un corps de cavaliers commandé par le comte Érard du Châtelet nous attendra jusqu'à demain dans la forêt d'Amblonville, mais il nous faut un guide sûr et dévoué, je viens te demander si tu en connais un; il faut que tu puisses en répondre sur ta tête.

— Monsieur, reprit le brave serviteur, je vous parlerai comme un soldat, sans détour, comme disait le comte Érard du Châtelet au feu duc Henri..... Je suis surpris..... affligé de voir que vous vous laissiez maintenant diriger par cet aventurier, ce M. de Blâmont, dont je n'ai jamais entendu parler ni en guerre ni en paix. Hier, il vous a fait abandonner à la hart du Prévôt le cousin-germain de votre femme; aujourd'hui, il vous force à fuir quand vous avez pour vous défendre un donjon solide, des vassaux dévoués et ma grande couleuvrine. Je ne connais pas assez le pays pour vous servir de guide, et depuis l'affaire de Saint-Jean-de-Losne, ajouta-t-il en frappant sur ses jambes, je ne puis plus me tenir à cheval. Mais j'ai ici votre homme, et j'en réponds sur ma tête, c'est Gervais.

— Comment! s'écria son maître, Gervais contre lequel tu as toi-même éveillé mes soupçons?

— Oui, Monsieur, Gervais, en cachant à Madame la prise de Lowenskiold, a montré plus de prudence que vous et moi. J'ai fait boire de nouveau le rémouleur, cette nuit, et je vois bien que le page n'avait envoyé ce maudit espion au camp du Roi, que Dieu le damne, qu'afin d'obtenir un sauf-conduit pour Madame. J'ai eu tort, et je n'ai pas honte d'en convenir, personne ne dira que Manheulles ait jamais fait des excuses par crainte. Oui, Monsieur, je vous le répète, fiez-vous à Gervais, c'est un jeune gaillard, vif, alerte, déterminé, qui ne s'embarrasse de rien. Seulement, il est indiscipliné, et il ne faut pas lui épargner les remontrances, mais après tout il n'y a pas un sentier dans tout le pays qu'il ne connaisse.

— Tu es un digne et généreux vieillard, répondit M. de Saint-Balmont en lui serrant cordialement la main, je te croirai, je prendrai Gervais avec moi et je réparerai ainsi l'injustice que je lui ai faite. Mais quoique je ne puisse t'expliquer maintenant pourquoi M. de Blâmont exerce une pareille influence sur ma conduite, sache bien que je n'ai pu m'opposer hier à ce qu'il a décidé sur le sort de Lowenskiold..... J'ai obtenu..... j'ai résolu, je veux dire, que son supplice n'aurait lieu que quand Madame de Saint-Balmont serait sortie avec nous du château, où tu vas commander désormais. Tu me connais bien mal, Manheulles, si tu penses que je puisse me venger de cet homme avec des sentences de Prévôt et la corde d'un gibet. Non, non, reprit-il avec force, il me faut la vie de l'homme qui a osé aimer Alberte, qui a voulu me l'enlever, qui peut-être..... Mais non, elle ne l'a jamais aimé. Eh bien, aussitôt que nous monterons à cheval, tu iras le trouver, tu lui diras que s'il veut te donner sa parole de gentilhomme, qu'il se rendra dans trois jours, à six heures du soir, sous le portail de l'église de Saint-Maxe de Bar, de là, je le conduirai dans un lieu où rien ne viendra interrompre le duel à mort que je lui offre; s'il te le jure, tu le mettras en liberté! Garde ce secret dans le fond de ton cœur, que, ni Alberte, ni M. de Blâmont ne puissent se douter de mon projet.

— Oui ! oui ! c'est fort bien, répondit le capitaine, voilà comme il faut vous venger ; et pourtant vous fier à cet homme ! vous rendre à Bar qui est maintenant au pouvoir des Français ! vous mettre à la merci d'un partisan Suédois qui change de maître et de religion comme je changerais de chemise ! il y a peut-être du danger. Mais après tout, c'est un Deuilly, il a du sang du comte Érard du Châtelet dans les veines. Vous avez raison.... Hé ! Monsieur, vous avez la vue meilleure que la mienne: qu'est-ce que j'aperçois là-bas sous les arbres de Sainte-Anne. Je crois, Dieu me pardonne, que j'ai vu reluire des armes.

— Oui, dit M. de Saint-Balmont, je crois entrevoir des hommes armés sur la hauteur. Mais en voici un qui descend le sentier, ce sont peut-être des cavaliers lorrains qui savent que M. de Blâmont est au château.

— Non, dit Manheulles, non, ce ne sont pas des Lorrains. De là haut, on découvre notre bannière, et si ces gens n'avaient pas de mauvais desseins, ils ne se cacheraient pas ; voyez plutôt, ils sont tous dans le petit enclos de l'ermitage, on n'en aperçoit plus un seul, excepté celui qui vient par le sentier, mais celui-là n'a pas d'armes.

— Non, dit M. de Saint-Balmont, il me semble vêtu de noir.

— Ah ! ah ! je reconnais le coquin, s'écria Manheulles, c'est ma foi le curé qui sert d'espion aux Français ; plus de doute, ce sont des soldats du roi Louis qu'il a amenés jusque-là, il croit qu'il va faire tomber nos murailles comme celles de Jéricho avec un *oremus*. Mais le voilà maintenant à portée de ma couleuvrine, si vous voulez, je vais envoyer un boulet dans sa soutane.

— Je te le défends, reprit vivement son maître. L'arrivée de cet homme dérange tous mes projets. S'il sait que M. de Blâmont est ici, il est sans doute appuyé par des forces suffisantes pour s'en emparer. Mais ils ne nous auront pas vivants. Si c'est un espion, il mourra de la mort des traîtres, et nous ferons plutôt sauter le vieux donjon que de nous rendre.

— Voilà parler en digne parent du comte du Châtelet, s'écria le vieux capitaine tout joyeux, nous ne manquons pas de poudre maintenant, et nous pouvons défier ces freluquets de Français après avoir battu Lowenskiold; mais voyez le brave abbé agiter son mouchoir au-dessus de sa tête. C'est le signal qu'il a dit au rémouleur qu'il ferait pour annoncer son retour.

— Descendons, dit M. de Saint-Balmont, et allons le recevoir. Il fit baisser le pont-levis et le vieux prêtre entra dans le château.

CHAPITRE IX.

Le Prêtre.

Quand le prêtre eut franchi le pont-levis, il ne trouva devant lui que Manheulles qui vint le recevoir. M. de Saint-Balmont avait couru dans la chambre de son hôte mystérieux, conférer avec lui sur le nouveau danger qui semblait rendre leur fuite impossible. L'ecclésiastique salua le capitaine avec l'extrême politesse qui lui était habituelle, et que ne paraissaient pas refroidir la brusquerie et la mine rébarbative de celui auquel s'adressaient ses civilités.

— Bonjour, mon cher Monsieur de Manheulles, lui dit-il en l'abordant, je me réjouis de vous voir en bonne santé.

— Oui, ma santé est bonne, reprit le vieux serviteur, mais ce n'est sans doute pas pour vous en informer que vous venez de si loin. Que demandez-vous?

— Je voudrais parler à maître Gervais.

— Oui, justement, voilà ce que je pensais.

— J'espère que rien de fâcheux n'est arrivé à ce digne jeune homme, ni à son excellente maîtresse. J'ai appris d'une manière vague que le château avait été attaqué.

— Du diable! vous avez appris cela? Et connaissez-vous la réception que nous avons faite à vos bons amis les casaques bleues? Ah! ah! vous ne saviez guère où vous les ameniez en les envoyant ici.

— J'ignore ce que vous voulez dire; mais faites-moi

parler à maître Gervais sur-le-champ, ce que j'ai à lui communiquer ne souffre aucun retard.

— Vous allez le voir tout de suite, car j'ai l'ordre de vous conduire dans la chambre de mon maître, qui veut être témoin de votre entrevue avec son page.

— De votre maître, s'écria le prêtre, quoi? M. de Saint-Balmont serait ici!.... Sans doute avec le compagnon de sa fuite? Quelle imprudence! Mais je remercie Dieu qui m'a conduit ici dans ce moment!

— Oui, oui, remerciez Dieu qui vous envoie une pareille proie; mais vous ne le tenez pas encore, vous êtes entre nos mains, les cavaliers qui vous attendent là-haut à Sainte-Anne ne vous sauveront pas; et comme disait le comte Érard du Châtelet, le rat est entré dans la souricière.

A ces mots, il prit rudement le prêtre par le bras et le fit marcher devant lui. Celui-ci ne manifesta ni surprise, ni indignation des soupçons et du traitement grossier dont il se voyait l'objet, il leva les yeux au ciel avec l'expression de résignation mélancolique qui se peignait ordinairement sur sa figure, et il s'arrêta avec son conducteur à la porte de la chambre. On y entendait confusément le bruit d'une conversation animée; mais elle cessa aussitôt que Manheulles eut heurté. On lui cria d'entrer, il poussa son prisonnier dans l'appartement, et resta silencieux derrière lui.

Madame de Saint-Balmont était en habits de voyage; assise dans son fauteuil à dossier élevé, elle jetait un regard inquiet et surpris sur son mari qui semblait encore inviter du geste M. de Blâmont à se retirer. Celui-ci portait toujours la perruque et la large mouche qui le déguisaient depuis son entrée au château : leurs grandes bottes fortes, leurs pistolets passés dans leurs ceinturons annonçaient qu'ils étaient tous deux prêts à monter à cheval. Ils étaient assis, et devant eux se tenait le page, la figure animée et lançant des regards indignés sur l'hôte de son maître, heureux d'apprendre que le colonel lui rendait sa confiance, qu'il ne se séparerait pas d'Alberte; se demandant comment il pourrait, avant son départ, procurer l'évasion de Réné et tenir la promesse donnée à sa Dame? s'il ne fallait pas se déterminer à en parler au capitaine? Jeanne, triste et soucieuse, préparait à la hâte le bagage de sa maîtresse : elle avait cru d'abord que le page resterait au château, mais elle venait d'entendre M. de Saint-Balmont lui donner l'ordre de leur servir de guide, malgré une observation ironique du comte de Blâmont. Le Prévôt, uniquement préoccupé de l'exécution de la sentence à laquelle il devait présider, en combinait mentalement les préparatifs. Au moment où le prêtre entra, il attira l'attention de l'assemblée. Madame de Saint-Balmont se leva et le salua avec un air de tendre compassion; le page alla aussi à sa rencontre et lui baisa la main avec vénération; les deux gentilshommes, sans se déranger, répondirent par un léger mouvement de tête à ses profondes révérences, et le considérèrent d'un œil froid et attentif. Il paraissait âgé de plus de soixante ans, quoiqu'il n'en eût pas cinquante-neuf. Sa taille était moyenne et bien prise, ses manières étaient simples et aisées, et quoiqu'il fût d'une civilité excessive, elle n'avait rien de bas et de rampant, et il était facile de reconnaître qu'il était habitué à fréquenter la meilleure compagnie. Le volume de sa tête, le développement de son large front annonçaient à un haut degré l'intelligence qui brillait dans ses yeux, quoique la douceur et la modestie de sa figure et de son maintien en tempérassent la vivacité. Il était presque chauve, mais son tempérament était robuste et rien n'indiquait en lui les infirmités de la vieillesse. Il était vêtu d'une soutane noire d'un drap grossier, mais très-propre. A son aspect les deux cavaliers sentirent diminuer leurs préventions contre lui, et ils comprirent sur-le-champ quelle sorte de séduction cette figure, en apparence si noble et si douce, avait pu exercer sur le page.

— Monsieur, lui dit M. de Saint-Balmont, après qu'un geste de son compagnon eut semblé l'autoriser à parler, le mystère qui vous entoure a donné carrière à tous les soupçons. Vous êtes arrivé dans ma terre depuis peu de jours, sans faire connaître d'où vous veniez, sans montrer les lettres de Monseigneur l'évêque qui vous autorisaient à y exercer votre ministère; vous en êtes parti furtivement; vous avez surpris la confiance de ce jeune homme, qui a commis la folie de vous faire conduire au camp du Roi de France; vous y jouissez d'un grand crédit; vous portez sur vous une somme considérable en or; vous revenez ici avec des soldats... Parlez, expliquez-nous une conduite qui annonce en vous.... un espion.

— Monsieur, reprit avec douceur l'ecclésiastique, je ne doute pas du droit que vous avez de m'interroger, car, sans doute, c'est à M. de Saint-Balmont que j'ai l'honneur de parler.

Le seigneur de Neuville répondit par un signe de tête, l'étranger continua :

— Et cependant je ne puis m'expliquer sans révéler un secret que j'ai juré à M. de Seraucourt de garder.

— Parlez, parlez, Messire, s'écria vivement le page, je vous rends votre parole : Lowenskiold est prisonnier ici, Lowenskiold est connu de mon maître.

Le prêtre leva les yeux au ciel en disant : *Qui timent Dominum sperent in eo, adjutor eorum et protector eorum est.....* Que le Seigneur soit béni, il a couvert cette maison de sa protection ; il a confondu, par la main d'une femme, celui qui faisait la terreur du pays !... Monsieur, ma conduite est bien simple, j'ai voulu éviter à cette dame, dont j'appréciais les vertus, les horreurs d'un siége et les dangers qu'elle aurait courus en tombant entre les mains de ce partisan ; le Roi, touché du récit que je lui ai fait, m'a accordé, pour elle et sa suite, une sauvegarde, et une escorte de cavalerie la conduira dans la ville qu'elle voudra choisir pour sa retraite. M. le marquis de Feuquières, qui commande à Verdun, a déjà reçu l'ordre de vous faire les honneurs de l'hôtel du gouvernement et d'y tenir préparé un appartement à votre disposition. Quant au château et au village, il sera défendu à toutes les troupes au service de Sa Majesté ou de ses alliés, d'y pénétrer.

— Est-ce bien possible? s'écria M. de Saint-Balmont ; quoi ! quand je vous soupçonnais de nous vendre à la France, vous braviez tous les dangers pour sauver l'honneur de mon Alberte ! Et quel homme êtes-vous donc pour fléchir ainsi la haine de Louis XIII contre tout ce qui est lorrain ?

— Moi, Monsieur, *je ne suis pas un homme, je ne suis qu'un pauvre ver qui rampe sur la terre.* C'est Dieu qui a touché le cœur du Roi. Mais hâtez-vous, le temps presse. J'ignorais, et il est peut-être heureux que je le sache seul encore, que vous êtes ici. Quel parti allez-vous prendre? Si j'osais vous donner un avis, ce ne sera pas, je l'espère, trahir les intérêts du Roi, mon maître ; que Madame de Saint-Balmont reste ici, elle y est en sûreté ; ces lettres-patentes (il déplia un large parchemin revêtu du sceau royal que le Prévôt vint examiner curieusement) lui garantissent une sécurité absolue, des vivres vous arriveront dans la journée, et, grâce à la générosité de quelques personnes charitables, vous me permettrez de partager ma bourse avec elle, je sais bien que ce sera pour vos pauvres paysans. Quant à vous, Monsieur, profitez de mon escorte, ce sont des gardes-du-corps avec lesquels vous n'aurez point à craindre la rencontre des chevau-légers de M. le duc de Weimar; je vous conduirai en toute sécurité jusqu'au premier poste lorrain que vous m'indiquerez.

— Hum! l'espion est un habile homme, murmura Manheulles à l'oreille du Prévôt, il a déjà trompé le page et Madame, il croit que M. de Saint-Balmont commence à mordre à l'hameçon, mais le colonel est plus rusé qu'il ne le laisse voir : soyez tranquille! Si ce prétendu prêtre n'était pas rasé, je croirais volontiers que c'est le père Joseph en personne, le fameux confesseur du cardinal. Je me souviens que le comte Érard du Châtelet avait coutume de dire qu'il fallait se défier d'un bœuf par devant, d'une mule par derrière, et d'un moine de tous les côtés.

— Si c'est un espion, répondit le Prévôt à voix basse, qu'il soit ecclésiastique ou laïque, rien ne pourra le soustraire à ma juridiction, et je rendrai une sentence contre lui.

Cependant M. de Saint-Balmont ne se pressait pas de répondre, il regardait fixement le prêtre qui évidemment se troublait un peu sous ce regard scrutateur. Mais M. de Blâmont, qui n'avait pas encore dit un mot, prit à son tour la parole, avec le sourire hautain et sardonique qui lui était habituel.

— Et moi, messire prêtre, dit-il, pourrai-je aussi profiter de ce sauf-conduit? Je vois bien que mon pauvre Saint-Balmont n'est pas homme à m'abandonner et à partir sans moi.

L'ecclésiastique regarda avec précaution autour de la chambre :

— Vous n'avez ici que des fidèles serviteurs, dit-il en souriant avec finesse, et je puis bien vous répondre. Oui, ajouta-t-il en s'inclinant jusqu'à terre, oui, Monseigneur le duc Charles de Lorraine, je ferai passer Votre Altesse sans dangers à travers notre armée, mais à la condition que vous conserverez votre perruque et votre mouche!

— Le duc de Lorraine! Son Altesse! Charles IV! le descendant de saint Arnould! la race de Charlemagne! s'écrièrent à la fois le page, Alberte, Manheulles, le Prévôt, Jeanne, en se précipitant aux genoux de M. de Blâmont, en lui baisant les mains et les habits, en versant des larmes de joie et de tendresse.

— Oui, dit le prince en jetant sa perruque et arrachant sa mouche, et relevant ses sujets dont il prenait les mains, oui, mes bons amis, mes fidèles amis, oui, quand toutes les troupes du Roi Très-Chrétien entoureraient ce château, je suis le duc de Lorraine, vaincu, sans armée, sans États, et plus fier de l'amour de mes pauvres Lorrains que mon ennemi ne peut l'être de toute sa puissance. Ah! Madame, reprit-il d'un ton plus enjoué, après avoir essuyé une grosse larme, quand je demandais, il y a quelques années, pendant nos joyeuses fêtes de Pierrefitte, votre main pour Saint-Balmont, je ne m'attendais pas à le marier avec une héroïne. Et toi, mon vaillant page, me pardonnes-tu mes soupçons, et veux-tu encore te battre avec moi? Pour toi, mon vieux Manheulles, tu t'es conduit comme à Nordlingen, je te reconnais. Vous, digne Prévôt, je vous ai déjà témoigné combien je suis satisfait de votre conduite et du zèle avec lequel vous défendez les droits de votre souverain, *super donjonem cum fossato.*

Tandis que chacun de ceux auxquels il s'adressait ne pouvait répondre que par des sanglots et des mots entrecoupés, maître Rolin, se prosternant encore plus humblement, lui dit avec une profonde componction :

— Oh! Monseigneur, me pardonnerez-vous jamais de ne pas avoir reconnu Votre Altesse? Ne devais-je pas me souvenir que le comté de Blâmont, avec ses armoiries, *d'argent à deux barbeaux adossés de gueules, accompagnés en chef d'une rose de même*, était passé dans la maison de Lorraine depuis la cession qu'Olry de Blâmont, évêque de Toul, en fit en 1499 à votre glorieux ancêtre Réné II, et que, par conséquent, vous seul aviez le droit de prendre ce titre?

— Rassurez-vous, rassurez-vous, mon digne Prévôt, répondit le Duc, je ne vous en tiens pas moins pour le premier généalogiste de mes États..... Mais, reprit-il en se tournant vivement vers le prêtre qui considérait cette scène avec un intérêt qu'il ne cherchait pas à dissimuler, messire prêtre, je veux aussi régler mon compte avec vous, et savoir à qui nous avons affaire. Vous avez, j'en conviens, une figure plus honnête que ne le comporte le métier que vous paraissez faire; mais, après tout, une figure n'est pas un nom. Vous nous connaissez tous, et pas un de nous ne vous connaît : vous avez nos secrets, il nous faut le vôtre. Vous vous êtes trompé si vous avez cru que je me livrerais aux gardes-du-corps de Louis XIII, sur la foi d'un inconnu. Je me souviens trop bien de l'infâme guet-apens dans lequel je suis tombé quand je suis allé trouver le roi à son camp de la Neuve-Ville, devant Nancy; on ne me prendra pas deux fois au même piége. Si c'est vous qui avez entrepris de m'y amener, malheur à vous, vous ne sortirez pas vivant d'ici!

— Oui, malheur à vous, dit Manheulles en s'avançant comme pour le saisir, car il y a longtemps que je vous ai deviné sous votre peau de renard, comme disait le comte Érard du Châtelet, VIIe du nom.

— Et Son Altesse trouvera toujours son fidèle Prévôt prêt à rendre une sentence contre ses ennemis et à la faire exécuter par Bernard, dit maître Rolin.

— O mon père! s'écria le page, si vous êtes innocent, et j'en jurerais sur le salut de mon âme, justifiez-vous, je vous en supplie.

— Enfin qui êtes-vous, Monsieur? reprit le duc d'une voix impérieuse.

— Monseigneur, dit-il en balbutiant, votre défiance est bien naturelle, et cependant j'aurais voulu que mon nom, quelque obscur qu'il soit, ne fût pas prononcé dans cette affaire.

— Je l'exige, Monsieur, reprit le prince, d'un ton absolu.

L'ecclésiastique, avec un trouble toujours croissant, tira d'une poche secrète un parchemin qu'il lui présenta. Charles le déploya avec impatience et lut à haute voix :

« Louis, par la grâce de Dieu, roi de France et de Na-
» varre, à tous ceux qui ces présentes verront, salut :
» Ordonnons à tous commandants et officiers de nos ar-
» mées de laisser librement passer et voyager dans tous
» les pays soumis à notre obéissance, accompagné de
» telle suite il jugera convenable, avec expresse injonc-
» tion et inhibition de lui prêter main-forte et lui fournir
» telle escorte il requerra, messire Vincent de Paul,
» prêtre, supérieur général de la congrégation des mis-

» sions de Saint-Lazare et des Filles de la Charité, au-
» mônier général de nos galères..... »

Le parchemin lui tomba des mains.

— Quoi! dit-il en s'approchant de lui avec les témoignages du plus profond respect et en lui baisant les mains, quoi! vous êtes Monsieur Vincent? Ah! pardonnez-moi mes injurieuses suppositions. Quoi! tandis que tous les fléaux réunis viennent accabler mes pauvres peuples, vous venez leur prodiguer tous les secours de la religion et de l'humanité et réparer les maux que nous fait la France. Ah! saint homme, apôtre de ma misérable Lorraine, héros de la charité, comment vous récompenser?

— O mon père, dit Madame de Saint-Balmont en se jetant à ses genoux, par quel dévouement sublime, par quelle humilité sainte êtes-vous venu habiter parmi nous? O heureuse la maison qui vous a reçu!

— Vous m'accablez, Monseigneur, répondit Vincent; vous exagérez le peu de bien que j'ai fait; relevez-vous, Madame, je ne suis qu'un instrument de la charité des autres. Des dames pieuses, appartenant aux familles de la plus haute naissance comme à celles de la magistrature et de la bourgeoisie, se sont réunies à Paris en une assemblée pour secourir les pauvres, les infirmes et les enfants abandonnés, je n'ai d'autre mérite que celui de distribuer leurs aumônes. Les maux affreux dont la Lorraine est le théâtre nous ont vivement émus. Nous avons envoyé nos prêtres, nos sœurs dans les principales villes des Deux-Duchés et des Trois-Évêchés, nous les avons chargés d'organiser des hôpitaux, de porter partout des aliments, des vêtements, des médicaments, d'assister les malades et les mourants. Leur zèle ne nous a pas fait défaut, mais les forces humaines ont leur terme, même quand le bras de Dieu daigne les soutenir. Plusieurs sont morts à la peine, et puis nos ressources ne suffisaient plus. Alors j'ai fait un nouvel appel aux dames de notre assemblée; la Reine elle-même, Madame la duchesse d'Aiguillon, qui n'en avaient pas fait partie, se sont imposé les plus grands sacrifices; nos maisons, nos pauvres même ont consenti à voir réduire les distributions que nous leur faisions pour concourir à cette bonne œuvre. Je suis venu secrètement amener ces provisions et établir nos missionnaires et nos religieuses dans les paroisses où leur présence était le plus nécessaire. O Monseigneur! de quel spectacle j'ai été témoin. Quelle affreuse solitude dans les campagnes : plus de troupeaux, plus de laboureurs dans les champs; des ruines fumantes dans les villages où errent quelques habitants hâves, livides, défigurés, broutant comme des animaux l'herbe ou mangeant les racines sauvages, quand ils ne dévorent pas les cadavres infects des bêtes ou même de leurs semblables; et dans les villes, les rues, les places publiques couvertes de malheureux mourant de la faim ou de la contagion. Les monastères abandonnés, les églises profanées, les religieuses, les filles des plus nobles maisons obligées de fuir jusque dans des provinces éloignées la féroce brutalité d'une soldatesque effrénée.

— Oui, interrompit le prince, voilà comme nous traite la France,

— Oh! accusez-en plutôt ceux que les nécessités de la politique la forcent d'accepter pour alliés les troupes suédoises du duc de Saxe-Weimar. Hélas! il faut le dire, quand les princes déchaînent sur leurs peuples ce fléau de la guerre, ils devraient en prévoir les affreux résultats. Je suis arrivé dans ce village, et j'y ai prolongé mon séjour parce qu'il me semblait plus digne encore d'intérêt, quand je voyais sa châtelaine lutter avec tant de courage et de charité dans l'abandon où elle se trouvait. Ah! Monseigneur, ce que j'ai le plus admiré dans les populations de vos États, ce n'est pas seulement leur résignation, c'est leur fidélité, c'est leur inaltérable amour pour un prince qu'elles auraient pu, pardonnez à un ministre du Seigneur la hardiesse de ses discours, accuser sans injustice de trop prolonger une lutte inégale. Que ce peuple est digne de votre amour! quelles obligations de le rendre heureux n'impose pas à son souverain une nation qui le chérit ainsi, et qui a tant souffert pour lui!..... Mais puisque je vous ai inspiré quelque confiance, laissez-moi vous conduire au milieu de vos fidèles serviteurs. Vous resterez inconnu aux gardes-du-corps de l'escorte; je le répète, Madame de Saint-Balmont peut rester ici, le brave capitaine Manheulles commandera sous ses ordres, si quelques pillards osaient paraître dans les environs, il lui serait facile de les repousser avec vos vassaux.

— J'espère d'ailleurs, dit Manheulles, être bientôt en état de monter à cheval, et en attendant, je me plais à le dire, Monsieur Gervais de Seraucourt, en écoutant un peu mes conseils, est très en état de commander une sortie.

— Nous n'avons plus besoin de lui pour nous servir de guide, dit Monsieur de Saint-Balmont, puisque nous avons changé de projet, et je le laisserai volontiers au château.

Les yeux du page brillèrent d'un éclair de joie, et il les porta avec une admiration respectueuse sur Alberte dont il allait rester fidèle gardien, tandis que Jeanne, à son tour, paraissait heureuse d'apprendre qu'il allait encore demeurer sous le même toit. Mais rien de cette scène muette n'avait échappé à l'œil doux et perçant de Vincent.

— Monsieur, dit-il au colonel, M. de Seraucourt arrive à un âge où un jeune gentilhomme doit chercher plutôt à servir dans les armées de son prince qu'à rester sous les ordres des dames. Il approuvera, je n'en doute pas, la demande que je vous fais, en son nom, de l'emmener à la guerre avec vous. Nous allons partir ensemble.

En parlant ainsi, il tendit de nouveau la main au page qui rougit en la serrant tendrement entre les siennes.

— Maintenant, Monseigneur, continua-t-il, avant de partir, permettez-moi de demander à Votre Altesse une grâce, une grâce à laquelle j'attache le plus grand prix, je la demande aussi à M. et Madame de Saint-Balmont.

— Je vous l'accorde à l'avance, répondit Charles.

— Ah! nous vous l'accordons aussi, demandez-nous ce qui est en notre puissance, dirent à la fois les deux époux.

— C'est celle de Réné de Deuilly, de ce Lowenskiold en ce moment votre prisonnier; n'est-il pas assez puni?

Le Duc regarda Saint-Balmont dont le front s'était rembruni, tandis qu'Alberte, pâle et agitée, remerciait intérieurement le Ciel d'une intervention venue si à propos.

— Mon père, dit le Duc, je vous donne sa vie; mais qu'il parte à l'instant, qu'il quitte la Lorraine; si jamais il est repris sur des terres de mon obéissance, il mourra.

— Il est bien coupable envers les hommes, reprit le prêtre, il l'est encore plus envers Dieu, mais faites-moi conduire à sa prison; je parviendrai peut-être à toucher son cœur.

M. de Saint-Balmont s'approcha alors du capitaine et

lui dit à l'oreille : Donne-lui toujours rendez-vous à Saint-Maxe, et rapporte-moi sa réponse.

— Cela suffit, dit Manheulles; et tandis que le duc de Lorraine et M. de Saint-Balmont faisaient leurs derniers préparatifs, que le page résigné allait seller son cheval, qu'Alberte se livrait à la douleur de quitter si tôt son époux, que maître Rolin réfléchissait avec une mortification amère qu'il n'avait plus personne à faire pendre et que son gibet, si bien préparé par Bernard, devenait inutile, Vincent, conduit par son guide, qui s'excusait de sa brutalité en citant des paroles du comte Érard du Châtelet, arriva à la porte du cachot.

— Il ne fait pas grand bruit, dit Manheulles, mais il dort peut-être, je crois qu'on lui a porté à souper hier avant le couvre-feu, mais il n'y avait pas touché quand je suis venu la nuit avec le page. Il ne s'attend guère aux bonnes nouvelles que nous lui apportons. Allons, allons, colonel Lowenskiold! Monsieur de Deuilly, réveillez-vous, voici une visite.

Mais on n'entendait aucun bruit dans la prison. Enfin le capitaine ouvrit la serrure et les verroux et tourna la lanterne de manière à éclairer tout l'intérieur. Le prêtre s'avança, mais tous deux reculèrent en apercevant l'infortuné Réné étendu à la renverse sur la paille qui couvrait le pavé. Ses traits étaient horriblement contractés, sa figure était livide, ses yeux éteints étaient saillants et dilatés, une de ses mains pressait encore contre ses lèvres la bague d'Hamet : il avait sucé avec avidité le poison subtil que renfermait le châton, ses membres étaient raides, il était mort...

Vincent de Paul s'approcha du cadavre et chercha s'il ne pourrait y ranimer encore quelques restes de vie, mais ses efforts furent inutiles, il s'agenouilla alors à côté de lui et fit une fervente prière en versant d'abondantes larmes sur ces restes inanimés. Il remonta ensuite tristement l'escalier, suivi de Manheulles, qui était lui-même trop profondément ému pour pouvoir citer la moindre sentence du comte Érard du Chatelet, VIIe du nom. Quand ils arrivèrent dans le vestibule, Jeanne, tremblante, la voix entrecoupée, s'approcha du prêtre et le supplia de lui accorder un moment d'entretien ; elle l'emmena dans une petite salle et se jeta à ses pieds sans vouloir se relever malgré l'insistance de Vincent.

— Oh ! mon père, dit-elle, arrachez-moi à ce monde où je n'ai trouvé que dérision et mépris, recevez-moi au nombre de vos Filles de Charité et laissez-moi donner aux malheureux le reste d'une vie empoisonnée par tant de chagrins.

— Ma fille, répondit le saint prêtre avec son ineffable douceur, vous avez un père dont vous devez soigner et consoler les vieux jours. Restez près de lui, restez près de la noble et vertueuse femme qui vous a servi de mère. Le temps et l'absence et surtout la religion adouciront ces peines, que vous croyez sans remède. Mes moments sont comptés ; mais, ou je reviendrai bientôt encourager vos efforts et vous soutenir de mes conseils, ou j'enverrai ici un prêtre qui a l'expérience du cœur humain et saura vous comprendre et vous diriger. Adieu, ma fille ! adieu, je vous bénis !

Le soir, le duc de Lorraine, suivi de son fidèle Saint-Balmont et du page, avait, sous la conduite de Vincent de Paul et sous l'escorte des gardes-du-corps, qui ignoraient le nom des illustres fugitifs, rejoint la cavalerie du comte Érard.

Chacun connaît les exploits guerriers de Madame de Saint-Balmont et de son brave Manheulles, et comment elle sut se maintenir dans son château et protéger le pays voisin jusqu'à la fin de la guerre. Le prévôt Rolin continua de juger avec un zèle infatigable.

On ne sait pas ce que devint la pauvre Jeanne.

Le page eut le sort réservé à tant de gentilshommes lorrains de ce temps fatal, il fut tué quelques années après, dans une charge de cavalerie, et son nom s'éteignit avec lui.

On raconte que blessé mortellement près d'une petite ville des Vosges, il expira dans l'hôpital où on l'avait transporté, entre les bras d'une jeune sœur de charité qui, tout habituée qu'elle devait être à de pareils spectacles, en éprouva une émotion qui frappa ses compagnes. Elles ne la connaissaient que sous le nom de la sœur Blanche qu'on lui avait donné à cause de l'extrême pâleur de son visage.

FIN DE LA DAME DE NEUVILLE.

TABLE.

BAR-LE-DUC, IMPRIMERIE CONTANT-LAGUERRE.

www.ingramcontent.com/pod-product-compliance
Ingram Content Group UK Ltd.
Pitfield, Milton Keynes, MK11 3LW, UK
UKHW012202240726
13966UKWH00002B/527

9 782011 916440